10
18

12, AVENUE D'ITALIE. PARIS XIIIe

Sur l'auteur

Auteur et journaliste irano-britannique, Ramita Navai est réputée pour ses reportages en terrains hostiles. Elle a été rapporteur pour les Nations unies en Iran, au Pakistan et en Irak, et correspondante pour le *Times* à Téhéran de 2003 à 2006. *Vivre et mentir à Téhéran* a été récompensé par le Royal Society of Literature's Jerwood Prize. Ramita Navai vit aujourd'hui à Londres.

RAMITA NAVAI

VIVRE ET MENTIR À TÉHÉRAN

Traduit de l'anglais
par Cécile Dutheil de la Rochère

10/18

ÉDITIONS STOCK

Titre original :
City of Lies

First published by Weidenfelf & Nicolson,
a division of The Orion Publishing Group, London.

ISBN 978-2-264-06806-4

Pour tous les Téhéranais, où que vous soyez.

Surtout, pour mes parents : ma mère, Laya, qui est une source constante d'inspiration, et mon père, Kourosh, qui représente tout ce qui est bon et beau à Téhéran.

SOMMAIRE

Mieux vaut le mensonge qui maintient la paix
que la vérité qui déstabilise

دروغی مصلحت آمیز به که راستی فتنه انگیز

Sa'adi Shirazi, Le Jardin des roses

PRÉFACE

Soyons clairs : quiconque veut vivre à Téhéran est obligé de mentir. La morale n'entre pas en ligne de compte : mentir à Téhéran est une question de survie. Paradoxalement, pourtant, ce besoin de dissimuler a quelque chose de fondamentalement égalitaire, car il crée un vaste marché de dupes, un monde qui abolit les différences de classe et les discriminations religieuses. Certains des Téhéranais parmi les plus pieux et les plus moralisateurs sont les plus doués et les plus rusés dès qu'il s'agit de tromper autrui. Nous, les Téhéranais, sommes passés maîtres dans l'art de manipuler la vérité. Dès le plus jeune âge, les enfants apprennent à dire que papa n'a pas d'alcool à la maison ; les adolescents préservent passionnément leur virginité ; les commerçants autorisent leurs clients à manger, à boire et à fumer dans leur arrière-boutique pendant les mois de jeûne ; les jeunes hommes se flagellent le jour de la fête d'Achoura en affirmant que chaque coup est une offrande à l'imam Hossein alors que c'est une mise en scène macho destinée à épater les jolies filles qui, à leur tour, affirment qu'elles sont là exclusivement pour Dieu. C'est ainsi que les mensonges engendrent de nouveaux mensonges qui peu à peu se multiplient et s'infiltrent dans toutes les failles de la société.

La vérité est devenue un secret, un bien rare et dangereux, hautement prisé, à manipuler avec soin. À Téhéran, partager la vérité avec quelqu'un témoigne d'une extrême confiance ou, au contraire, d'un profond désespoir.

Mentir pour survivre est loin d'être un phénomène récent dans la culture iranienne. Dès le début de la conquête islamique, les chiites ont été encouragés à mentir pour cacher leur foi afin d'échapper aux persécutions – une pratique appelée *taqiya*. De même le Coran autorise-t-il dans certains cas à mentir pour la bonne cause. Cette pathologie du subterfuge s'est répandue dans toutes les villes et villages du pays, même si Téhéran en demeure le cœur.

Mais voilà où le bât blesse : les Iraniens sont obnubilés par l'idée d'être vrais vis-à-vis d'eux-mêmes – c'est un fil directeur inhérent à notre culture. Le poète perse Hafez nous implore de poursuivre la vérité afin de découvrir le sens de la vie :

« Cet amour que tu as à présent pour la Vérité
Ne te quittera jamais
Tes joies et tes souffrances sur ce chemin ardu
Soulèvent ton voile élimé tel un rideau de théâtre
Et révéleront sûrement ton Moi Sublime. »

Les personnages des *soap-operas* iraniens sont presque tous en quête de leur vrai moi, et de nombreuses fatwas ont trait à l'écart entre le poids des devoirs religieux et les désirs les plus sincères. Aussi la majorité des Téhéranais vit-elle un conflit permanent : comment rester fidèle à soi-même dans un système qui vous oblige à mentir pour survivre ?

Autre point sur lequel je serai claire : je ne dis pas que nous, les Iraniens, sommes des menteurs-nés. Nos mensonges découlent essentiellement du fait que nous vivons sous un régime coercitif et que notre gouvernement estime qu'il peut interférer dans les affaires les plus intimes de ses citoyens.

C'est en vivant (et en mentant) à Téhéran que j'ai entendu les histoires des Téhéranais dont vous allez faire la connaissance dans les pages qui suivent. Tous ne sont pas des Téhéranais ordinaires, certains appartiennent aux marges de la société iranienne. Néanmoins j'espère que même les récits les plus inattendus permettront au lecteur étranger de comprendre ce qu'est la vie quotidienne dans cette ville de plus de douze millions d'habitants. Les Téhéranais sont avant tout des gens bons : quelles que soient les difficultés qu'ils traversent, quel que soit le tour de vis imposé par le régime, ils ont dans le cœur une chaleur irrépressible. Une chaleur que j'ai sentie chez tous, des partisans les plus intransigeants du régime aux opposants les plus farouches, en passant par ceux qui se situent entre les deux.

J'ai modifié tous les noms, de même que des détails et des repères spatiotemporels, afin de protéger les personnes que j'ai rencontrées, mais tout ce qui est raconté dans ces pages a eu lieu ou a encore lieu.

Ce sont les histoires vraies de la ville des mensonges.

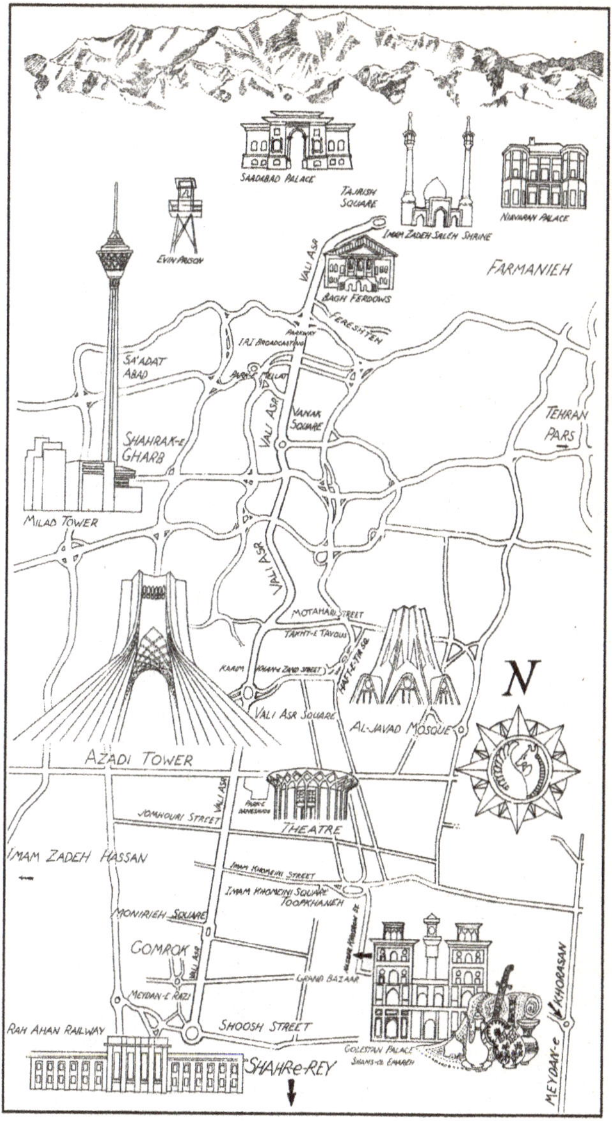
SAADABAD PALACE
TAJRISH SQUARE
NIAVARAN PALACE
IMAM ZADEH SALEH SHRINE
EVIN PRISON
VALI ASR
FARMANIEH
BAGH FERDOWS
FERESHTEH
PARKWAY
I.R.I BROADCASTING
SA'ADAT ABAD
PARK-E MELLAT
VALI ASR
VANAK SQUARE
TEHRAN PARS
SHAHRAK-E GHARB
MILAD TOWER
VALI ASR
MOTAHARI STREET
TAKHT-E TAVOUS
HAFT-E-TIR SQ.
KARIM KHAN-e ZAND STREET
N
VALI ASR SQUARE
AL-JAVAD MOSQUE
AZADI TOWER
VALI ASR
PARK-E DANESHJOO
JOMHOURI STREET
THEATRE
IMAM ZADEH HASSAN
IMAM KHOMEINI STREET
IMAM KHOMEINI SQUARE
TOOPKHANEH
MONIRIEH SQUARE
GOMROK
VALI ASR
GRAND BAZAAR
MEYDAN-E RAZI
RAH AHAN RAILWAY
SHOOSH STREET
GOLESTAN PALACE
SHAMS-OL EMAREH
SHAHRe-REY
MEYDAN-e KHORASAN

PROLOGUE

Avenue Vali Asr

Vue du ciel, la ville de Téhéran est nappée d'une lueur irréelle. Une brume orangée plane au-dessus de la capitale et réfléchit les rayons du soleil : un brouillard épais, pénible, qui s'accroche dans les moindres recoins, brûle le nez et picote les yeux. Les rues sont envahies de voitures crachant des nuages noirs qui s'élèvent pesamment et stagnent au-dessus des têtes, et ces fumées s'amoncellent jusqu'au sommet des monts Alborz, couleur caramel, au nord. Partout, des grappes de hauts immeubles surplombent la ville, tels des imams dominant une assemblée prostrée. À leurs pieds, une marée humaine emplit la vallée. Le moindre centimètre carré est occupé, sans que l'on puisse discerner un style, une logique ou une raison. D'anciens quartiers sont taillés dans le vif et grignotés par des entrelacs de bifurcations, et d'ignobles bâtiments postmodernes se dressent au mépris des anciennes demeures.

Au centre, plongeant au cœur de ce chaos et scindant Téhéran en deux, s'étend une immense avenue bordée de part et d'autre de hauts sycomores : l'avenue Vali Asr, qui descend du nord au sud, pompant la vie pour la recracher dans les recoins les plus reculés de la ville. Vali Asr est l'artère qui personnifie Téhéran aux yeux de ses habitants. Depuis des décennies, c'est là que les Iraniens se rassemblent pour fêter un événement, manifester, protester, marquer une commémoration, pleurer une mort. Parcourir l'avenue en voiture est un de mes souvenirs d'enfance les plus vifs ; je me souviens que j'avais l'impression d'être protégée par ces arbres qui s'inclinaient tendrement les uns vers les autres, formant une large voûte verdoyante qui semblait nous abriter.

Le long des vieilles racines protéiformes des arbres, émergeant en méandres des fissures du béton, de profondes rigoles appelées *jubs* canalisent l'eau glaciale qui dévale des montagnes. Plus elle s'écoule vers le sud, plus elle devient trouble et noire. À mi-chemin de Vali Asr, nous sommes au cœur de la ville, concentration urbaine grouillante, impressionnante, où se croisent des milliers de motos, de voitures et de piétons vrombissant à l'envi. Étouffant entre les blocs d'immeubles, on peut découvrir les vestiges d'anciennes villas à l'agonie s'accrochant désespérément à la vie. Au sud, les bâtiments se font plus modestes et plus décrépits : maisons de ciment brut et de briques en ruine, aux vitres brisées et surmontées de cabanes en tôle ondulée. Des conduites de gaz rouillées et des appareils de climatisation pendent sur les murs, tels des boyaux de métal à découvert. Les couleurs de la rue se noient dans la pénombre de la misère et du repli conservateur. Les tchadors noirs se fondent en silence avec les costumes et les foulards sombres : ce sont les couleurs du deuil, frappées du sceau islamique de rigueur, que seules viennent briser les fresques murales bigarrées affichant le portrait de héros guerriers et de martyrs religieux, et relayant la propagande politique. À l'extrême sud, l'avenue Vali Asr ouvre sa gueule pour devenir la place Rah Ahan, la principale gare ferroviaire de la capitale où débarquent des voyageurs des quatre coins de l'Iran : Lors, Kurdes, Azéris, Turcs, Tadjiks, Arabes, Baloutches, Bakhtiaris, Qashqa'is et Afghans.

L'avenue Vali Asr et ses centaines d'affluents forment comme un microcosme de la ville. Longue de dix-huit kilomètres, Vali Asr relie les riches et les pauvres, les religieux et les laïcs, la tradition et la modernité. De part et d'autre, la vie des gens semble séparée par des siècles.

L'avenue a été construite par Reza Shah, même si les travaux ont commencé dès 1921 alors qu'il n'était pas encore roi. C'est après le coup d'État militaire ayant chassé Ahmad Shah, le dernier monarque de la dynastie Kadjar, que le projet a pris forme. Les vergers et les jardins au raffinement exquis, qui appartenaient aux aristocrates, aux hommes d'État et aux princes kadjars, ont été détruits pour dégager la voie. Reza Shah destinait les meilleures parcelles à lui-même et à ses proches. Il fallut alors huit ans pour achever les travaux, prolonger l'avenue au nord, à travers la campagne, et relier les différentes résidences du shah, les palais d'hiver situés au sud de la ville, plus chaud, et les palais d'été nichés dans les fraîches montagnes au nord. Le chantier faisait partie de l'immense projet d'extension urbaine de Reza Shah qui souhaitait voir l'Iran entrer dans l'ère de la modernité. L'avenue allait devenir un objet d'envie au Moyen-Orient : magnifique, elle inspirait la crainte, et elle conjuguait la beauté raffinée des boulevards français arborés et la majesté des larges voies romaines. Reza Shah supervisa personnellement la plantation de dix-huit mille sycomores et baptisa l'avenue d'après son nom : Pahlavi.

En 1979, lorsque la révolution islamique renversa son fils, Mohammad Reza Shah, les nationalistes anti-shah la renommèrent avenue Mossadegh en l'honneur de l'ancien Premier ministre, le Dr Mohammad Mossadegh, un avocat formé en Europe, excentrique, chassé par un coup d'État que soutenait la CIA parce qu'il voulait nationaliser le pétrole du pays, ce qui lui valut aussitôt le statut de héros. L'appellation perdura aussi longtemps que son modèle, à peine plus d'un an. Le parrain de la révolution, l'ayatollah Rouhollah Khomeini, ne pouvait accepter que l'avenue la plus célèbre du pays porte le patronyme d'un homme qui incarnait le nationalisme perse plutôt que musulman, et dont il enviait la popularité. Khomeini la fit rebaptiser avenue Vali Asr, l'« ultime sauveur », en mémoire du révéré imam Mahdi, également connu sous le nom d'imam Zaman, le dernier des douze imams chiites, dont les chiites croient qu'il est l'Ultime Sauveur du monde. (La réapparition de ce messie doit annoncer une ère de paix et de perfection islamique, mais d'ici là, il demeure caché.) C'est donc une appellation appropriée pour ce symbole d'une ville dont l'élan vital est durement réprimé par le joug islamique.

C'est arrivé en pleine nuit. Personne ne sait exactement à quelle heure ni combien de personnes étaient impliquées. Mais le lendemain matin, on ne parle que de ça. Les indices sautent aux yeux, alignés le long de Vali Asr : des dizaines de souches d'arbres émergeant du béton. Des ouvriers employés par la ville, munis de scies, ont taillé plus de quarante sycomores. Les Téhéranais s'insurgent. Ils écrivent des lettres, appellent le bureau du maire, prennent des photos, twittent, créent une page Facebook. L'incident fait la une des journaux. Une célèbre association de défense des droits de l'homme annonce que d'autres arbres ont été coupés. Une association de défense du patrimoine qualifie ce massacre d'arbres « innocents » de geste « ravageur ». Radio Fahrang, une chaîne publique, est inondée d'appels lors d'une émission-débat ouverte au public. « Chaque arbre est associé à un souvenir dans mon esprit. Si ces arbres sont coupés, tous mes souvenirs vont mourir. C'est comme s'ils coupaient mon âme », commente une femme en larmes, avec ce goût du drame qui caractérise les Iraniens.

Un ancien combattant cul-de-jatte s'est installé à sa place habituelle, sur le trottoir, près du parc Mellat, au nord de Vali Asr. Il a déposé ses béquilles sales et étalé sa marchandise autour de lui : des piles de toutes les tailles et toutes les couleurs. Dans son dos, un gros rat rampe à travers le caniveau. Un étudiant musicien, son violon sur l'épaule, a entendu parler du drame des arbres coupés ; il est venu constater la chose de ses propres yeux.

« Moi, au moins, j'ai fait la guerre, plaisante l'ancien combattant, mais ce pauvre arbre, qu'a-t-il fait pour mériter le même sort ? »

Le jeune homme sourit et poursuit sa route jusqu'à Bagh Ferdows, un jardin public qui fait face à l'élégant palais Kadjar. C'est ici qu'il a l'habitude de venir méditer et observer le monde tel qu'il va. Il s'assied sur un banc, allume son ordinateur et lance un enregistrement en direct du *Requiem* de Mozart.

Un vieux monsieur élégant le rejoint et prend place de l'autre côté du banc pour écouter la musique sublime qui s'élève au-dessus de la clameur urbaine.

Plus bas, là où l'avenue rejoint le centre de la ville, près de la rue Jomhouri, un homme barbu, vêtu d'un survêtement vert et d'une chemise rouge, joue de l'accordéon en fredonnant d'anciens chants funèbres persans pour distraire les voyageurs bloqués dans les embouteillages. Dès que quelqu'un lui tend un billet, il sort de sa banane un bout de papier indiquant l'adresse de sa page web, un blog consacré à tous les maux du monde : le diable, le matérialisme, l'omniprésence du sexe.

À l'extrémité sud de Vali Asr, l'avenue est à l'arrêt. Ce n'est pourtant pas une heure de pointe. Des milliers de personnes sont rassemblées dans le froid, sur le trottoir et la chaussée, devant une mosquée pleine à craquer. Des hommes portent des couronnes de glaïeuls blancs noués avec des rubans noirs et hauts de plus de deux mètres. À l'intérieur de la mosquée, le *ghaari*, le religieux qui lit le prêche du jour, récite le Coran. Puis il lit l'éloge funèbre de la défunte :

« Elle appartenait à une génération qui avait le sens de l'honneur, le vrai. Elle s'est tournée vers Dieu et ne s'en est jamais éloignée. C'était une femme honnête », conclut-il.

DARIUSH

Aéroport de Mehrabad, Téhéran, mars 2001

« Vous êtes parti un sacré bout de temps, dites-moi ! lança sans lever les yeux le jeune officier en feuilletant le passeport. Et aujourd'hui vous avez décidé de rentrer. » Il feuilletait toujours le passeport : « Après tant d'années ! »

Il poinçonna le coin plastifié de la première page.

Dariush n'avait jamais eu aussi peur depuis qu'il était petit. Il fit glisser sa langue sur la coque rigide de la capsule de cyanure coincée entre sa gencive et sa joue. Les types lui avaient dit que le régime avait la liste de tous leurs noms – la liste noire des opposants recherchés par l'État. Ils lui avaient aussi dit que la prison était synonyme de torture et de mort lente.

« Pourquoi avez-vous quitté l'Iran ? demanda l'officier en le fixant dans le blanc des yeux.

— Mes parents sont partis à cause de la guerre, j'aurais préféré rester mais ils m'ont emmené avec eux. »

Il avait parlé trop vite.

« Et pourquoi revenez-vous ? »

L'officier scanna du regard son passeport, lequel lui avait coûté vingt mille dollars américains versés à un militant chiite de Bagdad qui fournissait des papiers à des gros bonnets. Un travail d'orfèvre ; impossible de trouver un meilleur faux.

« Je viens voir de la famille. Mon… Mon pays me manque », répondit-il d'une voix tremblante.

L'officier se pencha au-dessus de son bureau et appuya la main sur la poitrine de Dariush.

« Vous avez le cœur qui bat à cent à l'heure, on dirait un petit moineau ! dit-il en éclatant de rire et en balançant le passeport à travers le guichet. Vous avez une sacrée trouille, vous, les petits nouveaux. Ne croyez pas ce que vous lisez dans les journaux, on ne va pas vous bouffer. Les gens comme vous ont une meilleure qualité de vie ici. Je parie que vous ne repartirez jamais. »

Ce fut aussi simple que ça, presque trop, alors que son retour au pays le hantait depuis vingt ans, à l'époque où il avait fui la révolution avec sa mère. Cela dit, il fallait qu'il soit prudent car ils pouvaient continuer à le surveiller. Les Iraniens étaient les rois du double bluff.

Le Groupe l'avait prévenu, ses bagages seraient passés aux rayons X avant qu'on l'autorise à entrer sur le territoire. Les mesures de sécurité resserrées n'étaient pas seulement le reflet de la paranoïa du régime ni de sa hantise des mouvements séparatistes. Elles trahissaient aussi la peur des gens comme lui, la peur de l'OMPI, l'Organisation des moudjahidines du peuple iranien.

Dariush avait officiellement rejoint l'OMPI un peu plus d'un an auparavant. Sa mère, institutrice, avait violemment réagi quand il avait commencé à lui en parler. L'OMPI avait joué un rôle crucial lors de la révolution islamique de 1979 qui avait fait tomber le shah, mais elle en voulait au mouvement d'avoir brisé leur vie, à eux autant qu'aux islamistes. Elle se rassurait en se disant que son fils traversait une phase et que l'OMPI représentait les premiers révolutionnaires islamiques modernes de l'Iran. Elle se souvenait qu'à l'époque où elle était étudiante, elle avait des amis qui étaient sensibles à leurs discours sur les valeurs socialistes et la notion d'égalité.

Elle avait remarqué que son fils changeait. Il s'était mis à prier, et, même si elle était pratiquante, la nouvelle religiosité de Dariush la déstabilisait. Il faisait la leçon à tout le monde sur le *sazman*, l'organisation – le Groupe –, en montrant aux uns et aux autres des photos de prisonniers de conscience de l'OMPI. Alors elle argumentait et lui racontait toutes sortes d'histoires sur des amis de la famille qui s'étaient engagés et avaient subi un lavage de cerveau avant d'être séparés de leurs proches. Elle était fière de l'éducation américaine de Dariush et contente de vivre près de Washington. Elle ne supportait pas de le voir transférer salaires et économies sur le compte du Groupe, mais il refusait d'entendre le moindre commentaire de sa part et commença à espacer ses visites, puis il arrêta de l'appeler. Elle l'avait supplié de quitter l'OMPI. Il avait coupé les ponts.

Dariush sortit de l'aéroport et découvrit le ciel de ce petit matin printanier, prenant une longue respiration pour humer le parfum âcre de Téhéran. C'était le parfum de son enfance, un mélange d'odeurs de boules antimites, d'herbes séchées, de terre et d'essence. Il était chez lui.

Il se dirigea vers la queue des taxis en savourant chaque pas, remuant la tête comme un pigeon en quête de nourriture. Le paysage lui était tellement familier qu'il en devenait presque oppressant ; de quelque côté qu'il se tourne, il avait l'impression d'être entouré de proches. Jamais il n'avait éprouvé un tel sentiment d'appartenance, pas même avec le Groupe.

« Vite, on n'a pas que ça à faire, monte dans la bagnole ou dégage. »

Un homme avec une pancarte l'observait.

« Pardon, j'étais perdu dans mes pensées. Avenue Vali Asr, Parkway, s'il vous plaît. »

Dariush avait été surpris le jour où il avait reçu l'ordre de se rendre au nord de la capitale. Après deux ou trois déconvenues amères, le Groupe avait compris que la ville recelait très peu d'endroits où ses membres pouvaient passer inaperçus. Dans les rues du nord de Téhéran, les gens s'intéressent moins à ce que les autres manigancent ; ils sont plongés dans leurs conversations et fuient le moindre incident qui pourrait percer la bulle dans laquelle ils vivent. Au début, les rendez-vous entre agent et exécutant avaient lieu dans les parcs du sud de la ville, mais aujourd'hui ce sont des repaires de junkies, de dealers et de flics. Même quand il n'y a personne à la ronde, la moindre allée, le moindre recoin au sud de Téhéran semblent avoir des oreilles. Un jour un rendez-vous de plusieurs camarades, organisé près du bazar, avait tourné à la catastrophe. Des rumeurs de conspiration s'étaient répandues dans le quartier, jusqu'au moment où deux membres du Groupe avaient aperçu la police et décampé. Les deux garçons avaient été obligés de vivre cachés pendant trois mois et de se faire passer pour des étudiants contestataires avant que des hors-la-loi kurdes leur fassent passer la frontière montagneuse et glaciale sur des ânes. Les Kurdes ne les auraient jamais aidés s'ils avaient su qu'ils étaient membres de l'OMPI. Ils n'avaient pas oublié que l'OMPI avait soutenu le président irakien Saddam Hussein contre les rebelles kurdes.

Sous le règne du shah, la plupart des prisonniers politiques et des condamnés à mort pour raisons politiques étaient membres de l'OMPI, ce qui avait contribué à renforcer leurs rangs. Deux ans après la révolution islamique, l'organisation était forte d'un demi-million de militants actifs. Persuadés d'être menacés par ce pouvoir en plein essor, les hommes qui tenaient les clés de la révolution islamique – les clercs et les fondamentalistes – firent ce qu'ils feraient chaque fois qu'ils auraient l'impression d'être menacés de l'intérieur : ils se retournèrent contre les leurs. Après avoir qualifié les membres de l'OMPI de *monafeqins*, d'« hypocrites » pactisant avec les forces occidentales impérialistes pour mener une guerre profane, ils orchestrèrent un vaste mouvement de purge et pendirent ou fusillèrent des milliers de *monafeqins*. Les survivants s'enfuirent en Irak où Saddam leur offrit sa protection avant de les installer dans le camp d'Achraf, une bande de terre située au nord de Bagdad, où il les arma et les entraîna. L'OMPI avait même rejoint les rangs de l'armée irakienne qui se battait contre les Iraniens pendant la guerre Iran-Irak, tuant des milliers de ses compatriotes. C'est à cette époque que l'attitude des Iraniens vis-à-vis d'eux bascula.

« Diable, ça fait un moment que vous n'êtes pas revenu, où est-ce que vous avez chopé un accent pareil ? demanda le chauffeur de taxi. Pardonnez-moi, je suis un peu direct, mais votre accent est pire que celui de George Bush, vous venez d'Amérique, non ? »

Le chauffeur tendit le cou en jetant un coup d'œil rieur dans le rétroviseur. Dariush fit la grimace.

« D'Amérique, oui, de Washington. Sauf qu'on ne voulait pas quitter l'Iran, on n'a pas eu le choix, s'excusa-t-il.

— Vingt ans, je comprends ! Vous l'avez mérité, cet accent, pas comme ces gosses de riches qui vont passer une semaine de vacances là-bas et reviennent en ayant soi-disant oublié le farsi. Ah, le Grand Satan, qu'est-ce que je ne donnerais pas pour aller vivre avec cette diablesse ! Ma fiancée a passé trois jours à faire la queue devant le consulat américain à Istanbul, mais les types lui ont ri au nez. Pour eux, on est tous des terroristes. »

Le chauffeur augmenta le volume métallique de l'euro techno qui marquait discrètement le rythme. Quand Dariush avait fui le pays, un des tubes préférés des chauffeurs de taxi était « I Will Survive » de Gloria Gaynor.

Les vitres avaient beau être fermées, un vent glacial pénétrait la vieille guimbarde, une Peykan, version iranienne improvisée de la Hillman Hunter des années 1960, qui fonçait, pédale au plancher.

À Téhéran, une seule vitesse est de mise : la vitesse maximale de la voiture que vous conduisez. Or les vieilles Peykan atteignent les cent cinquante kilomètres-heure avec un nouveau moteur, un score proche d'une Peugeot, la voiture préférée de la moyenne bourgeoisie iranienne. Les types du Groupe riaient en disant que Dariush avait plus de risques de mourir dans les rues de Téhéran qu'entre les mains du régime, et ils n'avaient pas tort. Les voitures éventrées et les passagers en sang, voire morts, allongés sur le macadam, sont un spectacle courant à Téhéran. La circulation était d'ailleurs une vraie préoccupation pour le Groupe, à tel point que ses membres avaient fini par opter pour la moto, le véhicule idéal pour fuir, les voitures étant trop souvent bloquées. À cette heure du jour, cependant, l'autoroute était dégagée, et Dariush observait le paysage urbain qui défilait derrière la vitre, suivant des yeux les ondulations de la ligne de crête des maisons, des immeubles, des bureaux, des hôpitaux et des écoles.

Il avait oublié que la ville était aussi laide. Il gardait le souvenir de vieilles maisons, d'allées serpentant, d'élégants immeubles à la française, de villas, de vergers et de jardins, d'une ville propre où la circulation était rare. Or, il avait face à lui un épouvantable fatras de blocs de béton grisâtres, de plaques de marbre moucheté tapageur, d'immenses colonnes dans un style pseudo-grec, le tout assorti de tuyaux en plastique aux couleurs primaires. Ils avaient massacré la ville. Il serra les dents de rage en y pensant. La colère était un bon exutoire. À certains moments, il la sentait presque physiquement se diffuser en lui : ses muscles se relâchaient et sa poitrine gonflait. Il paniquait à l'idée de perdre sa motivation, d'abandonner la lutte. Pas ce matin, heureusement. Ils avaient saccagé la ville et il était prêt.

Le taxi tourna pour emprunter Vali Asr, l'avenue qui rappelle à tous les Téhéranais qu'ils sont chez eux. À première vue, elle demeurait inchangée. Vendeurs des quatre-saisons, colporteurs, boutiques, cafés, restaurants, devantures tape-à-l'œil : tout y était intact. Seuls les bistrots avaient disparu, les bars à whisky que ses parents adoraient, les salles de billard enfumées ouvertes jusqu'à l'aube, les boîtes de nuit devant lesquelles on faisait la queue. Dariush avait peine à l'admettre, mais la ville avait gagné à se débarrasser de l'influence pernicieuse et corruptrice de l'Occident qui avait pris racine en Iran et fissuré les fondations de sa terre natale. Cette idée lui fendait le cœur parce que jamais il n'avait vu ses parents aussi heureux qu'à l'époque où ils dansaient et trinquaient le long de l'avenue Pahlavi. En même temps il souffrait de savoir qu'ils s'étaient laissés aller à une culture aussi décadente. Il avait bien essayé de les absoudre, ils n'avaient fait que suivre les aspirations de tous les jeunes des classes moyennes du Téhéran des années 1970, mais lui, Dariush, avait tourné le dos à cette génération. Le Groupe lui avait montré la voie, et il avait la conviction que Dieu voyait tout.

Peu à peu, les rues s'animaient et la ville sortait de son sommeil. Un vieil homme voûté se faufila le long de la voiture en poussant une brouette d'oranges. Malgré son épaisse chevelure, on aurait dit qu'il avait cent ans, et il parlait comme s'il était plus âgé encore, émettant de fragiles croassements étouffés par le bruit des moteurs et emportés par la brise printanière.

« Pauvre petit vieux ! Salut, pépé, c'est combien ? le héla le chauffeur.

— Trois cents tomans le kilo, mon fils, elles sont fraîches, d'aujourd'hui, cueillies sur le doux sol de Mosha », murmura le vieil homme en levant ses petits yeux que la cataracte faisait luire.

Même ses vêtements semblaient vétustes : sa chemise, usée jusqu'à la corde, tachée et ornée d'un col et de poignets curieusement amidonnés, retombait sur son corps émacié, et les plis de son pantalon de paysan formaient comme des vaguelettes jusqu'au sol.

« Tu as plus de cheveux que lui et moi réunis, mon vieux – allez, garde la monnaie.

— C'est bien la seule chose que j'ai et que les autres n'ont pas, répondit le vieil homme dont le sourire découvrit les gencives brillantes. Que Dieu te protège. »

Le chauffeur secoua la tête en regardant le vieux paysan s'éloigner dans son rétroviseur.

« Je te parie que même s'il arrive à vendre tout son lot, ce type n'a pas assez pour nourrir une famille, soupira-t-il. C'est pas une vie, je vais te dire, c'est même pas de la survie ! Cette ville est pourrie. »

La Peykan sortit d'un tunnel pour déboucher sur Parkway, un gigantesque carrefour bétonné où se pressaient des piétons et des voitures zigzaguant sous un autopont. Le chauffeur s'arrêta sur un îlot au centre en effleurant l'attaché-case d'un employé de bureau. L'inconnu ne daigna même pas tourner la tête et poursuivit son chemin. Dariush descendit du taxi et prit son courage à deux mains pour se lancer dans la mêlée. Il n'y aurait pas d'accalmie, il fallait qu'il traverse à l'iranienne, tête la première dans la circulation. Il mit plus de cinq minutes à franchir les dix mètres qui le séparaient du trottoir d'en face ; à chaque pas qu'il faisait, une voiture ou une moto se précipitait sur lui, jusqu'au moment où une vieille femme en tchador lui proposa de la suivre. Il était plaqué contre son corps volumineux qui se dandinait au milieu des voitures quand la femme lui fit remarquer qu'il devait être parti depuis longtemps. Dariush soupira.

Il remonta pour rejoindre un café situé au coin des avenues Vali Asr et Fereshteh. C'était un boui-boui qui ouvrait avant l'aube et servait des petits déjeuners à base de *kalehpacheh*, un mélange d'abats de mouton : langue, yeux, joues, tout. Tapissé de carreaux blancs brillants sur le sol et les murs, le lieu ressemblait davantage à un laboratoire qu'à un café. Même les employés portaient des blouses de laborantins immaculées tout en servant ces morceaux de viande mous et visqueux sous la lumière crue des néons qui transperçait les bouts de muscle et de gras dans les assiettes de porcelaine blanche. Dariush inspira à pleins poumons le parfum doux et chaud de la viande confite – chair, os et cartilages. Sa mère leur faisait de temps en temps du *kalehpacheh* quand il était à Washington, mais ils le dégustaient en silence parce que le plat leur rappelait son père qui le cuisinait comme un chef.

Le père de Dariush était un monarchiste convaincu qui avait été haut fonctionnaire sous le règne du shah. Après la révolution, à l'époque où la milice parcourait les rues pour arrêter le moindre suspect, il avait été embarqué pour un interrogatoire et personne ne l'avait jamais revu.

Dariush repéra une table vide au fond du café, près de la cuisine. Il venait de s'asseoir quand, brusquement, un serveur lui posa un verre de thé sous le nez. Des pots de bouillon brûlant crachaient des torrents de vapeur derrière lui, créant un doux murmure qui offrait un contrepoint sourd au fracas de la vaisselle et des voix. Il était sur ses gardes. Déjà, dans le taxi, il surveillait les alentours pour être sûr qu'on ne les suive pas, mais là, du fond du café, il avait une vue parfaite sur la salle, ainsi que sur le trottoir. Personne. Il était encore tôt. Il se détendit et s'autorisa à observer les clients.

C'était un curieux mélange. Il y avait là des ouvriers barbus, seuls ; des employés de bureau qui mangeaient à toute allure, le nez dans leur assiette ; de vieux habitués à la chemise parfaitement repassée qui échangeaient des blagues par-dessus les tables, fidèles à leur petit déjeuner rituel ; des promeneurs enthousiastes, vêtus de coupe-vent et de chaussettes en laine, qui venaient se réchauffer après un trek à travers la chaîne de l'Alborz, munis de leurs bâtons de marche et de leur sac à dos. Ceux-là mangeaient plus lentement et savouraient chaque morceau après leur virée en altitude, sous un soleil sans merci et sur des sentiers envahis d'amateurs.

Dariush était à la fois excité et dégoûté par le spectacle qui se jouait au milieu de la salle : une bande d'adolescents et de jeunes gens affalés sur les chaises et les tables, la tête appuyée sur l'épaule de leur voisin, les jambes allongées, lunettes de soleil sur la tête. Ils étaient là, ricanant, flirtant, commentant la nuit passée à mi-voix. Les filles étaient d'une beauté à couper le souffle malgré leur rimmel coulant, leurs cheveux qui s'échappaient de leurs foulards et leurs mèches folles collées sur leur front en sueur. Sublimes en dépit de leur improbable petit nez retroussé, sculpté par le bistouri d'un chirurgien. Elles faisaient la moue de leurs lèvres pulpeuses, articulant à peine, rejetant la tête en arrière et gonflant les seins, gloussant et agitant leurs jolis bras fins et dorés. La salle était pleine de leurs rires, de leurs pupilles dilatées par les pilules d'ecstasy, du parfum sucré de la vodka Moonshine, imprégnant leurs habits de fête que l'on apercevait sous leurs *manteaus*, ces grands paletots imposés par les islamistes pour cacher les courbes féminines. Tous avalaient à grand bruit le plat préféré des noceurs, de grands bols de soupe de cervelle, remède idéal contre la gueule de bois qui absorbe toutes les drogues et les boissons présentes dans le corps.

Dariush était tellement fasciné qu'il ne vit pas entrer son camarade.

« *Salaam*, mon frère. Bienvenue au pays. »

Dariush était facile à repérer. Hormis le trousseau de clés et le paquet de Marlboro posés comme prévu sur la table, il était bouche bée.

Soudain il se reprit, gêné. Il s'était laissé déconcentrer.

« Tu as raison, c'est choquant de voir ces gamins se comporter comme des sagouins alors que leur pays va à vau-l'eau. Mais tu es revenu pour nous sauver, non ? lança le jeune homme à mi-voix, avec un sourire de loup. Jahangir m'a briefé. Je suis au courant de ta mission. Je m'appelle Kian. Tu sais comment ça marche. »

Ils mangèrent en silence jusqu'au moment où Kian se leva en déposant une liasse de billets sur la table avant de sortir. Dariush le suivit sans un mot, et tous deux remontèrent Vali Asr du côté de la place Tajrish, à l'est, en longeant les jardins du vieux palais Bagh Ferdows. Le printemps était en pleine éclosion. Des bourgeons d'un vert chatoyant jaillissaient des arbres alignés le long de l'avenue et dégageaient le doux parfum de sève des nouvelles feuilles de l'année. Des montagnes d'amandes fraîches, de prunes couleur de jade, d'abricots et de figues du Sud, de bouquets d'estragon et de menthe débordaient des cageots disposés devant les étals.

Peu après, ils tournèrent à gauche pour pénétrer dans les venelles du vieux quartier de Shemiran avant d'entrer dans un immeuble banal qui sentait l'oignon frit. Direction le septième étage. Depuis le balcon, les toits hauts ressemblaient à un jeu de maisons miniatures à l'ombre des montagnes aux cimes couvertes de neige éternelle.

« L'appart est propre, il n'y a pas pas de bestioles, j'ai vérifié hier soir », dit Kian.

La pièce était couverte d'un voile de poussière. Qu'à cela ne tienne, il retira la bâche en plastique qui protégeait le canapé, sortit de sa poche une carte décolorée par le soleil et la déplia sur la table.

« Les mecs m'ont dit de te donner ce plan. Il est annoté, alors évite de le laisser traîner. Apprends par cœur ton trajet et brûle-le. »

Dariush examina le nouveau périmètre de Téhéran, découvrant son extension inouïe : de gros doigts de béton et de briques s'échappaient du pied des montagnes et pénétraient les confins du désert, du côté des plaines et de la rase campagne. Au centre, deux cercles noirs épais indiquaient la maison et le bureau de sa cible, l'ancien chef de la police de Téhéran.

« Tiens, voilà deux ou trois cartes SIM. Surtout ne les utilise pas avant deux semaines, aucune d'entre elles. Et ne commande pas de taxis, il vaut mieux les héler directement dans la rue. Ça, c'est de ma part. Bonne chance.

— Tu pars déjà ? C'est tout ? Et le flingue ? Et le chauffeur pour me tirer ?

— Ne me dis pas qu'ils n'ont pas prévu tout ça pour toi ? C'est à eux de se démerder. »

Dariush frappa du poing sur la table en hurlant, provoquant un nuage de poussière.

« Je rêve ! On se crève le cul à l'autre bout du monde, je risque ma vie pour défendre notre cause, et toi tu n'en as rien à cirer ! »

Kian alluma une cigarette et tira une longue bouffée avant de prendre sa tête entre ses mains.

« Mon frère, sache que j'apprécie ton engagement, répondit-il sans lever le regard. Sincèrement. Mais ici la situation est différente. Il ne fallait pas écouter ce qu'on raconte. Tu te rends compte de la pression dans laquelle on vit ? Les vieux de la vieille sont sous surveillance vingt-quatre heures sur vingt-quatre et sept jours sur sept. Tu as du pot que personne ne t'ait filé un flingue neuf qui t'aurait mené tout droit en taule. »

Kian griffonna un numéro sur un bout de papier en ajoutant : « Répète : "Pedram dit que la boutique a rouvert." C'est tout ce que tu as à dire. Je m'occupe du chauffeur. »

Il se dirigea vers la porte et se retourna au dernier moment : « Au fait, ne sois pas surpris si tu entends dire que les gens ne nous aiment pas. Autre chose, c'est pas la première fois que le *sazman* merde. »

Il sortit en secouant la tête.

***

Deux ans plus tôt, si on avait dit à Dariush qu'un jour il fricoterait avec l'OMPI, il aurait éclaté de rire. La politique ne l'avait jamais passionné, en tout cas pas plus que n'importe quel exilé iranien ayant grandi en entendant vaguement parler de la révolution. Il avait passé son enfance dans une petite ville tranquille de Virginie. Jusqu'au jour où il avait rencontré Arezou.

Il avait fait sa connaissance à l'université, où elle suivait des études d'ingénierie informatique. Dès leur premier échange, ils avaient compris. Ils avaient de nombreux points communs et ils étaient sérieux, éprouvés par la vie. Arezou lui avait expliqué que ses deux parents avaient été tués pendant la révolution, mais dès qu'on lui posait des questions anodines sur sa famille, elle était sur ses gardes et évasive. Les autres étudiants la trouvaient froide ; Dariush, lui, était intrigué. Ils avaient accueilli leur amour naissant avec prudence, et le jour où elle s'était soumise, Dariush avait été ravi. Il avait trouvé son âme sœur.

Ils venaient de faire l'amour quand Arezou lui avait avoué qu'elle était membre du Groupe, l'OMPI. Dariush s'était redressé, estomaqué. Il avait entendu dire que l'OMPI était un ramassis d'illuminés aussi dangereux que les mollahs et méprisés par tout le monde.

Ils se disputèrent. Elle s'indigna, monta sur ses grands chevaux, hurlant contre lui. Il avait beau ne pas être d'accord avec elle – les Moudjahidines du peuple étaient des combattants de la liberté soutenus par tous les Iraniens, disait-elle, le seul groupe de dissidents crédible –, il était impressionné par son savoir, sa maîtrise de l'histoire et sa capacité à expliquer l'enchaînement des événements. Arezou parlait de plus en plus souvent du *sazman*, et ils finissaient systématiquement par se prendre le bec. Elle l'encourageait à venir aux réunions. Chaque fois, il refusait.

Un soir, elle était en train de préparer le dîner quand elle lui annonça que c'était fini entre eux. Il éclata en sanglots. Elle argua que s'il ne respectait pas son engagement, qui faisait partie intégrante de sa vie, elle ne pouvait pas vivre avec lui.

« Je suis ce que je suis. Si tu m'aimes, tu dois m'accepter ainsi », dit-elle d'un ton froid.

Dariush n'avait d'autre choix que de dire oui. Il promit d'essayer.

Plusieurs mois s'écoulèrent avant qu'Arezou ne lui révèle la vérité. Ses parents n'étaient pas morts, ils vivaient dans le camp d'Achraf, en Irak, séparés, sur ordre du dirigeant de l'OMPI, Massoud Radjavi. Ce dernier avait décrété un divorce de masse dans la droite ligne de la « révolution idéologique » que lui et son épouse, Maryam, avaient lancée auprès de leurs soutiens afin de mettre à l'épreuve leur loyauté. Des centaines de militants avaient été obligés de briser les liens avec leurs proches, et certains avaient été contraints de divorcer officiellement de leur conjoint. Massoud avait même exigé des réfugiés du camp d'Achraf qu'ils lui remettent leur alliance. À l'époque, Arezou était petite et vivait avec ses parents dans le camp. Mais peu après, on l'avait envoyée dans un « foyer » à Washington, où elle avait un oncle éloigné. Son père et sa mère avaient coupé les ponts depuis longtemps avec quiconque n'était pas d'accord avec le *sazman*. C'est ainsi qu'elle avait été élevée dans une grande maison de banlieue américaine par un cousin issu de germain de son père, qui s'occupait de trois autres enfants victimes de ce divorce collectif.

Loin d'en vouloir à Arezou parce qu'elle lui avait menti, Dariush lui était reconnaissant de lui avoir confié ses secrets. Ses révélations les rapprochaient et lui permettaient d'apprécier tout ce que le Groupe lui apportait.

Adolescent, Dariush avait tourné le dos à la religion parce qu'il estimait qu'elle était à l'origine de la révolution qui avait brisé leur vie. Elle consistait en une liste d'interdits et de tabous. Arezou, elle, avait une vision très différente : elle y voyait la source d'une justice sociale réelle permettant aux femmes de disposer des mêmes droits que les hommes. Le camp d'Achraf était plein de guerrières qui conduisaient des tanks et maniaient les armes, disait-elle. Dariush était fasciné.

***

Le trafiquant d'armes reconnut tout de suite Dariush.

« Tu n'es pas difficile à repérer. Tu as une tronche d'espion. Allez, on y va. »

Dariush avait suivi les instructions de Kian et donné rendez-vous au trafiquant devant une boutique de jus de fruits de la place Haft-e Tir, au centre de Téhéran. Il se demandait si l'homme était membre du Groupe, car c'était un lieu de rendez-vous symbolique. Haft-e Tir était, en persan, la date du 28 juin 1981, le jour d'un attentat à la bombe de l'OMPI qui avait coûté la vie à l'ayatollah Beheshti, chef de la Justice, et à soixante-quinze dignitaires du régime. Aux yeux de Dariush, les rues de Téhéran étaient ainsi marquées par les victoires de l'OMPI : leurs attentats à la bombe et leurs tirs de roquettes et de mortier contre des bâtiments du gouvernement et de l'armée en témoignaient. Il se souvenait de l'assassinat, en 1998, du directeur de la prison d'Evin, responsable d'une série de meurtres perpétrés sur des membres de l'OMPI à la fin des années 1980 ; puis de l'exécution du conseiller militaire du Guide suprême devant chez lui, au moment où il partait travailler, en 1999.

Avant de se rendre à son rendez-vous avec le trafiquant, Dariush avait remarqué que la carte que lui avait remise Kian était obsolète. Il y manquait de nouvelles allées et beaucoup de noms de rues étaient caducs. C'était curieux : tantôt le Groupe fonctionnait comme une machine ultra-élaborée, tantôt on aurait dit une bande de cow-boys amateurs.

Le trafiquant fila à travers les ruelles avant de disparaître à l'intérieur d'un immeuble en béton. Dariush le suivit jusqu'au quatrième étage et se retrouva dans un salon en désordre, décoré d'un mobilier noir datant des années 1980 et de rideaux en velours marron.

« Je peux te filer une kalachnikov AK-47, mais pour l'instant, c'est tout.

— Dans ce cas-là, d'accord. Tu es membre du *sazman* ?

— Putain, tu rigoles ? répondit le trafiquant en riant. Je fais des affaires avec vous, les mecs, mais ne t'imagine pas que je crois que vous allez sauver l'Iran. C'est même le contraire, on ne peut pas vous voir en peinture. Je ne parle pas de toi personnellement. Mais je te parie mille dollars qu'en l'espace d'un mois ici, tu ne trouveras pas un seul Téhéranais qui vous kiffe. Plutôt crever. Voilà, la sœur fera le tri », dit-il en indiquant une voluptueuse rousse en survêtement de velours rouge.

Puis il fila.

La fille alluma une cigarette en dévisageant Dariush. Objectivement, il était séduisant : grand, baraqué, avec de beaux cheveux, mais il avait des traits enfantins qui lui donnaient une allure sage et craintive. Brusquement elle disparut, son portable collé à l'oreille, revenant peu après avec une AK-47 flambant neuve et un sac plein de cartouches. Dariush essaya d'engager la conversation au moment où elle lui remit l'arme, mais elle l'ignora.

« Si tu t'en sors vivant, dis aux tiens de lui foutre la paix, à l'Iran », lâcha-t-elle en claquant la porte derrière elle.

***

Pour qui ne les connaît pas, les Moudjahidines du peuple sont une énigme. Le principal quartier général du mouvement se trouve à Paris, où le groupe fonctionne sous la houlette de son aile politique, le Conseil national de la résistance iranienne, mais au sommet, les dirigeants luttent entre eux pour mettre au point leurs principes et leur ligne politique, entre marxisme, islam et nationalisme. L'OMPI est dirigée par Maryam Radjavi depuis que son mari, Massoud, a mystérieusement disparu de la scène publique en 2003, et le couple est l'objet d'une adoration de la part de ses partisans qui le suivent tels des gourous. Maryam Radjavi est une femme d'âge mûr qui a de beaux yeux verts, pas une once de maquillage mais des sourcils parfaitement épilés – attribut *sine qua non* de toute femme iranienne qui se respecte – et porte un foulard couvrant entièrement ses cheveux. Elle a davantage l'allure d'une femme au foyer conservatrice de la bourgeoisie urbaine que celle de la dirigeante du mouvement dissident le plus important d'Iran. Avec sa voix apaisante, légèrement nasale, elle fait du lobbying auprès des politiciens européens et américains afin qu'ils soutiennent sa lutte contre le régime iranien en défendant avec ferveur l'idée d'un Iran libre.

L'OMPI dépense des millions pour mettre les gouvernements occidentaux de son côté et offre de coquettes sommes aux sénateurs et aux députés américains pour qu'ils appuient leur combat par le geste et la parole. Le mouvement considère qu'il est une plateforme pour une future révolution. Ou en cas d'attaque des États-Unis ou d'Israël. Ou encore pour le moment où il arrachera le pouvoir aux religieux et anéantira le régime actuel.

Le premier meeting auquel avait assisté Dariush avait eu lieu dans une église. Une cinquantaine de personnes étaient rassemblées : des femmes au foyer, des cadres, des étudiants et quelques Américains. Les membres pourvus d'une carte étaient peu nombreux, la plupart se présentant comme de simples « soutiens ». Les femmes portaient un foulard rouge couvrant entièrement leur chevelure, et les gens s'appelaient entre eux *khaahar*, sœur, et *baradar*, frère.

Les Américains s'étaient entichés de ces « combattants de la liberté », c'est pourquoi leurs sénateurs se relayaient afin de faire campagne en faveur de l'OMPI. *Baradar* Fereydoun, le leader adoré de la branche américaine, étayait ses discours en évoquant les violations des droits de l'homme et les personnes emprisonnées et torturées en Iran, et en projetant des images de corps pendus à des grues, de dos lacérés de coups et de prisonniers aux regards sans vie. Presque toutes les victimes étaient des membres du Groupe. Chaque fois, Dariush était outré.

À la fin des meetings, on s'asseyait autour d'une table et on mangeait du riz basmati au poulet, *zereshk ba morgh*, en discutant des enfants et du travail. Les réunions ressemblaient plus à des conseils municipaux qu'aux assemblées générales d'un groupe rebelle. Dariush avait été étonné par cette simplicité. Arezou se montrait chaleureuse, ouverte, ce qui contrastait avec son attitude à l'extérieur. Elle n'était jamais aussi heureuse qu'avec le Groupe, entourée des siens.

Peu à peu, les réunions étaient devenues centrales dans la vie de Dariush, et les atrocités perpétrées par la République islamique vis-à-vis de ses camarades le rendaient de plus en plus fou. *Baradar* Fereydoun avait remarqué sa fougue et il commençait à passer du temps avec lui. Il lui fit des confidences, lui expliqua que sa claudication était liée à une opération secrète au cours de laquelle un de ses compagnons de route, à présent un martyr, avait été tué. Il lui confiait des informations précieuses, évoquait la présence d'espions à l'intérieur du Groupe et, inversement, de membres de l'OMPI qui avaient infiltré le gouvernement, dont certains travaillaient sur des sites nucléaires. Arriva un moment où Dariush passait plusieurs heures par jour à écouter des messages enregistrés des leaders les plus importants. Difficile de ne pas croire leurs propos. Il décida de collecter des fonds pour le Groupe et apprit à connaître le camp d'Achraf car il espérait y être envoyé. La situation de l'Iran était grave, urgente, il fallait qu'il agisse. Il se mit à répéter les devises de *baradar* Fereydoun : « Notre peuple nous aime, il attend que nous le sauvions de l'enfer. »

***

BANG ! Dariush crut que c'était une bombe et eut le réflexe de plonger sous le lit. BANG, BANG, BOOM ! Il entendit un long sifflement. Il avait appris à distinguer toutes sortes de fusillades au cours de ses stages d'entraînement, mais cette fois-ci, c'était un bruit qui lui était inconnu. Des cris retentirent, suivis d'éclats de rire. Il rampa vers la fenêtre et vit une gerbe d'étincelles blanches scintiller dans le ciel, telle une immense fleur. Il avait oublié que c'était *Chaharshanbeh souri*, la fête du Feu.

Le Groupe l'avait envoyé à Téhéran pour *Norouz*, le Nouvel An iranien qui coïncide avec le premier jour du printemps. C'était une période idéale pour sa couverture car beaucoup d'exilés rentraient au pays pour voir leur famille. Dariush n'avait qu'à attendre son heure. Pendant ce temps-là, il lisait les livres que Kian lui avait apportés, dont l'un de ses préférés, *Marxism and Other Western Fallacies: An Islamic Critique*, d'Ali Shariati.

Il sortit se promener dans les rues. Des myriades d'enfants jouaient et sautaient au-dessus des feux de joie qu'ils avaient allumés au milieu de la chaussée en chantant un vieux mantra zoroastrien pour éloigner le mauvais sort et les problèmes de santé. Des bandes de filles et de garçons se pourchassaient en agitant des cierges magiques. Des pétards explosaient le long de l'avenue Vali Asr. Les voitures étaient à l'arrêt, de la musique retentissait dans tous les coins, les gens souriaient aux fenêtres. Le gouvernement avait essayé d'interdire *Chaharshanbeh souri* sous prétexte que c'était un rituel païen issu du zoroastrisme, donc non islamique, mais les Iraniens étaient aussi attachés aux fêtes de *Norouz* qu'aux fêtes islamiques. Les autorités avaient beau faire, cette bataille-là était impossible à emporter. Dariush observait la foule d'un air incrédule, surpris que les gens puissent s'amuser en toute insouciance. Il tombait des nues en découvrant l'abîme qui existait entre ce que l'OMPI leur racontait et le pays réel. Heureusement, il arrivait encore à interpréter ce qu'il voyait à travers le prisme du Groupe et se rassurait en se disant qu'il était face à des gamins déployant une capacité de désobéissance pleine d'audace. Soudain il aperçut une bande d'adolescents qui dansaient et frappaient des mains dans une rue adjacente ; plusieurs d'entre eux montèrent sur les capots des voitures en dansant le swing, jusqu'au moment où une fille arracha son foulard et le brandit sous les yeux du public qui l'applaudissait. Dariush comprit qu'il était en train d'assister à une rébellion populaire.

***

Dariush avait été spécifiquement choisi pour sa mission, et Arezou était très fière de lui. Même les plus âgés du Groupe étaient impressionnés par son dévouement, il était prêt à mourir pour briser la République islamique. Peu importe qu'il fût membre depuis peu de temps, l'organisation ne fonctionnait pas ainsi. Certaines personnes étaient membres depuis des années, elles avaient versé de l'argent (ce que chacun était censé faire) et offert leurs services, mais elles n'avaient jamais gravi les échelons ni approché le saint des saints. Il fallait être prêt à se donner corps et âme au Groupe. C'était une question de discipline, de sacrifice et de loyauté. Le Groupe avait d'abord envoyé Dariush à Paris, où il avait fait la connaissance des dirigeants de l'OMPI. Tout le monde avait été sensible à son engagement. En rentrant, il s'était lancé dans une formation idéologique intense, soumettant des rapports détaillés sur ses sentiments vis-à-vis des Radjavi et apprenant leurs discours par cœur. Peu après, la direction avait décidé de l'envoyer dans le camp d'Achraf, en Irak, afin de le préparer pour sa mission.

La vie dans le camp était soumise à des règles strictes. L'entraînement était intense : on apprenait à manipuler des armes, à lancer des grenades à la main, à fabriquer des bombes, à pister ses victimes, à utiliser des micros et du matériel de surveillance, à tirer sur une cible. Femmes et hommes étaient séparés. Toute pensée érotique était dénoncée.

Dariush avait suivi des sessions obligatoires de « confession » de groupe pour se purifier l'esprit et se rapprocher de ses frères et de ses sœurs. Ils étaient nombreux comme lui à avoir coupé les ponts avec leur famille, et tous insistaient sur le soutien considérable dont ils bénéficiaient dans leur pays natal. Nul ne savait précisément combien de membres actifs vivaient en Iran, mais on avait certifié à Dariush qu'il existait un important réseau militant et qu'une fois sur place, il aurait une équipe dévouée à sa disposition.

***

C'était le jour prévu pour l'assassinat. Dariush avait commencé la matinée en faisant quelques exercices de respiration pour calmer ses nerfs. Tout avait été planifié. Il avait suivi l'ancien chef de la police pendant des semaines. Au lendemain de la fin des vacances officielles, il était sorti de chez lui à l'aube, mal habillé, avec de vieilles chaussures. Il était arrivé dans la rue où vivait cet homme à cinq heures du matin et s'était accroupi sur le côté. Personne ne l'avait remarqué.

Tous les jours, l'ancien chef de la police prenait sa voiture pour aller au bureau – contrairement à l'époque où il était conduit par un chauffeur dans une voiture blindée et escortée par un convoi de sécurité. Dariush se disait qu'il serait facile de l'atteindre. Il frapperait sa cible lorsqu'elle rentrait chez elle, en pleine heure de pointe.

Kian lui avait trouvé un chauffeur pour la fuite, un jeune mécanicien qui venait de rejoindre le Groupe et brûlait de rencontrer les Radjavi pour leur prouver sa loyauté. Au moment où ils avaient quitté l'appartement, il avait posé sa main sur l'épaule de Dariush en le rassurant :

« Je suis prêt à mourir pour la cause.

— Moi aussi », avait répondu Dariush en lui serrant la main.

À l'heure dite, l'ancien chef de la police sortit de l'immeuble et monta dans sa voiture. Le jeune homme et Dariush le suivirent en moto. La voiture ralentit à cause d'un embouteillage. Dariush tapota le dos du chauffeur – c'était leur signal. Celui-ci s'approcha le plus près possible de la voiture, à tel point que Dariush distinguait les petits cheveux de la nuque de l'ancien chef de la police à travers la vitre. Il tira. La vitre explosa. Il regarda devant lui, kalachnikov en main. Vit une giclée de sang. Le chef était plié en deux vers l'avant. *Bougeait-il encore ?* Soudain Dariush fut projeté en l'air et retomba dans un bruit sourd. Des hommes se précipitèrent sur lui, broyant son crâne contre le gravier mêlé de goudron. Il étouffait. Tout son corps palpitait. Sa vision était brouillée. Combien de temps mit-il pour comprendre ce qu'il s'était passé ? Une minute, deux, dix ? Il n'aurait su le dire.

Il se concentra et reconstitua mentalement la scène : quelque chose avait heurté la moto et il avait été catapulté. Trois policiers s'étaient jetés sur lui. Il avait eu tellement peur qu'il s'était pissé dessus. Il ne voyait plus le chauffeur. Au moment où les flics lui avaient demandé de se relever en brandissant leurs revolvers, il avait compris que c'était fichu. Le Groupe l'avait prévenu : « S'ils te prennent, ils te tortureront sans merci, et peut-être pendant des années. Ils te violeront. » Il se souvenait des photos. Voilà pourquoi il avait sa capsule de cyanure dans la bouche. Elle était toujours là, en dépit de sa chute. Il mordit dedans. Sentit une giclée de liquide. Neuf secondes. C'était le temps que ça prenait, lui avaient dit les gars. Quinze secondes au moins venaient pourtant de s'écouler, il en était sûr, ou est-ce que le temps ralentit quand on meurt ? Il ferma les yeux pour se concentrer sur sa mort. Mais il était bel et bien vivant. Trente secondes au moins. Le Groupe n'était pas à quelques secondes près ; ils étaient rarement précis sur les détails.

« Je répète, monte dans le fourgon ! »

Il rouvrit les yeux. Oui, il était vivant. Plus d'une minute avait dû s'écouler. Il fit un pas en hésitant.

« Le mec est drogué. Je te jure, un zombie ! »

Il résista jusqu'au commissariat. Non seulement leur carte était datée, mais leur cyanure aussi. Il devait être périmé. Contrairement à lui, que des années de torture et de viol attendaient.

Au commissariat, on lui retira ses menottes et on l'enferma dans une cellule. Personne ne le fouilla. Heureusement, car il était retourné voir le trafiquant d'armes et il avait une grenade à main au fond de la poche de son pantalon. Au moment même où l'officier referma la porte, il saisit l'anneau de la goupille. La grenade explosa avant qu'il ait le temps de la soulever à la hauteur de sa tête. Il vit sa main fuser à travers la pièce. Puis s'évanouit.

Le juge avait l'air las. À une époque, il envoyait des centaines de ces imbéciles à la potence, quand le poids de son autorité se résumait à quatre syllabes : *hokm-e edam*, peine de mort. Il dévisagea Dariush face à lui. Le jeune homme tremblait de peur. Il avait un moignon couvert d'un bandage à la place de la main droite. Ses avocats avaient plaidé le fait qu'il avait été victime d'un lavage de cerveau. Il s'était repenti. Il n'avait tué personne. La balle avait effleuré le cou de l'ancien chef de la police. Le juge livra son verdict en tripotant son stylo.

***

Rue Fatemi, centre de Téhéran,
plusieurs années plus tard

La lampe halogène du plafond vibre et inonde la petite assemblée d'une lumière bleutée et crue qui souligne le creux des joues et les cernes. Trois familles attendent en silence sur des chaises en plastique dans cet immeuble de bureaux triste. Personne n'a touché aux gobelets de thé disposés sur la table. Tous ont les yeux rivés sur la porte. Soudain, Dariush entre, vêtu d'un jean et d'une chemise blanche impeccable. Trois hommes le suivent, la tête légèrement baissée, balayant la pièce du regard. Un concert de pleurs s'élève et les trois hommes sont encerclés. Les mères se précipitent contre la poitrine de leurs fils ; un homme tombe à genoux ; une sœur caresse les cheveux de son frère ; un père plonge la tête entre ses mains, les poignets trempés de larmes. L'un d'eux a disparu pendant plus de vingt ans et ne cesse de murmurer cet unique mot : « Pardon. »

Dariush observe la scène en soutenant délicatement la main en plastique attachée à son moignon. Il a beau avoir été témoin de nombreuses retrouvailles, chaque fois il éclate en sanglots. Les trois qu'il a escortés dans la pièce sont d'anciens membres de l'OMPI ; aujourd'hui ce sont des déserteurs, comme lui. Chacun raconte sa vie avec le Groupe.

Dariush hoche la tête tandis que s'enchaînent les histoires de lavage de cerveau et les regrets. Il se souvient des coups et des confessions publiques au camp d'Achraf ; un de ses camarades avait été contraint d'avouer qu'il se masturbait, ce qui était interdit. Il se souvient de l'isolement, du confinement, de la ségrégation stricte entre les sexes – un de ses compagnons revenu au pays, que Dariush avait aidé, n'avait pas été autorisé à voir sa femme pendant quinze ans, alors que tous deux étaient dans le camp au même moment. Il se souvient de familles débarquant à Achraf et implorant de voir leurs proches. Il se souvient d'avoir participé au culte de l'OMPI.

Après sa tentative de meurtre ratée, Dariush a été envoyé dans un hôpital militaire où les médecins et les infirmières se sont soigneusement occupés de lui jusqu'à ce qu'il puisse être transféré en prison. Il a été condamné à la perpétuité. Puis sa peine a été réduite à huit ans et il a passé quatre ans à peine à la prison d'Evin, dans l'aile des prisonniers politiques, entouré de dissidents et d'étudiants. C'est là, en prison, que Dariush a été « déprogrammé », là qu'il a découvert la vérité sur son pays et compris les mensonges dont l'OMPI l'avait abreuvé. Il affirme qu'il n'a jamais été torturé.

Personne ne sait pourquoi Dariush n'a pas été exécuté par le gouvernement ni pourquoi sa peine a été si légère. L'explication la plus probable est qu'il a dû signer un accord : sa liberté contre sa connaissance des rouages internes de l'OMPI. Les Iraniens friands d'histoires de conspiration en ont eu pour leur argent ; certains sont allés jusqu'à dire que Dariush était un espion à la solde du régime. Quelle que soit la vérité, la décision du gouvernement était avisée. Le jour où a été annoncée une amnistie pour tous les déserteurs, des dizaines de personnes sont rentrées dans leur patrie. C'était après la chute de Saddam Hussein. L'OMPI n'était plus la bienvenue en Irak et les conditions de vie dans le camp d'Achraf s'étaient détériorées. Dariush fut donné en exemple, un membre de l'association à qui la République islamique d'Iran avait pardonné. Il fut utilisé comme épouvantail, un stratagème parfait pour affaiblir le Groupe. À peine libéré de prison, il participa à la création d'une association caritative soutenue par le gouvernement pour porter secours aux anciennes recrues de l'OMPI et les aider à se réconcilier avec leurs proches.

Une fois que les familles ont quitté le bureau, Dariush ferme la porte à clé derrière lui et va retrouver sa mère sur l'avenue Vali Asr, au Yekta, le café où elle commandait des milkshakes et des hamburgers du temps de sa jeunesse. Le lieu a à peine changé, affichant la même enseigne jaune et un décor des années 1970. La mère de Dariush est venue en avion après la libération de son fils, qui l'a convaincue de rester en Iran.

De son côté, Arezou l'a dénoncé comme traître, à l'instar du Groupe. Dariush a essayé de reprendre contact avec elle, de la persuader de les quitter, mais elle ne lui a jamais répondu.

Somayeh

Meydan-e Khorasan, sud de Téhéran

Le jour où Somayeh fut témoin d'un miracle fut le jour le plus chaud de l'année. L'ombre des sycomores de l'avenue Vali Asr n'offrait plus d'abri. Le soleil brûlait les feuilles vert forêt et cognait sur le trottoir et la chaussée. Les racines des arbres mouraient de soif et les *jubs* étaient asséchés et couverts de poussière.

Somayeh essuyait les perles de sueur qui revenaient, tenaces, sur sa lèvre supérieure en dépit des vibrations laborieuses du vieux climatiseur. Elle était en train de manipuler le cadenas d'un attaché-case avec ses doigts moites. Six rangées de chiffres, la mission était presque impossible, mais elle était têtue. Elle implora Dieu et l'imam Zaman pour qu'ils lui viennent en aide.

« Mon Dieu ! ô, imam Zaman ! je vous en supplie, aidez-moi à ouvrir cet attaché-case et je vous promets que je sacrifierai un agneau pour les pauvres tous les ans jusqu'à ma mort », dit-elle, récitant tout haut sa prière *nazr* et se blessant les doigts contre le cadenas.

Sa prière était fidèle à la tradition du *nazr* : si elle voulait que son vœu s'accomplisse, elle devait s'engager à secourir les personnes moins chanceuses qu'elle. Somayeh avait l'habitude de confier ses prières à Dieu par l'intermédiaire de l'imam Zaman, même si la majorité des gens pensaient qu'Aboi Fazl, le demi-frère de l'imam Hossein (petit-fils du Prophète), un homme paisible et patient, accédait plus vite aux requêtes.

Soudain un hasard extraordinaire se produisit. Les bons chiffres se mirent en place avec un léger cliquetis, signe que Dieu, l'imam Zaman et le cadenas s'accordaient. L'attaché-case s'entrouvrit.

C'était un miracle. Il n'y avait pas le moindre doute là-dessus.

***

Tout avait commencé quelques années plus tôt, un jour d'été tout aussi caniculaire. Somayeh avait dix-sept ans et vivait là où elle était née, à Meydan-e Khorasan, à l'est du bazar du sud de Téhéran, un quartier aussi vieux que la ville elle-même. Sa journée démarra comme les autres, par sa prière quotidienne de six heures du matin. Elle prit son petit déjeuner avec son père adoré, Haj Agha, sirotant son thé tandis qu'il lisait *Kayhan*, le quotidien conservateur qu'il achetait en rentrant de la boulangerie. Le pain *sangak* était encore chaud et couvert de ces petites encoches croustillantes dues aux pierres du fournil, et ils étalaient dessus de la confiture de cerises faite maison, sucrée, légèrement acidulée, et rouge comme du sang frais. Puis elle enroula son tchador noir autour d'elle et partit au lycée avec son petit frère, Mohammad-Reza.

Ils se frayèrent un chemin dans un labyrinthe de venelles avant d'arriver sur une grande avenue. Les rues débordaient déjà d'activité et retentissaient des bruits de la matinée, dans cette partie de la ville, le réveil n'était jamais progressif. Dès l'aube, une brusque explosion d'énergie fusait dans les rues. Les boutiquiers arrosaient le trottoir devant leur magasin. Les journaux du jour étaient empilés au pied du kiosque à tabac, et le visage du Guide suprême s'affichait à la une, accompagné de manchettes où l'on mettait en avant martyrs, sionistes, chantage occidental et… l'Amérique : « COUP DE POING DE L'IRAN CONTRE LE VISAGE DE L'IMPÉRIALISME », ou « LES EXERCICES MILITAIRES DE L'IRAN FONT PEUR À L'ENNEMI. »

Le quartier de Meydan-e Khorasan forme un îlot dont Somayeh avait vu les contours peu à peu érodés par les vagues de la modernité et de la jeunesse. La plupart des vieilles maisons avaient été restaurées à la va-vite et dissimulées sous des plaques de marbre et des revêtements de pierre brillants, le tout grâce à des pots-de-vin remis aux contremaîtres et aux fonctionnaires municipaux afin de pouvoir échapper aux normes de construction anti-sismiques onéreuses. Pourtant, le quartier était resté fidèle à ses valeurs religieuses et ouvrières et les résidents se battaient afin de maintenir les infrastructures sociales en place. Pour les familles comme celle de Somayeh, pratiquer signifiait vivre en suivant le Coran et les fatwas du Guide suprême à la lettre afin de gagner sa place au paradis. Dans les ruelles autour de chez elle, les femmes portaient le tchador, fidèles à une tradition de plusieurs siècles. La famille de Somayeh plongeait ses racines au cœur de Meydan-e Khorasan depuis des générations. La jeune fille n'avait jamais été confrontée à un autre monde.

Ce jour-là, au lycée, les cours étaient assommants et elle rêvait à sa future vie d'actrice, un fantasme d'autant plus absurde qu'elle pensait, comme ses parents, que la profession de comédien était douteuse et réservée aux gens de mauvaise vie. Heureusement, entre les cours, elle retrouvait ses amies pour bavarder entre filles. Toutes étaient folles des *soap-operas* agréés par les islamistes, dans lesquels les méchants étaient des Iraniens rasés de près et affublés de vieux prénoms persans, tels Cyrus ou Dariush, tandis que les héros étaient des hommes barbus qui portaient des prénoms musulmans. La moitié des élèves avaient la télévision par satellite et se repaissaient également de *telenovelas* d'Amérique du Sud diffusées sur Farsi 1, une chaîne basée à Dubaï et appartenant en partie à Rupert Murdoch.

Aujourd'hui, de Téhéran aux villages les plus reculés, les antennes paraboliques ont envahi tous les toits d'Iran, qu'ils abritent les Iraniens les plus riches ou les plus pauvres, des laïcs ou des religieux. Récemment, le gouvernement a d'ailleurs annoncé qu'il existe quatre millions et demi d'antennes paraboliques en Iran.

Le père de Somayeh, lui, avait décrété que la télévision étrangère était un luxe inutile et non islamique, et il n'en démordait pas, quelles que soient les suppliques de sa famille.

À quatorze heures, juste avant la fin des cours, les filles furent convoquées par la proviseur qu'elles appelaient Boule-Cane, une femme qui avait un sale caractère, un visage de bouledogue et une démarche de canard.

« Je vous annonce que Tahereh Azimi vient d'être renvoyée car elle entretient une liaison indécente avec un garçon ! » aboya-t-elle.

La nouvelle fut accueillie par un cri de stupeur général. Tout le monde était au courant de l'incident car Tahereh n'était pas revenue au lycée depuis plusieurs jours, mais personne n'avait jamais été renvoyé. La proviseur mit au moins cinq minutes à calmer les filles. Elle traversa la salle en se dandinant avec son gros derrière et se lança dans un laïus interminable consacré à Dieu et à la notion de pudeur, stigmatisant le mensonge aux parents et l'influence corruptrice de la télévision par satellite. Peu importait que l'hymen de Tahereh Azimi fût intact, qu'elle mentît très rarement ou même que sa famille ne possédât pas d'antenne parabolique, elle avait été surprise en train de sortir de chez un garçon dont les parents étaient absents, c'était suffisant pour la considérer comme une traînée, ce dont personne ne se privait, ni ses professeurs, ni ses camarades, ni la plupart des gens du quartier. En outre, Tahereh était ravissante, ce qui la desservait, car nul hidjab ni maquillage ne pourrait jamais dissimuler sa beauté.

La proviseur finit par s'épuiser toute seule car elle était tenaillée par la faim et titillée par le délicieux parfum de *shashlik* grillé s'immisçant à travers les fenêtres. Elle libéra les filles qui se précipitèrent devant les grilles du lycée.

« Jamais vu une *jendeh* pareille, déclara Mansoureh en prononçant le mot *jendeh*, putain, avec une violence surprenante. Ça se voit dans ses yeux et dans sa façon de marcher. Elle a une collection de foulards *rouges* dans sa chambre, je les ai vus. Trop nul. »

La tirade provoqua de vigoureux hochements de tête.

« Elle est perverse. Souviens-toi de son cahier porno », ajouta Narges en faisant référence à un carnet de croquis de Tahereh comprenant des nus au crayon.

Les filles de la promotion de Somayeh avaient beau être vierges, plusieurs d'entre elles avaient déjà eu des rendez-vous secrets avec un garçon, en général un cousin, les seuls hommes qu'elles avaient le droit de fréquenter. Mansoureh et son cousin, par exemple, s'étaient caressés, mais elle mourait de honte en y repensant. Elle réagissait en condamnant sans pitié le moindre écart et vivait dans un état d'indignation permanente.

« J'ai toujours trouvé ça bizarre, sa façon d'insister comme quoi elle déteste le maquillage, on dirait qu'elle a quelque chose à prouver ou *à cacher* », intervint Nika, dont le prénom réel était Setayesh, qu'elle jugeait immonde et vieux jeu.

La moitié des filles de la classe de Somayeh avaient adopté un prénom qu'elles trouvaient plus chic que l'original. Et chez la plupart, la jalousie se muait très vite en réaction outragée, un sentiment beaucoup plus satisfaisant et socialement toléré. Car non seulement Tahereh avait enfreint les règles, mais elle avait osé franchir un pas que toutes rêvaient de franchir.

« Je ne l'ai jamais vue avec un tchador. Après tout, c'est bien fait pour ses parents, ils se fichaient qu'elle en porte un ou non, alors il ne faut pas qu'ils s'étonnent que leur fille devienne une *jendeh* », renchérit Vista (de son vrai nom Zohreh), à qui le père *bazaari* avait promis une opération du nez pour ses dix-huit ans.

Le père de Vista vendait des pipes en cuivre, et même s'il ne travaillait pas dans l'enceinte du bazar, les gens le qualifiaient de *bazaari*, autrement dit de commerçant mû par de solides valeurs traditionnelles. Les *bazaaris* sont des gens qui votent suivant leur intérêt personnel et appartiennent à la moyenne bourgeoisie, ni plus ni moins, quels que soient leurs revenus.

La conversation reprit et les habitudes vestimentaires de Tahereh furent soigneusement analysées par ses camarades, qui conclurent que celles-ci étaient étonnamment sages pour une fille qui osait aller chez un garçon en catimini.

« C'est pas parce que tu portes un foulard rouge ou que tu ne mets pas tout le temps un tchador que tu es une mauvaise fille, se risqua Somayeh, trop pudique pour utiliser le mot putain. Elle n'a pas les mêmes valeurs, c'est tout.

— C'est ça, des valeurs *occidentales*, répondit Mansoureh en recourant à son euphémisme préféré pour dire "salope". Ses parents feraient mieux de déménager à Bala Shahr, au nord de Téhéran, là au moins, elle pourrait se la jouer *occidentale.* »

Les filles éclatèrent de rire. La blague était cruelle parce que les parents de Tahereh étaient des gens sans le sou qui luttaient pour garder la tête haute. Déménager dans un quartier chichiteux du nord de la ville leur ressemblait à peu près aussi peu que de s'acheter une résidence secondaire à Paris.

« Il faut reconnaître qu'elle s'habille convenablement, dit Somayeh, et je ne pense pas que ça cache une arrière-pensée. La vraie question est ailleurs, on pense toutes qu'avoir des relations sexuelles avant le mariage est un péché, et un péché grave, très grave. »

La petite bande siffla pour approuver la sagesse de la remarque. Somayeh était aussi troublée par le comportement de Tahereh que ses amies, car elle était pieuse et les questions morales étaient importantes à ses yeux. Mais elle avait l'art de prêcher une certaine tolérance tout en préservant sa réputation, ce qui faisait d'elle une jeune fille appréciée, et pas seulement par celles qui partageaient ses idées. Ses principes solides, son allure sage et sa piété étaient telles que mêmes les filles du Hezbollah la comptaient parmi les leurs, or c'étaient des dures à cuire. En Iran, les *hezbollahis* sont les partisans les plus zélés du régime, et ils n'hésitent pas à exploiter la religion et la politique pour assurer leur survie. Somayeh n'avait jamais manifesté le moindre mépris pour les filles les plus pauvres. Même celles qui essayaient d'avoir l'air occidental en imitant les minettes du nord de Téhéran – il y en avait peu dans son lycée – ne se sentaient pas jugées par elle. Sauf qu'en vérité, Somayeh les jugeait. Elle évitait d'être vue en leur compagnie car elle était gênée par l'image qu'elles renvoyaient. Gênée à l'idée que les autres pensent qu'elle était faite du même (et impropre) bois. À ses yeux, le style vestimentaire était un révélateur décisif. Plus votre robe était moulante et chatoyante, plus votre maquillage était épais, et plus haut vous étiez sur l'échelle *jendeh*.

Somayeh et ses amies étaient persuadées que le hidjab devait être obligatoire. Elles approuvaient la loi suivant laquelle une femme dont le maquillage et les habits représentent une atteinte à la pudeur et une façon d'attirer l'attention peut être arrêtée et envoyée au tribunal sur-le-champ. Les ruses qui consistent à porter un hidjab sexy dans les rues confirmaient leurs soupçons : un code vestimentaire entièrement libre provoquerait une dépravation des mœurs et serait le début de la fin à Téhéran.

« Si le hidjab n'était plus obligatoire, ces femmes se baladeraient à moitié nues et les hommes ne pourraient pas se retenir, bonjour les problèmes ! » disait Zohreh.

Il était difficile de leur reprocher d'avoir un point de vue misogyne. Elles appartenaient à une génération nourrie au lait de la ligne officielle qui s'affichait sur les immenses panneaux publicitaires de la ville depuis leur naissance. Le régime avait deux tactiques principales : avertir des dangers physiques du mauvais hidjab (jugé synonyme de « J'en redemande »), et exploiter une culture de la honte. C'est ainsi qu'une campagne récente affichait l'image de deux bonbons, dont l'un était ouvert, l'autre protégé dans son papier. Le premier était cerné par trois grosses mouches prêtes à fondre sur lui, avec pour légende : « Le voile, c'est la sécurité. » Les slogans étaient rarement très subtils : « C'est nous qui provoquons le harcèlement », décrétait une autre publicité. Il y avait même des campagnes qui se voulaient plus ou moins scientifiques, dont l'une montrait deux filles arborant une allure supposément occidentale (maquillage outrancier, cheveux blonds débordant de foulards bigarrés portés le plus haut possible sur le crâne ; *manteaus* courts et serrés) avec le texte suivant : « Les psychologues disent que quiconque ne s'habille pas correctement et abuse de maquillage souffre de troubles de la personnalité. »

Aux yeux de Somayeh, le nord de Téhéran était un immense lupanar, même si elle acceptait qu'il fût impossible que toutes ces femmes aient des mœurs légères et que toutes ne fussent pas aussi dévouées à Dieu qu'elle-même. Cela dit, elle reconnaissait que la ville autour d'elle changeait à une telle vitesse qu'il était difficile de distinguer les vraies prostituées de celles qui n'en étaient pas. Les mauvais hidjabs se multipliaient et le tchador pouvait cacher bien des turpitudes. Un jour, son frère lui avait même indiqué un endroit voisin de la rue Shoosh, au sud de l'avenue Vali Asr, où les femmes en tchador étaient des *jendehs* dans la vraie vie. De pauvres âmes qui vendaient leur corps voilé pour le prix d'un kebbab. La première fois qu'elle avait vu leur visage défait et leurs yeux éteints, elle avait éclaté en sanglots.

Somayeh adorait son tchador parce qu'il faisait partie de sa culture, dite *sonat*, et représentait beaucoup plus que le simple respect de la tradition. Ce morceau d'étoffe noir était synonyme de pudeur, de piété, de supplique envers Dieu, de tout un monde spirituel ordonné et fondé sur des règles destinées à vous protéger. C'était aussi un vêtement large et confortable, qui cachait son corps quand elle avait ses règles et avait l'impression d'être gonflée, un bouclier qui préservait ses courbes de la concupiscence des hommes. Son look préféré, c'était jean slim, tchador noir et baskets Converse, la juxtaposition du traditionnel et du moderne, un ensemble à usage mixte qui la reliait à la fois à Dieu et à la tendance du jour. Enfin, si elle portait un tchador, c'était surtout pour satisfaire son père, Haj Agha, qui estimait que c'était le seul style de hidjab convenable. « Une fille en tchador est comme un bouton de rose dont la beauté est cachée, d'autant plus belle et proche de Dieu », aimait-il à dire.

Dans la famille, la pudeur était une affaire sérieuse. Les seuls hommes qui avaient vu les cheveux ou même les bras nus de Somayeh étaient son père et son frère, Mohammad-Reza. Et il était inconvenant que même ses oncles les plus chers posent le regard sur son joli corps souple. Il lui arrivait de troquer son tchador pour un foulard et un *manteau*, essentiellement pour des raisons pratiques, quand elle allait marcher en montagne avec ses amies ou pique-niquer en famille. Elle choisissait toujours un *manteau* très large, sous le genou, de couleur sombre, sous lequel elle portait un de ses uniformes achetés dans les grandes chaînes du centre-ville : Zara, Mango, Topshop et Benetton.

Ce jour-là, après les cours, plusieurs filles décidèrent d'aller chez Mansoureh parce que ses parents avaient un grand salon. Elles disposaient de peu d'espaces pour se retrouver et bavarder librement. Les parcs étaient envahis par les drogués, et il n'y avait pas de cafés accueillants. Les maisons de thé traditionnelles étaient des repaires réservés aux hommes, bruyants et enfumés à cause des narguilés.

Somayeh abandonna ses amies car elle devait aider sa mère à préparer la soirée : ils fêtaient le dernier pèlerinage de Haj Agha, et tous les voisins étaient invités. Elle tournait au coin de la rue quand elle vit Tahereh et ses vieux parents en train de charger leurs affaires dans une camionnette. Elle comprit tout de suite. Ils fuyaient sous le poids de la honte et rentraient dans leur village natal.

Tahereh Azimi ne s'était jamais complètement intégrée. Ses parents étaient comme tout le monde en apparence, pauvres, ouvriers, et ils faisaient leurs prières. Mais sa mère ne portait son tchador qu'en public, et elle avait presque cinquante ans quand elle l'avait eue, après trente années infertiles. Son père, Sadegh, avait subi des dizaines d'années de pression familiale pour abandonner cette épouse stérile et choisir une terre plus jeune et plus féconde. Sadegh refusait. C'était un homme bon, qui ne supportait pas l'idée de faire souffrir les autres. Tahereh était leur bébé miracle, même si Hazrat Abol Fazl avait exaucé leurs prières avec un méchant retard.

Les parents de Tahereh étaient des paysans robustes dont la ville avait peu à peu absorbé la vitalité. Ils s'étaient installés à Téhéran quand ils étaient jeunes, après un tremblement de terre. En une poignée de secondes, leur maison avait été broyée et anéantie, et des vies entières réduites en particules de brique et de poussière. Plusieurs personnes avaient péri, dont toute la famille lointaine de Tahereh, enterrée dans le cimetière du village, sous les orangers. Le village, autrefois si vivant, construit sur une plaine fertile et encerclée de montagnes d'où l'eau coulait et irriguait les vergers où gambadaient des chevaux sauvages, était devenu un lieu désolé, abandonné.

S'habituer à la ville avait été moins douloureux qu'ils ne le redoutaient. Même si la violence et la laideur de Téhéran, ses autoroutes, ses tours en béton, sa part sombre et suintante, incarnent la grande métropole impersonnelle par excellence, elle réserve des surprises et peut vous donner çà et là le sentiment de vivre dans un village. Derrière les coutures apparentes de ce tissu urbain, existe un maillage serré qui assure la solidarité de la population, fondée sur les liens du sang, les clans, la gentillesse, les commérages, mais aussi la curiosité. Les privilèges citadins que sont l'intimité et l'anonymat sont perçus comme des valeurs occidentales.

Très vite, la famille de Tahereh avait retrouvé des parents lointains et des amis. Hélas, cette petite communauté n'avait pas fait long feu car la plupart de ses membres avaient été victimes de maladies cardiaques, de cancers et de l'incompétence des médecins. Leur vie s'était peu à peu rétractée et les parents de Tahereh s'étaient isolés, s'épaulant tous deux et se concentrant sur leur fille. Jusqu'au jour où le filet s'était encore resserré, la mère de Tahereh avait fait une attaque. Comme il n'avait pas de sécurité sociale ni d'assurance, Sadegh cumulait trois emplois. Tahereh effectuait des travaux de couture dans l'arrière-boutique d'un tailleur située dans une galerie commerciale de l'avenue Vali Asr, un job dont personne n'était au courant. Les rumeurs auraient été bon train si les voisins avaient appris que Tahereh travaillait à seize ans – alors qu'elle se contentait d'être assise devant une machine à coudre Singer en face d'un tailleur afghan de plus de soixante-dix ans. Quant à Vali Asr, l'avenue lui avait dévoilé un monde entièrement nouveau, un monde où les gens de son âge allaient dans les cafés et les fast-foods, où Super Star et Super Star Fried Chicken fourmillaient de garçons et de filles qui flirtaient, échangeaient leurs numéros de portable et se donnaient des rendez-vous.

Dès qu'elle avait une pause, Tahereh sortait et arpentait Vali Asr en admirant la beauté de l'avenue, plus époustouflante encore quand on allait au nord. Peu à peu elle s'aventura jusqu'à Bagh Ferdows. Là, elle s'asseyait sur un banc et observait la ville et tous ces gens qui semblaient appartenir à une autre race. C'est au cours de l'une de ces promenades qu'elle tomba sur Hassan, le fils d'un voisin qui était venu voir les équipements de football des magasins de sport près de la place Monirieh. Comme ils étaient loin de leur famille et des voisins indiscrets, ils parlèrent librement et comprirent leur désir partagé de découvrir un monde différent de celui de Meydan. Puis, cette rencontre due au hasard se transforma en un rendez-vous hebdomadaire précieux. Tahereh commença à lire *Zanan*, un magazine féminin osé, qui parlait de tout, de la littérature à la vie sexuelle, et n'hésitait pas à militer pour l'égalité des sexes. Elle allait voir des pièces de théâtre, des expositions. Elle avait un don pour le dessin mais ses professeurs ne s'intéressaient ni à la peinture ni à l'art en général. Seuls son père et sa mère savaient qu'elle était exceptionnellement douée, mais ils n'avaient ni l'argent, ni les connaissances, ni la détermination nécessaires pour l'aider à exploiter ce talent.

Les parents de Tahereh étaient des gens pieux et attachés aux valeurs traditionnelles, mais ils venaient d'un village libéral où les femmes et les hommes fêtaient leur mariage main dans la main, où l'on portait des tchadors blancs, et peu importe si votre hidjab glissait dans la nuque. Sadegh avait la conviction que la révolution était une grave erreur et il pleurait encore la chute du shah. À ses yeux, le hidjab était un choix, et la relation que chacun entretenait avec Dieu était de l'ordre de l'intime. Il ne buvait pas mais il n'était pas contre l'alcool. Il ne pensait pas que la modernité fût incompatible avec l'islam. Il estimait que les jeunes gens devaient rester vierges jusqu'au mariage mais que les relations entre hommes et femmes n'appartenaient qu'à eux. Ainsi était-il conscient d'aller à contre-courant de la pensée en vigueur à Meydan-e Khorasan, si bien qu'il ne pipait mot et n'ouvrait son cœur qu'à sa femme et sa fille.

Le jour où il découvrit la relation de Tahereh et Hassan, il crut sa fille qui lui promit que son honneur était intact, mais il fut désespéré parce que sa réputation était fichue, irrattrapable.

La mère de Hassan était rentrée à la maison, et à peine avait-elle vu Tahereh qu'elle avait appelé la police en déclarant qu'elle avait une prostituée chez elle. Les agents avaient embarqué Tahereh au poste et convoqué son père pour le sermonner. Sadegh s'était défendu en certifiant que sa fille était pure et en les suppliant de la libérer, mais les hommes se moquaient de son accent rural et s'adressait à lui comme à un parfait péquenaud.

« Ta fille se comporte comme une pute et tu la défends ! Et ton honneur ? C'est ça, les mœurs, dans ton bled ? Tu parles, elle aurait été lapidée, dans ton village natal ! »

Ils se gaussaient, ignorant que la vie dans le village de Somayeh avait peu changé depuis la révolution et que d'une certaine façon, elle était plus libre, affranchie des lois imposées par la police de Téhéran. Hassan, lui, avait eu droit à quelques claques amicales dans le dos de la part de ses copains. Seul son meilleur ami connaissait la vérité : Tahereh et Hassan étaient amoureux et passaient leur temps dans les galeries d'art et à écouter les Pink Floyd. Ils s'étaient embrassés, mais rien de plus.

Tahereh n'avait pas vu que Somayeh était planquée au bout de la rue et guettait son départ. Elle n'aurait pas été surprise. Depuis le fameux incident, tout le monde la fuyait.

Un parfum de safran et de riz à la vapeur et au beurre embaumait l'appartement. Fatemeh, la mère de Somayeh, était aux fourneaux depuis deux jours, et d'immenses marmites de ragoût frémissaient sur la cuisinière. Fatemeh était une cuisinière hors pair, qui métamorphosait les moindres ingrédients en plat succulent. Sa mère le lui avait dit : un mari bien nourri ne sera jamais tenté d'aller goûter au fruit interdit. Fatemeh avait appris l'art de la cuisine quand elle était enfant et elle était réputée pour son talent de gastronome et ses dîners. Elle touillait, faisait frire et nettoyait pendant que Somayeh disposait des coupes de fruits, de noix et de pistaches dans le salon en époussetant les fleurs en plastique marron posées çà et là. En dépit des fenêtres fermées, la poussière de la ville s'infiltrait dans les appartements et les maisons, et recouvrait tout d'une fine pellicule de poudre grise.

Mohammad-Reza était assis à table et jouait au jeu vidéo *Quest of Persia* sur l'ordinateur de la famille. Haj Agha regardait la télévision où un mollah enturbanné agitait les mains en faisant ce pourquoi les mollahs sont des champions : la morale. Car les mollahs iraniens sont non seulement des autorités en matière de théologie islamique, mais aussi des experts en décadence des mœurs, qu'ils arrivent à dénicher dans les domaines les plus inattendus – ce jour-là, c'était dans la 3G de la téléphonie mobile : « Elle met en péril la chasteté publique [...], elle risque de détruire la vie de famille ! » s'exclamait le mollah sur un ton plaintif. Quatre augustes ayatollahs, pas moins, avaient émis une fatwa contre ce nouveau service. Qu'Internet ignorait allègrement.

Hag Agha était un contemplatif. Ses sourcils fins, toujours froncés, et ses yeux plissés lui donnaient un air sérieux et réservé. C'était un homme timide, surtout avec les étrangers, qui disait rarement ce qu'il pensait. Jeune, il avait été très beau, mais son mariage malheureux et ses jobs de petit fonctionnaire mal payés avaient eu très tôt raison de son allure. Il avait passé sa vie à trimer pour joindre les deux bouts.

Le jour où il avait épousé Fatemeh, celle-ci s'était installée chez lui avec ses parents. Ils avaient vécu à quatre, puis à cinq, à six, avec les enfants, dans trois pièces. Des années durant, il fermait à peine l'œil de la nuit et cumulait deux emplois pour faire bouillir la marmite. Heureusement, deux événements avaient changé la donne : la mort de ses beaux-parents, puis l'élection d'un nouveau Président durant l'été 2005, Mahmoud Ahmadinejad, pour qui il avait voté, suivant les conseils du Guide suprême. Haj Agha avait emprunté de l'argent grâce aux nouveaux taux d'intérêt du gouvernement, plus bas et plus accessibles, introduits par Ahmadinejad, et avait participé au boom de la construction immobilière à Téhéran. Il avait démoli la maison en brique que ses parents lui avaient léguée pour construire à la place un petit immeuble de quatre étages divisé en appartements, dont il louait les deux situés sous le sien. Enfin, il allait pouvoir offrir des études universitaires à ses enfants. Ces revenus complémentaires avaient un autre avantage : Fatemeh aurait de quoi s'acheter la paix spirituelle si elle n'accomplissait pas comme il fallait ses devoirs religieux. À la mort de son père, elle avait ainsi donné un million de tomans – deux cent cinquante euros environ – à un mollah pour une année entière de prières quotidiennes *namaaz* au cas où le vieil homme aurait manqué à certaines au cours de sa vie. C'était donc une évidence, Ahmadinejad leur avait été bénéfique.

Le rang social de Haj Agha avait également profité de ses revenus croissants, et son statut dans le quartier avait grimpé de plusieurs échelons grâce à sa dévotion. La fête qui devait avoir lieu le soir même était destinée à célébrer le retour de son deuxième pèlerinage à La Mecque. Haj Agha avait passé ses dernières années à exprimer son amour de Dieu et des imams, et il avait accompli deux voyages à Kerbala, dans le sud de l'Irak, pour visiter le tombeau de Hossein, le martyr chiite le plus important, petit-fils du prophète Mahomet. De là, il avait été à Nadjaf pour s'incliner devant la tombe du père d'Hossein, l'imam Ali, premier martyr chiite et, suivant la croyance chiite, successeur légitime de Mahomet. Sans oublier deux voyages en Syrie pour se rendre sur le lieu où reposait la fille de l'imam Ali, Zeynab, petite-fille du Prophète.

Haj Agha était devenu pieux relativement tard dans sa vie, après son mariage. Fatemeh s'en voulait de la détresse dans laquelle elle voyait son mari, et, jeune mariée, elle lui avait demandé de l'emmener au sanctuaire de l'imam Reza, à Mashhad, la ville la plus sainte de l'Iran, pour leur lune de miel. L'imam Reza était le seul imam chiite inhumé en Iran ; la rumeur disait qu'il avait été empoisonné avec du raisin. Haj Agha avait refusé. C'était un homme obstiné et difficile à convaincre. En outre, il n'avait pas d'argent et il estimait que les pèlerinages étaient une perte de temps. Fatemeh était désespérée mais elle avait peur de froisser son jeune époux. Elle s'était consolée en pleurant dans les bras de sa mère, qui en avait parlé à son mari, lequel avait échangé quelques mots avec Haj Agha. Le jeune marié ne pouvait pas s'opposer à son beau-père. Fatemeh fut folle de joie, non parce qu'il avait accepté le voyage, mais parce qu'il avait changé d'avis par amour pour elle, pensait-elle. Elle ne sut jamais qu'on lui avait forcé la main.

Haj Agha n'aurait jamais choisi d'aller à Mashhad, le sanctuaire le plus fréquenté du monde musulman, pour son voyage de noces, même si cette destination était prisée des jeunes mariés. Migrants afghans, pèlerins, colporteurs, touristes, mendiants et toutes sortes de fumées toxiques tournoyaient dans les rues bondées. L'immense mausolée était accessible vingt-quatre heures sur vingt-quatre et illuminé toute la nuit, tel un Disneyland islamique.

Or, les deux jeunes mariés étaient tombés sous le charme et avaient découvert un univers merveilleux fait de dômes dorés, de miroirs encadrés de mosaïques et d'alcôves tapissées de carreaux bleus et verts. Dans l'immense cour protégée par des minarets et éclairée par un magnifique lustre à six niveaux déversant un flot de lumière depuis le haut plafond voûté, ils furent submergés par une vague d'émotion inattendue. Fatemeh fut transportée, emportée par un torrent d'amour pour Dieu et pour tout ce qu'il lui avait offert, pour cet homme taiseux et réservé qu'elle connaissait à peine et n'avait vu qu'une fois en tête à tête avant son mariage. Face à elle, Haj Agha se sentait coupable et regrettait sa paresse, ses échecs universitaires, mais surtout la faiblesse qui l'avait amené à épouser Fatemeh, prélude à une vie de frustration sexuelle. Impressionnés, les jeunes époux s'étaient avancés avec respect jusqu'à la chambre intérieure, où le corps de l'imam avait été déposé.

Les sanctuaires chiites sont rarement des havres de paix propices à la réflexion et à la méditation. Ils célèbrent la mémoire d'un calife, d'un sheikh ou d'un cavalier arabe parti en guerre en bravant la mort. Ce sont des monuments glorifiant le meurtre, la trahison et le sacrifice – des tragédies qu'il convient de pleurer. Fort heureusement, les Iraniens ont le deuil facile. Nous n'avons pas notre pareil pour embrasser le chagrin et gémir sur commande en puisant dans les réserves d'amour et de souffrance bouillonnant dans nos cœurs. Nous sommes damnés, trahis, trompés depuis toujours. Les sanctuaires sont des chœurs de sanglots où l'on se frappe la poitrine, et celui de l'imam Reza ne fait pas exception.

Fatemeh avait à peine franchi l'entrée réservée aux femmes qu'elle crut se retrouver en plein champ de bataille. Des visiteuses éplorées la bousculaient pour se précipiter vers le tombeau de l'imam tandis que des hôtesses agitaient des plumeaux électrostatiques pour les contenir. Même la racaille contre laquelle elle se battait quand elle allait à la banque était moins agressive. Elle-même était surprise de ne pas pleurer, si bien qu'elle joua des coudes pour se frayer un chemin jusqu'au moment où cette foule de femmes en pleurs la mit en transe. Elle ne remarqua même pas que ses yeux étaient mouillés de larmes.

Soudain, elle fut projetée de l'autre côté de la pièce. Elle se faufila jusqu'à la cloison de plexiglas qui séparait les sexes pour essayer d'apercevoir Haj Agha. Il était là, accroupi plus loin dans un coin, pleurant toutes les larmes de son corps. Le spectacle la stupéfia. Son mari surpassait l'assemblée des hommes en deuil, certains le surveillaient d'un regard jaloux, redoublant d'énergie pour manifester leur foi. Fatemeh n'aurait jamais imaginé que son mari soit une âme aussi compatissante ni aussi pieuse. Il semblait n'avoir conscience de rien, mais en réalité, il était submergé par la douleur d'une vie déjà mi-vécue mi-gâchée.

Le voyage à Mashhad métamorphosa leur vie. Fatemeh nourrissait un respect nouveau pour son mari. Haj Agha, quant à lui, avait l'air moins malheureux, comme s'il avait découvert le pouvoir mystique de la religion, l'essence de l'islam chiite qui échappait à tant de gens. Quelle que soit la raison, Haj Agha était accro, mais il dut attendre plusieurs années pour entreprendre son deuxième pèlerinage, le moindre sou étant absorbé par les besoins de sa famille après la naissance des enfants. Lorsqu'il fut plus en veine, il entama une vraie vie de pèlerin en solitaire. Sa dévotion devint si exclusive que Fatemeh en était irritée. Leur mariage avait acquis sa forme définitive : un mari secret et une épouse prête à tout pour lui plaire, désenchantée mais résignée. Fatemeh se consolait en se disant qu'il valait mieux avoir un mari accro au deuil plutôt qu'à l'opium, la drogue prisée par tant d'hommes autour d'elle.

Il était difficile de prendre la mesure de la dimension spirituelle de Haj Agha quand il était à Téhéran. Il n'évoquait jamais Dieu, lisait rarement le livre sacré et les hadiths, et fréquentait rarement la mosquée. Il réservait sa dévotion pour la télévision. Fatemeh ne se plaignait pas trop car les pèlerinages de Haj Agha les avaient propulsés très haut sur l'échelle sociale. Afficher son respect envers les imams consacrés vous assurait un certain statut dans le quartier. Or, depuis que Haj Agha avait obtenu le titre de *hadji* en accomplissant son pèlerinage à La Mecque, les gens manifestaient plus de déférence à l'égard de Fatemeh : elle était désormais Haj Khanoum, Mme Haj.

Les voyages successifs de son mari leur permettaient d'accumuler des bons points spirituels, la seule monnaie qui ne connaît pas la dévaluation en Iran, surtout à Meydan-e Khorasan. Jusqu'au jour où Haj Agha eut accompli plus de pèlerinages que le mollah du quartier, si bien que les gens prirent l'habitude de venir le consulter sur toutes sortes de sujets, du plus abstrait au plus terre à terre, problèmes d'épouse acariâtre et d'enfants impertinents compris. Il recevait ses hôtes allongé sur des coussins tandis que Fatemeh faisait circuler des plateaux de fruits et servait du thé brûlant. Haj Agha buvait le sien en le suçant sur des morceaux de sucre gorgés de liquide chaud qu'il coinçait contre sa joue en ruminant. Ses réponses étaient brèves et pragmatiques, finissant presque toujours par une sentence énigmatique : « Tu ne peux être sincère vis-à-vis de Dieu que si tu es sincère vis-à-vis de toi-même. »

***

Le soleil plongea au-delà des faubourgs de l'ouest de Téhéran et les lumières se mirent à clignoter dans l'obscurité grandissante. Une pleine lune virant au roux montait dans le ciel quand la famille, les amis et les voisins de Haj Agha commencèrent à arriver, les bras chargés de pâtisseries et de friandises.

Les femmes voletaient du côté de la cuisine, telles des corneilles drapées dans leurs tchadors noirs qui dégageaient les parfums mêlés de la sueur et de l'air chaud et enfumé de la ville. Les hommes, eux, s'installaient sur les chaises alignées près du mur et sirotaient le *sekanjabin*, cocktail glacé et acidulé à base de menthe et de vinaigre, servi par Fatemeh. Après le préambule habituel et laborieux des questions sur la santé et la famille, on en venait au sujet de conversation préféré des habitants de Téhéran : la politique.

La politique domine les conversations aux quatre coins de la ville. Même les accros au crack réfugiés dans le sud sont capables de se muer en politologues experts quand ils ont toute leur tête. Il est impossible de prendre un taxi sans que le chauffeur vous livre son verdict sur le dernier scandale politique ou le dernier bras de fer pour le pouvoir.

Pour les Téhéranais, c'est la seule façon d'avoir l'impression de maîtriser l'avenir, de ne pas être condamnés à être des spectateurs impuissants. Chez eux ou à l'abri dans leurs voitures, la plupart des Iraniens expriment leurs frustrations avec une liberté inattendue. Quand ils ne sont pas sous surveillance, ils sont prêts à aborder tous les sujets ou presque, et sans limites. Les dénigrements et les trahisons entre politiciens et personnalités publiques sont fréquents, si bien que les citoyens ordinaires se sentent libres d'agir de même. Certains vont d'ailleurs jusqu'à dire qu'il y davantage de liberté de parole aujourd'hui qu'à l'époque du shah où les gens avaient peur de critiquer le roi, même en privé.

La révolution islamique a permis à beaucoup de familles modestes pratiquantes de s'enrichir, y compris à Meydan-e Khorasan. Pour les hommes comme Haj Agha, cette révolution a été une planche de salut. Les Iraniens les plus pauvres ont profité de nombreux avantages financiers accordés par le régime. Les ouvriers d'usine ont obtenu un revenu minimum. Leurs horaires ont été assouplis. Avec la guerre Iran-Irak, les rations diminuant, les denrées comme le pain, le fromage, le sucre et l'huile ont été subventionnées. Cela ne se bornait pas à la question économique. Il était question aussi pour le peuple de respect retrouvé. Les habitants de Meydan-e Khorasan s'étaient vus repoussés aux marges du nouveau Téhéran moderne bâti par le shah, pris dans des limbes inconfortables, entre développement et tradition.

Le shah était un homme voué au changement et, dans son impatience, il avait tiré l'Iran du côté des pays industrialisés, un monde dont le peuple avait peur et auquel il ne s'identifiait pas. Même si, contrairement à son père, le shah n'avait jamais interdit le tchador ni le hidjab, les porter était un signe d'appartenance aux classes laborieuses. Sous le régime islamique, en revanche, les résidents de Meydan ont eu enfin le sentiment d'appartenir à la société. Ils n'étaient plus des étrangers sur leur terre. Leur pratique de la religion et leur mode de vie avaient non seulement le blanc-seing de l'État, mais ils étaient donnés en exemple. Ils se sentaient proches du pouvoir dont ils comprenaient le langage religieux. La plupart n'avaient jamais été politisés, mais cette proximité provoqua chez beaucoup un engouement en faveur du régime, lequel le leur rendait bien. L'observance religieuse était chargée d'une valeur politique depuis que le pouvoir du guide spirituel était juridiquement consacré suivant le *velayat-e-faqih*, un droit introduit par Khomeini qui lui conférait un pouvoir absolu et sans contrepoids sur ses sujets. Avec un régime fondé sur Dieu et favorable aux petites gens, les habitants de Meydan n'avaient plus de raison de remettre en question l'autorité de l'État.

Les voisins de Somayeh partageaient des valeurs communes, dont l'importance de la virginité avant le mariage et le port d'un hidjab discret. Bien sûr, ils étaient plus ou moins pratiquants, mais leur attitude vis-à-vis de la foi était la même. En revanche, dans le domaine politique, ils étaient divisés, non pas de façon tranchée, entre ceux qui soutenaient ou non le régime, mais suivant une variation infinie de nuances.

« Ne me dis pas que tu vas encore voter pour ce singe, Amagh-inejad ? lança le voisin, Massoud, jouant sur les mots *amagh*, “stupide”, et Ahmad.

— Avec lui, au moins, les Américains ont arrêté de nous humilier.

— En tout cas, ça vaut mieux qu'un mollah », répondit Massoud en prenant une poignée de pistaches.

Massoud était un homme qui priait tous les jours et avait été à La Mecque, mais il méprisait les mollahs. Il les accusait de tous les maux, de l'état déplorable de l'économie à la corruption. Appartenir à une famille traditionnelle, *sonati*, ou être un pratiquant modèle ne faisait pas forcément de vous un soutien du régime. Massoud était favorable à la séparation de l'État et de la religion et il était opposé au pouvoir absolu du Guide suprême. Il est vrai que si la vie de ses voisins avait largement bénéficié de la révolution islamique, la sienne n'avait guère changé.

Depuis la cuisine, Fatemeh hurla que les mollahs n'avaient rien à se reprocher, seuls les politiciens étaient répréhensibles.

« Si on est dans la mouise, c'est à cause des Anglais, ces espèces de fourbes, pires que des renards », dit Abbas, l'épicier du coin.

Engelestan, l'Angleterre, jouait depuis toujours le mauvais rôle, et les Iraniens de tous bords considéraient que les Britanniques étaient responsables d'une longue liste de crimes, dont le soutien au coup d'État de 1953 qui avait renversé le Premier ministre populaire Mossadegh, et croyaient à la rumeur de complot suivant laquelle la BBC avait contribué à la chute du shah.

« C'est à cause d'eux, tous plus pourris les uns que les autres, et Ahmadinejad est le pire de tous. Il ne touche pas une bille en économie et il va nous mener à la ruine », trancha Ali, vendeur de matériel électrique dans le bazar.

Sa femme et sa fille avaient beau porter le tchador, il n'était pas en faveur du port obligatoire du hidjab.

« Ahmadinejad est ce qui est arrivé de mieux au pays, et depuis longtemps. Le prix du pétrole a augmenté, le type est franc, et il comprend les attentes des petites gens comme nous », le contredit Haj Agha, approuvé par le chœur des femmes dans la cuisine.

La conversation se poursuivit, évoluant entre politique, économie et petites misères personnelles. Somayeh, comme sa mère, ne s'intéressait pas à la politique, mais toutes deux vouaient un culte au Guide suprême, Ali Khamenei. Quoi qu'il dise, elles buvaient ses paroles, à tel point qu'il leur arrivait, lorsqu'elles le voyaient à la télévision, d'éclater en sanglots tant elles étaient émues. Le Guide suprême était un saint, un ambassadeur de Dieu, un personnage aussi sacré que les imams. La parole d'Allah s'exprimait à travers son corps divinisé. Il n'était pas souillé par les compromissions politiques et son rôle sur cette terre était pur : garantir la loi et la pratique de l'islam. Khameini avait repris le flambeau de Khomeni, qui avait sauvé le pays de la corruption morale et secouru les pauvres. Les deux hommes étaient les héros de Somayeh, qui ne supportait pas la moindre critique à leur égard.

Les femmes abandonnèrent bientôt les considérations politiques, en partie à cause de la séparation physique des sexes, mais aussi parce qu'elles avaient leurs nouvelles à partager. Après avoir été mariée pendant vingt ans, Batool Khanoum avait obtenu le divorce : c'était un événement, elle était la première femme de plus de cinquante ans qui l'obtenait dans leur entourage. Personne nc connaissait les raisons de ce divorce, mais c'était un scandale.

« À quoi bon ? s'exclama Fatemeh. Après toutes ces années, franchement je ne comprends pas. Comment peut-elle imposer ça à ses enfants ? Ils sont condamnés à vivre dans la honte. »

En réalité, Batool Khanoum avait été encouragée à demander le divorce par ses enfants qui ne supportaient plus l'addiction de leur père à l'opium et son comportement abusif. En Iran, les femmes ne peuvent divorcer qu'avec l'autorisation de leur mari, à moins de prouver que celui-ci a failli à ses devoirs conjugaux (ce qui comprend l'impuissance et la folie). La fille de Batool avait donc secrètement filmé son père en train de battre sa mère et de fumer de l'opium. Le juge avait visionné les images brouillées sur son téléphone mobile et avait accordé le divorce sur-le-champ. Hélas, Batool Khanoum en avait aussitôt éprouvé les retombées, dans son quartier où les femmes divorcées étaient considérées comme des femmes de mauvaise vie. À l'insu des femmes qui critiquaient sa situation, plusieurs de leurs époux avaient déjà tenté leur chance auprès de Batool Khanoum. Elle n'avait pas hésité à les gifler en retour, à l'exception du mari d'Ozra, qui était à la fois séduisant et riche.

« Divorcer est une trahison vis-à-vis de soi-même et de Dieu, dit Somayeh.

— Aujourd'hui, n'importe qui divorce et la société va à vau-l'eau. C'est la faute du gouvernement s'il est plus facile de divorcer que d'ouvrir un compte en banque », renchérit Hamideh, ignorant que sa meilleure amie, Akram, demandait le divorce depuis plus de dix ans mais que son mari le lui refusait.

Hamideh avait beau essayer de maîtriser sa propre addiction à l'opium, elle estimait que c'était une tare beaucoup moins rédhibitoire d'un point de vue social que le divorce.

L'opium fait partie intégrante de la culture iranienne depuis des siècles. C'est une drogue qui ne connaît pas de classe, qui se fume de haut en bas de Vali Asr et au-delà, et qui est considérée comme la panacée à tous les maux, des douleurs à l'ennui en passant par le chômage.

L'abondance des plats était telle que, peu à peu, les invités, gourmands, oublièrent la politique et les histoires de divorce. Quand soudain, l'interphone sonna : c'était la sœur de Fatemeh, Zahra, qu'elle n'avait pas revue depuis cinq ans. Leur brouille était liée à une question d'argent, comme souvent en ville : Fatemeh avait demandé à Zahra de lui prêter de l'argent, mais celle-ci lui avait objecté qu'elle n'avait pas de quoi. Le mensonge était grossier. Mohammad, son mari, venait d'une famille de riches marchands de tapis, et menait un train de vie des plus fastueux. Zahra n'avait même jamais invité sa sœur dans sa nouvelle maison de peur que l'étalage d'argenterie et de mobilier en cuir italien ne trahisse la vérité : ils étaient bien plus riches que tous les voisins et amis qu'ils avaient quittés en déménageant de Meydan. Mohammad et Haj Agha refusaient d'intervenir dans la discorde ; ils avaient bien essayé de réconcilier les deux sœurs, mais ils en étaient sortis perdants, mis en échec par la rage jalouse de chacune.

Quelque temps plus tôt, Fatemeh avait entendu dire que Zahra s'en voulait, et surtout, qu'elle souffrait d'un diabète aigu. Le jour où Zahra avait entendu la voix de sa sœur au téléphone, elle avait éclaté en sanglots, et quand elle avait compris que celle-ci l'invitait pour fêter le retour de pèlerinage de Haj

Agha, ses pleurs avaient redoublé. La réconciliation était d'autant plus facile que Haj Agha n'avait plus de problèmes d'argent. Zahra était rassurée, les retrouvailles ne se concluraient pas par une demande de prêt.

Le diabète lui allait bien. Son visage était plus rond et ses rides semblaient atténuées. Derrière elle se tenaient son mari et ses deux fils, presque des hommes, dont l'un avait même une femme en vue. Tous fleuraient bon la richesse. L'ambre gris et le musc. Le cuir nappa, doux comme du velours. Le tchador d'une soie exquise. Les mains et les oreilles couvertes d'or. Mohammad avait dans les bras un immense panier de fleurs de toutes les couleurs nouées de rubans pastel, un cadeau particulièrement généreux vu le prix des fleurs par les temps qui couraient. Quant aux fils, chacun portait un costume occidental impeccable, parfaitement coupé, dont le tissu n'était sûrement pas du polyester. Les trois hommes étaient rasés de près. Une famille parfaite, moderne, *sonati* – Haj Agha ne put réprimer sa jalousie quand il les vit entrer. Ils étaient l'incarnation de son rêve.

Mohammad avait entendu parler du renouveau de ferveur religieuse de son beau-frère et il le respectait, mais bâtir sa fortune l'occupait pleinement et il n'avait pas de temps à consacrer aux nourritures spirituelles. Il félicita Haj Agha pour son dernier pèlerinage tandis que les deux sœurs tombaient dans les bras l'une de l'autre avant de se retirer dans la cuisine. Les fils demeuraient sur la réserve.

L'aîné, Amir-Ali, avait rechigné à venir à la soirée, mais à peine était-il entré qu'il comprit qu'il avait bien fait. Pour une unique raison : Somayeh. Il n'en revenait pas, le vilain petit canard s'était métamorphosé en une jeune fille tout à fait séduisante. Elle avait des yeux noisette et, sous un joli nez bien droit, des lèvres rouges finement dessinées, tel l'arc de Cupidon. Sa peau était parfaite et son maquillage, subtil. Elle portait des ballerines ornées de paillettes noires en guise de chaussures de maison, *roo-farshee*, et non pas les affreuses claquettes en plastique, *dampaee*, que la plupart des filles du quartier portaient chez elles. Soudain, elle lâcha son tchador et il aperçut trois petites boucles d'oreilles briller sous sa chevelure méchée. Il était surpris ; il ne pensait pas que chez ses pauvres cousins de Meydan-e Khorasan, on se faisait percer trois trous dans l'oreille. C'était un détail important à ses yeux. Il signifiait qu'elle pouvait comprendre son monde à lui.

Amir-Ali voulait avoir une femme attachée aux valeurs traditionnelles mais sensible à l'apparence. Autour de lui, les filles *tchadori* se divisaient en deux catégories. Soit elles étaient négligées et chaussaient des vieilles savates, soit elles avaient le front botoxé et des talons de strip-teaseuse, les plus riches allant jusqu'à Dubaï pour s'acheter des Louboutin vulgaires à semelle rouge – des louves en tchador noir. Trop enjôleuses et trop rebelles pour être de bonnes épouses.

Dans un coin de la pièce, plusieurs jeunes hommes suivaient discrètement Somayeh des yeux. Piqué au vif, Amir-Ali sentit son instinct de compétition se réveiller. C'était *sa* cousine, et ces ploucs n'avaient pas intérêt à la toucher.

L'attirance entre eux fut immédiate. Amir-Ali était grand, musclé, avec un rire franc et une mâchoire saillante. Elle vit que son nez avait été retouché, un profil aquilin raboté par un bistouri expert. Elle avait toujours raillé les garçons du quartier qui se faisaient refaire le nez et se retrouvaient affublés d'un nez acheté à peu de frais. La plupart des habitants de Meydan ne pouvant s'offrir les services d'un chirurgien certifié de la ville, ils avaient recours au dentiste local qui arrondissait ses fins de mois en pratiquant des opérations de chirurgie esthétique grossières dont le résultat laissait à désirer. Le nez d'Amir-Ali, lui, avait été sculpté avec art. C'était un chef-d'œuvre. Un signe de réussite et de bon goût.

« Alors, Mohammad-Reza, Persépolis ou Esteghlal ? » demanda Amir-Ali en abordant l'inévitable sujet du football.

Sauf que son esprit était ailleurs, il se fichait de Mohammad-Reza à peu près autant que des deux équipes rivales de Téhéran. Il n'avait d'yeux que pour sa jolie cousine.

Somayeh sentait son regard brûlant derrière son tchador. Vite, elle le resserra autour d'elle, pour son confort, et parce qu'il mettait en valeur sa silhouette de sylphide. Amir-Ali observa aussitôt qu'elle était mince et nubile. Il fut rassuré, car on ne savait jamais à quoi s'en tenir avec les filles *tchadori*. Combien de fois n'avait-il pas vu un tchador glisser et révéler des hanches trop larges et des ventres lourds et généreux, trop généreux ?

« Alors, Somayeh, tu es toujours au lycée ?

— Oui », répondit-elle en piquant un fard avant de s'éloigner.

Il eût été inconvenant qu'elle discute trop longtemps avec lui.

Dans le quartier, à peine étiez-vous pubère que vos cousins n'étaient plus considérés comme de la famille proche. Dès qu'elle avait eu ses règles, Somayeh avait eu interdiction de jouer sans surveillance avec ceux qui étaient jusque-là des frères à ses yeux, ils avaient désormais acquis le statut de partenaires sexuels potentiels. « Les filles et les garçons, c'est comme le coton et le feu, tu ne peux pas les mettre ensemble sans qu'ils s'embrasent ! » disait sa grand-mère.

Le mariage entre cousins était une aubaine, pensait-on, un cadeau de Dieu, un lien qui rapprochait les familles et consolidait leur union. Le mariage entre les enfants de deux frères était même prisé à tel point qu'il existait une expression pour qualifier ce type d'union : elle était « écrite dans les étoiles ».

Zahra n'avait pas manqué de remarquer les regards de son fils. On sentait la testostérone déborder en lui. Elle attendit que les invités s'assoient autour du *sofreh*, la nappe étalée au sol et couverte de plats (les hommes d'un côté, les femmes et les enfants de l'autre) pour lui attraper le bras et lui chuchoter à l'oreille :

« Pour l'amour de Dieu, tiens-toi bien. Si ce n'est pas sérieux, je te préviens, n'y songe même pas. On ne badine pas avec la famille, surtout vu ce qu'il s'est passé, même toi, tu es au courant.

— Je suis parfaitement sérieux », répondit-il.

***

À peine rentré chez eux, Amir-Ali fit part de son projet à ses parents. Il avait décidé d'épouser Somayeh, et il fut surpris d'obtenir si vite leur accord. Elle était parfaite : jolie, timide, pudique et excellente maîtresse de maison. La plupart des Téhéranaises qu'il connaissait se comportaient comme si leur intimité était cousue de fil d'or, même celles qui n'étaient pas très attirantes. De leur côté, Zahra et Mohammad priaient depuis longtemps pour que leur fils rencontre une fille bien, issue d'une famille *sonati*. Amir-Ali était immature et trop gâté. La responsabilité d'une femme et d'un enfant ferait de lui un homme. Ses parents avaient essayé de le remettre dans le droit chemin en lui présentant les filles de riches *bazaaris* et d'industriels, mais sa piètre réputation avait largement dépassé le cercle de leurs proches. On l'avait vu dans des maisons de jeu. Il buvait. Il avait des copines. Personne n'avait envie de confier sa fille à un garçon aussi faible. Lui-même ne manifestait aucune attirance pour les riches petites dévotes qui, au fond, pensait-il, rêvaient d'Occident. Il lui fallait une femme qui partageait sa culture, ses traditions. Une femme honnête.

Amir-Ali avait perdu sa virginité à seize ans avec l'épouse d'un voisin âgée de quarante-cinq ans, mais la peur d'être découvert (de son côté à lui) et la culpabilité (de son côté à elle) avaient eu raison de leur liaison, et il était passé aux filles de son âge. Leurs rapports se résumaient essentiellement à des attouchements et à des caresses, mais il leur arrivait de faire l'amour *la-paee*, entre les cuisses, sans pénétration. Les rapports sexuels dits *la-paee* étaient particulièrement courants chez les adolescentes et les jeunes filles de familles *sonatis* et pratiquantes, les filles qui n'avaient pas la force de caractère ni le même amour de Dieu que Somayeh.

De temps en temps, Amir-Ali et ses copains avaient de la chance et tombaient sur une conquête plus facile, mais ils s'en tenaient au sexe anal pour préserver l'hymen de la fille jusqu'à ses noces.

« Le type se marie avec une nana sublime... » Ainsi commençait l'histoire préférée d'Amir-Ali. « Elle est carrément sublime. Évidemment, elle lui raconte les sornettes habituelles : "Personne ne m'a jamais touchée. Je n'attendais que toi !" Le soir de leur nuit de noces, le mec comprend qu'elle est vierge. Il n'en revient pas. Il est ravi. Du coup, il félicite son père en lui disant qu'il s'est débrouillé comme un chef, une fille aussi jolie, il l'a bien élevée, pucelle jusqu'au jour de son mariage. "Je vous remercie." Mais le père répond : "Non, ne me remercie pas, remercie-la, elle ; c'est elle qui a su rester pure." Le type finit par aller voir sa femme trop canon et lui dis : "Merci, ma chérie, pour le respect de toi et de ta virginité." La fille se retourne et dit : "Ne me remercie pas, remercie mon cul !" »

Invariablement, les copains d'Amir-Ali éclataient de rire en ajoutant que Téhéran était la capitale mondiale du sexe anal.

Depuis peu, le physique flatteur d'Amir-Ali et le déménagement de ses parents à Shahrak-e Gharb, un quartier de la moyenne bourgeoisie du nord-ouest de la ville, l'avaient propulsé dans un monde nouveau, qui lui assurait une vie sexuelle épanouie. Néanmoins, cette nouveauté était surtout liée à un voisin, Arash, un type sympa, qui portait des jeans déchirés et des lunettes de soleil Prada, et dont les parents étaient ouverts d'esprit. La vie d'Arash était une succession de fêtes et de filles. Dans le quartier de Shahrak-e Gharb, elles acceptaient de coucher dès le premier rendez-vous, ce qu'Amir-Ali trouvait formidable quand il s'agissait de les chevaucher, mais beaucoup moins quand il s'agissait de mariage. Il n'avait aucune envie d'épouser une traînée. D'instinct, il l'avait compris : il ne pourrait se marier qu'avec une fille de son milieu. Il était mal à l'aise avec les garçons trop affranchis et laïcs et ne s'était jamais assimilé entièrement à eux, quels que soient ses efforts pour porter des vêtements de marque. Ses copains trouvaient « cool » que son père soit un authentique *bazaari* prospère, mais Amir-Ali en avait assez d'être considéré comme une exception. Au fond, il n'aimait pas que les garçons accordent une telle indépendance aux femmes. Non seulement ça gâchait les filles, mais cela faisait de ces gosses de riches des hommes émasculés ; ils avaient perdu le sens de leur rôle dans la vie. La preuve ? Ils étaient déprimés alors qu'ils avaient tout, tout ce dont les jeunes de Meydan rêvaient. Amir-Ali était beaucoup plus à l'aise avec ses amis d'enfance, y compris les plus croyants, qui pratiquaient et réprouvaient sa nouvelle vie. Eux au moins se comportaient comme des hommes, respectés de leur femme. Bien sûr, il avait tendance à préférer ceux qui avaient le même genre de parcours que lui, plus souples vis-à-vis de la pratique religieuse. Il avait une bande d'amis qui couchaient avec des prostituées, et, un jour où ils avaient plus d'argent que d'habitude, ils avaient tout claqué en s'offrant des vacances entre « mecs » en Turquie. Le week-end, les jeudi et vendredi soir, ils fumaient de l'herbe et de la *sheesheh*. Le meilleur ami d'Amir-Ali, Reza, champion de judo, commençait d'ailleurs à passer plus de temps avec sa pipe à eau que dans son club de sport. Même les gars de la moyenne bourgeoisie de Shahrak-e Gharb fumaient de la *sheesheh* dans les fêtes.

Mais les années passaient. Amir-Ali avait vingt-six ans, la plupart de ses copains étaient mariés et ils se voyaient moins. Il était temps qu'il trouve une épouse.

***

La visite aux parents de Somayeh eut lieu le lendemain. Haj Agha était flatté de voir que Mohammad jugeait Somayeh digne d'être sa belle-fille. Amir-Ali pouvait obtenir n'importe quelle jeune fille, or il avait choisi la sienne. Fatemeh, quant à elle, éclata en sanglots. « C'est une gamine, elle est si jeune. » Si bien que l'on s'accorda : Somayeh était libre de choisir son mari, même si les parents devaient approuver le choix de son prétendant, son *khastegar*.

Quand Somayeh revint du lycée ce jour-là, Fatemeh et Haj Agha étaient devant la télévision et écoutaient un dignitaire religieux parler des vierges du paradis. « Elles sont fraîches, énergiques, jeunes, préservées du vieillissement. Elles sont intouchées ! Dans le Coran, il est écrit qu'elles ont les yeux baissés, or aujourd'hui nous savons ce que signifie ce regard *khomaar*, un regard lourd de sous-entendus. Mais elles ne l'accordent qu'à une personne, leur époux. »

Le présentateur était aux anges. Débattre du thème des vierges du paradis avec une sommité religieuse constituait sans doute un des moments-clés de sa carrière.

« Ma chérie, tu as un nouveau *khastegar* », annonça Fatemeh au moment où sa fille entra.

Depuis son quinzième anniversaire, ses parents avaient repoussé moult prétendants à son insu, mais cette fois-ci, Somayeh comprit tout de suite de qui il s'agissait et elle n'avait aucune envie que celui-ci soit éconduit.

« Amir-Ali souhaite venir pour sa *khastegari*. »

La *khastegari* constitue la première étape de la demande en mariage : le prétendant rend visite à la famille de la jeune fille qu'il convoite. Somayeh avait envie de hurler de joie, au lieu de quoi, elle haussa les épaules comme pour dire : « J'en ai rien à faire. »

« Dans ce cas-là, dis non. Ma chérie, tu sais que je pense que tu es trop jeune.

— C'est un excellent parti ! se récria Haj Agha. Ils ont de l'argent, tu aurais une vie agréable. En plus, ils sont de la famille…

— Si *baba* pense que c'est une bonne idée, d'accord, qu'ils viennent, je vais y réfléchir », répondit Somayeh.

La *khastegari* fut convenue pour le lendemain soir.

Fatemeh avait parfaitement décrypté la nature du regard de sa fille : Somayeh était flattée par l'attention que lui prêtait ce cousin policé. Elle était néanmoins inquiète et ne parvenait pas à savoir si ce mariage rendrait sa fille heureuse. Elle avait besoin d'être éclairée, car c'était là une décision importante. Or, une seule personne avait sa confiance : le mollah Ahmad qui maîtrisait parfaitement l'*estekhareh*, l'art de la divination propre à l'islam. Les dilemmes personnels se voyaient ainsi résolus, en général par téléphone, en quatre ou cinq minutes. Vous posez votre question, le mollah consulte son coran et vous répond par un « oui » ou un « non » décisif. Aussitôt dit, aussitôt fait. Le problème est résolu. Un mollah ne se trompe jamais. Sauf qu'il y a des cow-boys parmi les mollahs, comme dans tous les domaines, Fatemeh le savait parfaitement. Des charlatans enturbannés qui exploitent la misère et la souffrance des gens. Des autorités religieuses qui demandent une fortune pour leur expertise divinatoire, allant jusqu'à proposer des sortilèges à prix d'or. Un jour, par exemple, Fatemeh avait consulté un mollah réputé pour l'exactitude de ses prédictions à Qom, une ville sainte située au sud-ouest de Téhéran. Le mollah était entouré par une petite assemblée d'hommes assis en tailleur, les mains levées, qui attendaient le moment de poser leur question. Deux assistants le secondaient, téléphone en main, répondant à un flot ininterrompu de requêtes. Muni d'un fragment d'os de chameau longiligne (afin de ne pas souiller le livre sacré en le touchant avec ses mains), il ouvrait au hasard son coran, lisait à toute vitesse le verset sur lequel il tombait et débitait sa réponse. Tous les problèmes, quels qu'ils fussent – droit de propriété et héritage, amour et adultère –, étaient résolus en un tour de main. Le mollah opérait plus vite qu'un trader à la Bourse.

Fatemeh avait observé son petit manège, à l'abri du rideau vert diaphane qui séparait les hommes des femmes. Un des assistants plaquait le téléphone contre l'oreille du mollah, qui répondait :

« Oui pour le premier, non pour le second. *Click.* »

Un homme tendait alors son portable au mollah.

« Mauvais, danger en vue », assénait-il.

Un jeune homme lui chuchotait quelques mots à l'oreille.

« Terrible. Beaucoup de difficultés », lâchait-il.

Quand les hommes avaient fini, les femmes posaient leurs questions avec force voix.

« Vous me conseillez d'emprunter de l'argent à ma sœur ? avait demandé Fatemeh.

— Formidable. Les conséquences seront formidables. »

Le mollah Ahmad était différent. C'était une autorité renommée. Fatemeh en était certaine, elle avait vu sa clientèle, dont un nombre croissant de fidèles appartenant aux élites, des gens plus cultivés et moins crédules qu'elle. En outre, il descendait d'une longue lignée de mollahs et c'était un homme bon, qui acceptait rarement d'être rémunéré pour ses divinations. Il estimait qu'il était assez bien payé par ailleurs puisqu'il pouvait demander cinq cent mille tomans pour un sermon d'une heure, l'équivalent ou presque d'un salaire mensuel de professeur, et on faisait aussi appel à lui pour les enterrements, les prières rituelles et les fêtes religieuses. Il ne refusait jamais les cadeaux. Fatemeh lui avait ainsi remis une grande enveloppe pleine de billets à la fin de leur premier entretien et il lui avait donné son numéro de portable destiné aux cas d'urgence : elle pouvait l'appeler vingt-quatre heures sur vingt-quatre.

Le mollah vit s'afficher le numéro de Fatemeh ; il décrocha immédiatement. Elle commença par le préambule de questions habituelles sur la famille et la santé avant de lui demander tout de go :

« Somayeh a un *khastegar*, le fils de ma sœur, qui doit venir ce soir. Pensez-vous que ce serait une union heureuse ? »

Pause. Le mollah ouvrit son coran.

« Ni heureuse ni malheureuse, tout dépend de la pureté de leur cœur. S'ils veulent que leur union dure, qu'il en soit ainsi, mais seul le temps le dira. »

Elle ne s'attendait pas à une réponse aussi vague, mais le mollah n'étant pas non plus complètement négatif, elle sentit la tension de son corps se relâcher. Elle rentra et répéta les paroles prophétiques du mollah à Haj Agha, qui fut également soulagé. À présent, c'était aux enfants de se décider.

***

Ce soir-là, Somayeh éprouvait une douleur lancinante, comme jamais elle n'en avait connu, entre les cuisses. Habituellement, elle luttait contre le désir en fermant les yeux très fort jusqu'à ce qu'il abandonne son corps, et cela faisait longtemps qu'elle ne s'essuyait plus avec une serviette de peur que sa caresse n'enflamme ce plaisir interdit. Elle priait et demandait toujours à Dieu de lui accorder son pardon. Depuis l'enfance, elle ne s'était plus jamais abandonnée à son désir. Elle se rappelait un verset du Coran terrifiant que sa grand-mère ne cessait de citer, il évoquait les conséquences probables pour les personnes qui succombaient à la tentation : « Quiconque cherche une voie pour la concupiscence autre que celles-ci [épouse et femmes esclaves] est un pécheur. »

Somayeh surfait souvent sur un site Web intitulé Trouver une fatwa pour résoudre les dilemmes qui la tourmentaient. Un jour, elle était tombée sur le commentaire d'un médecin qui exposait les dégâts psychologiques liés à la masturbation, de même que ses ravages sur le système nerveux. Le site proposait des conseils pour résister à cette pulsion : faire de l'exercice, lire les prophètes, jeûner, éviter tout ce qui provoque des pensées lubriques, ne pas fréquenter de personnes non pratiquantes, assister aux cérémonies religieuses, s'occuper, se marier. Les recommandations étaient assorties d'une devise récurrente : « Allah seul le sait. » Somayeh les suivait à la lettre.

Sur le site du Guide suprême, elle avait même lu la question suivante : « J'étais en train de parler avec une femme (avec qui je n'ai aucun lien) au téléphone pendant le ramadan et je ne me masturbais pas, mais, alors que je ne l'avais pas explicitement appelée pour obtenir un plaisir [sexuel], j'ai senti que je commençais à éjaculer. Pourriez-vous me dire si cela invalide mon jeûne ? Si c'est le cas, faut-il que je demande pardon ? » L'éjaculateur tourmenté avait reçu la réponse suivante : « À partir du moment où vous arrivez à parler à une femme au téléphone sans éprouver de plaisir [sexuel] ni éjaculer du fait de la conversation, [dans le cas présent] si vous avez éjaculé sans vous masturber, votre jeûne n'est pas invalidé et vous n'avez pas à demander pardon. »

La relation que Somayeh entretenait avec Dieu était des plus profondes. Il était hors de question pour elle de la mettre en péril en se masturbant inutilement. Elle se sentait trop proche de Dieu pour cela. Dieu était son meilleur ami. Son protecteur. Elle éprouvait une infinie pitié pour les gens qui se privaient de lui, elle y voyait le signe d'un manque de respect pour soi-même. Elle ne pouvait imaginer de vie plus dépourvue de sens. Somayeh adorait les imams, notamment l'imam Mahdi, qu'elle appelait l'imam Zaman, l'ultime sauveur. Mahdi était vivant mais caché par Dieu. Chaque molécule de son corps lui disait qu'un jour, le jour du Jugement, il réapparaîtrait afin de sauver le monde du mal. Mahdi répondait à chacune de ses prières, preuve tangible de ses nombreux pouvoirs.

***

Rongé par le doute et la réflexion, Amir-Ali avait à peine fermé l'œil de la nuit. Et s'il se trompait au sujet de Somayeh ? Et si elle était moins jolie que dans son souvenir ?

« Si tu reviens sur ta décision, mange des concombres, lui dit le lendemain sa mère pour le réconforter voyant que l'enthousiasme de son fils faiblissait. Je me débrouillerai avec Fatemeh, je dirai que c'est ma faute, que je trouve que sa fille est trop jeune.

— Et s'ils n'ont pas de concombres ?

— Dieu du ciel, arrête, tout le monde a des concombres ! Tu as déjà vu une maison où il n'y avait pas de concombres ? »

Au fil des années, Somayeh et Fatemeh avaient elles aussi mis au point un système de signaux très élaboré à base de toussotements, de remarques sur le temps et d'ingestion de certains fruits et légumes. Ce soir-là, manger du raisin serait le signe que l'on était amoureux.

Somayeh opta pour son plus bel ensemble : un chemisier blanc très féminin, un pantalon noir ajusté mais chic, dissimulé par son tchador, et des talons *roo-farshee* qui se verraient. Elle avait affiché dans sa chambre, au-dessus de son bureau, un portrait de l'imam Ali dont les yeux verts rêveurs, soulignés d'un trait de khôl noir épais, regardaient au loin. L'homme portait un turban vert autour de la tête, surmonté d'un halo rayonnant de soleil. D'épaisses gouttes de sang perlaient, sensuelles, sur son front blessé et glissaient le long de ses pommettes anguleuses jusqu'à sa mâchoire carrée, encadrée de cheveux ondulés couleur chocolat. Sous le portrait, elle avait disposé de chaque côté de son ordinateur portable deux petits bougeoirs en verre bleu qui venaient de l'Ikea de la galerie commerciale Jaam-e Jam, au nord de Vali Asr. C'était son magasin préféré parce qu'il était fréquenté par des Téhéranais chic et choc. Les bougeoirs étaient tout ce qu'elle avait pu s'offrir jusque-là. Sur son bureau étaient également empilés plusieurs livres, dont *Harry Potter à l'école des sorciers*, *Nuits de solitude*, une histoire d'amour de l'écrivain à succès Fahimeh Rahimi, et un exemplaire du Coran.

À peine Amir-Ali et sa famille arrivèrent-ils qu'elle se précipita dans la cuisine. Son premier devoir était de servir le thé. Une jeune fille qui sert le thé sur un plateau sans en renverser une goutte est considérée comme bonne à marier. Non pas que les familles prennent ce rituel au sérieux, mais cela fait partie du folklore.

Soudain Mohammad-Reza entra en faisant des grimaces à sa sœur.

« Arrête de me faire rire, petit diable, lui lança-t-elle, je vais tout renverser à cause de toi !

— *Bah-bah*, ce thé est délicieux ! » s'exclama Zahra pour la rassurer.

Somayeh se pencha devant Amir-Ali et s'aventura à croiser son regard. Il prit son verre en la regardant dans le blanc des yeux. Les mains de Somayeh se mirent à trembler. Vite, elle se retira dans la cuisine pour se ressaisir.

Fatemeh prit alors le relais en faisant passer la coupe de fruits et de légumes. Les yeux de Zahra étaient fixés sur les concombres. Amir-Ali prit une pêche.

« Vous avez peut-être envie de vous voir en tête à tête », suggéra Fatemeh, qui sentait la tension monter.

Zahra l'approuva, et les deux jeunes gens allèrent s'asseoir dans la chambre de Mohammad-Reza, à deux mètres environ l'un de l'autre – distance de règle. Amir-Ali la dévisageait avec un regard animal.

« J'ai plusieurs questions à te poser, dit-elle en se raclant la gorge.

— Pose-moi toutes les questions que tu veux, mais tu es trop belle, alors ne me demande pas d'être trop attentif. »

Elle gloussa, nerveuse. Elle avait préparé une liste de onze questions précises et devait s'appliquer. Tout son avenir dépendait des réponses qu'elle obtiendrait. Elle resserra son tchador car chaque fois qu'elle ouvrait la bouche, il glissait.

« Est-ce que tu te mets facilement en colère ? »

Question suivie de l'éclat de deux mains blanches.

« Jamais. Mes copains disent que je suis le type le plus calme qu'ils connaissent. »

Faux. Ses amis lui reprochaient souvent son caractère explosif.

« Comment comptes-tu financer notre vie de famille ?

— J'ai trimé toute ma vie. Et, comme tu le sais, je travaille dans l'entreprise de *baba*, du reste, j'espère lui succéder un jour. »

Faux. Ses parents déploraient son incapacité à comprendre le sens du travail.

« Tu pries ? »

Il aperçut un bout de chemisier blanc mais ne put distinguer ses seins. Oui, il priait, en ce moment même – il priait pour que ses seins ne soient pas deux misérables piqûres de guêpe. Une paire de petites prunes, ça lui irait.

« Quand j'entends l'*azan*, l'appel à la prière, peu importe où je suis, je prie. C'est un réflexe. Même si je suis en train de lire les journaux. »

Faux. Amir-Ali ne lisait jamais les journaux. Et malgré des années d'enseignement obligatoire, il n'avait jamais été fichu de retenir les paroles des prières en arabe.

Somayeh sourit. Son bras glissa insensiblement. Il eut un aperçu de son cou – gracile. Un éclat de sa clavicule – sculptée, se fondant en une nuque souple.

« Est-ce que tu m'autoriseras à suivre des études pour obtenir un diplôme universitaire ?

— Avec les yeux que tu as, je t'autoriserai à suivre tout ce que tu voudras. »

Somayeh rit. Un rire parfait. Ni trop fort ni trop direct. Le rire d'une fille était un excellent révélateur, et la mère d'Amir-Ali l'avait mis en garde contre les greluches qui s'esclaffaient trop bruyamment, la voracité du rire d'une femme étant proportionnel à ses mœurs. Plus une fille riait fort, plus elle était légère.

Les questions de Somayeh s'avéraient concises et quasi professionnelles, mais sa voix était suave et ses yeux doux. Amir-Ali louvoyait allègrement entre chacune, dispensant généreusement mensonges et demi-vérités. Somayeh poursuivait, opiniâtre, avançant chaque question comme un pion. Chacun analysait les réactions de l'autre et interprétait le moindre de ses faits et gestes.

Amir-Ali avait certaines facilités à lire dans les pensées des filles de son monde car il savait ce qu'il pouvait attendre de leur part. Face à elles, il s'agissait surtout de distinguer ce qui venait du cœur de ce qui était mis en scène. Mais Somayeh était différente. Certes, il ne pouvait pas en être absolument certain, mais il avait assez d'expérience pour voir qu'elle était sincère. Et qu'elle était raide amoureuse de lui. Contrairement aux Téhéranaises qui avaient tendance à jouer les indifférentes, une façon comme une autre d'appâter les garçons, sa transparence trahissait une innocence et une naïveté irrésistibles.

Inversement, Somayeh était trop jeune pour avoir appris l'art de discerner la vérité. À ses yeux, Amir-Ali avait un charisme exceptionnel.

Presque une heure plus tard, tous deux retournèrent dans le salon où les accueillit un silence lourd. Fatemeh fit passer les fruits en scrutant sa fille tel un faucon. Somayeh prit une grappe de raisin et avala un grain en regardant sa mère. Fatemeh sursauta et demanda discrètement à Haj Agha d'apporter les pâtisseries *shireeni*, un signe dont tous comprirent le sens : mariage en vue.

Les préparatifs de la noce débutèrent. L'on commença par la cérémonie *bale-boroon*, les fiançailles officielles au cours desquelles Amir-Ali offrit six bracelets en or, un magnifique bouquet de fleurs et un tchador en soie à sa belle. Puis les parents conclurent à la va-vite un accord sur la dot, *mehrieh*, de Somayeh, qui comprenait un contrat prénuptial garantissant à la future épouse une protection en cas de divorce. Somayeh entendit alors ses parents négocier son prix :

« Elle est belle, elle veut faire des études, et Amir-Ali va l'avoir dans sa prime jeunesse. Il va profiter des plus belles années de sa vie !

— Je sais qu'elle n'a pas de prix, Fatemeh *joon*, mais nous ne sommes pas une tirelire. »

La négociation revenait en principe aux hommes, mais une fois de plus, l'affaire fut prise en main par les deux sœurs jusqu'à ce que Zahra cède, et la *merieh* fut fixée à cent quatre-vingt-douze pièces d'or, soit seize pièces pour chacun des douze imams chiites. Pour Téhéran, la somme était faible, mais pour Meydan, elle était importante et conforme aux bienséances puisque les *merieh* trop élevées étaient considérées comme un signe de vulgarité.

Chose étrange pour une mère iranienne, Zahra avait conscience que son fils était gagnant dans l'affaire. Enfin, l'on se mit d'accord sur le reste des clauses : Amir-Ali promit qu'il accepterait que Somayeh suive des études universitaires, tandis que Zahra et Mohammad s'engagèrent à donner aux jeunes mariés leur ancien appartement de Meydan puisque, compte tenu de son âge, Somayeh devait rester proche de ses parents et de ses amis, au moins les premières années de son mariage.

Il s'agit alors d'organiser l'*aroosi*, la noce qui requérait une somme colossale d'argent, de nourriture et de convives. Entre les rendez-vous, les tests sanguins (obligatoires en Iran, et pas seulement entre cousins), les préparatifs culinaires, le ménage supplémentaire, Fatemeh pensait souvent à son propre *aroosi*, si triste, si minable. Elle n'avait aucune envie d'épouser Haj Agha. Elle aurait pu résister si elle n'avait pas craint de décevoir ses parents, emballés par cette alliance. Haj Agha venait d'une famille de propriétaires, et les femmes de sa génération acceptaient le sort qui leur avait été réservé. Heureusement, la première fois qu'elle avait vu Haj Agha, elle avait été soulagée, bien qu'elle ait lu la déception dans ses yeux. Il était lui aussi soumis à la pression familiale, or le père de Fatemeh avait la réputation d'être un homme respectable. De toute façon, Fatemeh n'attendait pas grand-chose du mariage sinon une certaine stabilité financière et, avec un peu de chance, un compagnonnage agréable. Au lieu de quoi elle était tombée sur un homme qui n'était pas loin de l'ignorer. Elle se consolait en se disant que sa fille, même si elle était si jeune, se mariait par amour. Le mollah Ahmad avait d'ailleurs confirmé le potentiel de cette union en interprétant des versets du Coran.

***

Le mariage de Somayeh se déroula exactement suivant ses vœux. Elle portait une longue robe bustier blanche brodée de perles sous une cape, et elle avait dépensé près d'un million de tomans pour être métamorphosée par un maquilleur professionnel en une jeune femme à la mode occidentale comme on en voit sur les affiches officielles contre les mauvais hidjabs. Une fois la cérémonie finie, les hommes et les femmes se séparèrent et chaque groupe dansa jusqu'aux premières heures du jour. Sur les photos de son mariage, Somayeh avait l'air d'une mutante : ses yeux avaient été bleutés et sa peau retouchée sur Photoshop, tandis que son nez était affiné – image canonique des Téhéranaises. Elle était aux anges.

La vraie vie conjugale de la jeune femme commença le lendemain de son dernier jour de lycée, soit quelques semaines après son mariage. Amir-Ali rompit aussitôt sa promesse et la supplia d'abandonner l'idée de suivre des études. Folle d'amour, Somayeh accepta. Elle interprétait son désir comme une preuve de sa passion ; son jeune mari ne supportait pas l'idée qu'elle s'éloigne et adopte une direction différente de la sienne. Amir-Ali avait choisi une femme traditionnelle pour de bonnes raisons, sinon il aurait choisi une fille du nord de la ville, qui aurait passé les premières années de leur mariage le nez dans les livres. Fatemeh et Haj Agha étaient mécontents, mais Somayeh leur promit que c'était son choix. Elle avait l'air heureuse, l'affaire fut donc vite oubliée.

Leur première année de mariage fut un pur bonheur. Amir-Ali était tendre au lit et Somayeh embrassa l'amour physique comme une offrande spirituelle et un devoir religieux propre à satisfaire son homme. Elle n'avait qu'une seule amie mariée. La plupart des jeunes femmes autour d'elle patientaient jusqu'à la vingtaine et emménageaient avec leur belle-famille car les loyers de Téhéran étaient exorbitants. Somayeh, elle, n'avait pas à supporter la cohabitation avec ses beaux-parents et elle disposait d'un bel appartement, spacieux et moderne. Elle avait même une télévision à écran plat de quarante-six pouces, une cuisine à l'américaine et des canapés en cuir noir. Ses amies enviaient cette indépendance inattendue. Certaines avaient commencé des études (essentiellement parce que cela augmentait leurs chances de trouver un mari), mais elles étaient déçues de voir que cela changeait très peu leurs perspectives.

Somayeh préparait des bons petits plats pour le dîner de son mari dès le matin, puis elle passait du temps avec ses amies et sa mère. On évoquait les derniers ragots, en général des histoires de liaisons, on parlait de la morale qui se perdait. La proviseur de son lycée avait été renvoyée parce qu'elle était lesbienne ; Batool Khanoum, la divorcée, se consolait avec de jeunes puceaux ; Tahereh Azimi vivait et travaillait dans un bordel du centre-ville.

Pour Amir-Ali, la vie conjugale ne changeait guère de la vie chez ses parents. Ses repas étaient prêts quand il rentrait, ses vêtements lavés et repassés, son appartement impeccable. Cerise sur le gâteau, il bénéficiait d'un bonus sexuel et sa femme l'adorait.

Hélas, arriva ce qui devait arriver. Il commença à s'ennuyer et à passer de plus en plus de temps avec ses copains. Entre eux, les garçons buvaient de l'*aragh sagee*, littéralement de la « sueur de chien », une vodka faite maison à base de raisin, et fumaient de la *sheesheh* avec Reza, qui avait abandonné le judo pour se concentrer tout entier sur sa pipe sur eau. Amir-Ali venait de découvrir un nouveau tripot dirigé par un vieux voyou au sud de l'avenue Vali Asr.

Au début, quand il rentrait à point d'heure, ivre et empestant l'alcool, Somayeh était choquée, mais elle était trop soumise pour se fâcher. Elle se réfugiait sous la douche et sanglotait en espérant qu'Amir-Ali ne l'entende pas. Puis le temps passa, le comportement d'Amir-Ali empira et elle devint plus courageuse, mais son mari était imperméable à ses pleurs et à ses suppliques. Le nombre des amis d'Amir-Ali sur Facebook augmentait dangereusement. Des filles à l'épaisse chevelure blonde, vêtues de hauts au décolleté plongeant, apparurent. Amir-Ali jura sur la tête de sa mère qu'il s'agissait de copines datant de l'époque de sa vie de garçon. Mais il était de plus en plus secret, il cachait son portable, et Somayeh le harcelait de questions pour savoir s'il avait une autre femme dans sa vie. Chaque fois qu'elle osait l'interroger, il réagissait en hurlant. L'allure sage et comme il faut de Somayeh ne le touchait plus. Elle avait perdu son pouvoir de séduction. Désormais, elle lui était un poids.

« Qui est-ce qui subvient à tes besoins ? Qu'est-ce que tu veux de plus ? Tu n'as qu'à retourner chez tes vieux si tu n'es pas contente ! »

Amir-Ali voulait une femme, pas une gamine qui pleurnichait parce qu'il profitait de la vie.

La déconfiture de leur mariage se jouait loin des regards, dans l'enceinte de leur appartement, mais aussi dans la tête de Somayeh, de plus en plus en proie aux doutes et à la paranoïa. Elle n'en avait pas confié un mot à quiconque, car elle était trop honteuse à l'idée de rentrer chez ses parents. Ses amies la portaient au pinacle, son mariage incarnait le comble de la réussite. Elle n'aurait pas supporté l'humiliation ni la chute.

L'automne arriva, emportant le feuillage des arbres de Vali Asr et exposant les rues à la lueur blafarde de novembre : un premier enfant naquit. Somayeh espérait que la naissance de la petite Mona changerait son père. En vain. Il commença à disparaître. La première fois, il partit au bureau et ne revint pas du week-end. Il fallut qu'elle lui laisse onze messages et vingt textos hystériques pour qu'il finisse par lui répondre d'un simple SMS : « Tout va bien, arrête de me harceler. » Peu après, il lui envoya un texto de l'aéroport pour la prévenir qu'il allait passer le week-end à Dubaï. Il lui arrivait désormais de rester sans nouvelles de lui pendant plusieurs jours, voire des semaines.

Somayeh avait réussi à ne pas ébruiter sa première disparition, mais la deuxième fois, elle alla se confier à ses beaux-parents. Elle ne pouvait pas endurer seule un tel comportement. Zahra et Mohammad étaient loin d'être surpris. On n'avait pas vu Amir-Ali au bureau depuis six mois. Leur fils était coutumier de ce genre de disparitions, mais ils pensaient que sa femme arriverait à le dompter. Somayeh se sentait trahie. On leur avait menti, à elle et à ses parents.

Zahra et Mohammad avaient conspiré main dans la main et ils s'employaient à dissimuler la vérité aux parents de Somayeh. « Nous n'aurons plus aucun *aberoo* s'il continue comme ça ! » s'exclama Zahra, au bord des larmes. *Aberoo* : l'honneur ; sauver la face. C'était la pierre de touche de leur vie, et Amir-Ali leur avait trop souvent ravi leur *aberoo*.

Les jours se suivaient sans que rien ne change. Amir-Ali refusait toujours de répondre à Somayeh, qui s'adaptait cependant à sa nouvelle vie et reportait son amour sur la petite Mona. Puis un nouveau cycle de disparitions se produisit, plus longues et marquées par la découverte d'un attaché-case en cuir marron qu'Amir-Ali cachait sous ses vêtements au fond du placard de la chambre de Mona. Certains soirs, il fonçait droit vers le placard, Somayeh entendait alors le cliquetis d'un cadenas dont il ajustait le code. Puis il changeait de cachette. En vain, car Somayeh le retrouvait toujours. Peu à peu, elle devint aussi obnubilée par cet attaché-case que lui. Elle était persuadée que la réponse à son malheur s'y trouvait.

Trois mois durant, ses petites mains manipulèrent le code dans tous les sens, parfois pendant des heures, pour essayer de trouver la bonne combinaison. Quand brusquement, le miracle survint. L'attaché-case s'ouvrit grand sous ses yeux ; sa prière avait été exaucée. Elle fouilla les poches intérieures de ses mains moites en tremblant. Sous une liasse de reçus et de relevés de banque, elle découvrit ce qu'elle cherchait : la vérité. Étalée sous son nez sous la forme d'une douzaine de lettres couvertes d'une écriture enfantine. Des mots comme jamais elle n'en avait entendus dans la bouche d'Amir-Ali. « Je t'adore. Tu es toute ma vie. Penser à ta chatte me fait bander. » La vérité dans une boîte de préservatifs Durex. La vérité qui la fixait de ses yeux noirs, avec ses petits seins ronds et sa crinière de cheveux blonds décolorés gravés sur papier glacé. Ce fut un moment d'extase, de libération, suivi par une douleur cuisante ; la preuve ultime précédant la rage. Elle éclata en sanglots. De brusques bouffées de chaleur faillirent la rendre folle. Elle ramassa tout ce qui lui tombait sous la main et le balança à travers la pièce. Elle était sur le point de saisir une nouvelle poignée de lettres quand elle remarqua une demi-douzaine de DVD éraflés dans une pochette. Elle se redressa et vacilla jusqu'à son ordinateur pour en visionner un. Une femme, agenouillée, prise par derrière. La scène était suivie par un gros plan sur des organes génitaux et la caméra dévoilait peu à peu une autre femme qui se caressait avec son foulard. Une seconde vidéo mettait en scène un homme noir et deux femmes blanches. Somayeh en eut la nausée. Elle pleurait toutes les larmes de son corps, elle était défaite, à genoux, en prière. Jamais elle n'avait vu la moindre image porno de sa vie.

Elle se précipita chez sa mère. Fatemeh se doutait depuis longtemps que le mariage de sa fille partait à vau-l'eau mais qu'elle préférait se voiler la face. Le stress et la souffrance de ces dernières années avaient usé la jeune femme, elle était hâve, émaciée. Elle raconta tout à sa mère, y compris les DVD.

***

La vie à Meydan avait changé depuis qu'elle s'était mariée. Plusieurs années s'étaient écoulées et l'Iran avait un nouveau Président, Hassan Rohani, un religieux (comparativement) modéré, qui parlait anglais et était titulaire d'un doctorat en droit constitutionnel de la Caledonian University de Glasgow. Rohani utilisait même volontiers Twitter et évoquait un rapprochement avec l'Occident. Si la majorité des Iraniens se réjouissait de son élection, à Meydan, les sceptiques étaient nombreux.

« Rohani est *bee-dan* ! s'exclama un des voisins *hezbollahi* de Haj Agha pour le qualifier d'irréligieux. C'est un agent des Anglais, comme Khatami. Ces dirigeants sont pourris ! Vous allez voir, un jour on découvrira le pot aux roses. »

Le fait est que tous les Iraniens n'étaient pas emballés à l'idée de se rapprocher du Grand Satan, *Amrika*. Après le coup de téléphone historique de Rohani à Obama, des affiches anti-américaines étaient ainsi apparues sur les murs de la ville (avant d'être arrachées tandis qu'une nouvelle bataille interne se jouait entre les différentes factions au pouvoir). Certaines représentaient une main iranienne tendue et prête à serrer la main crochue du diable, et sur toutes, on pouvait lire en anglais et en persan : « LE GOUVERNEMENT US STYLISE [*sic*] L'HONNÊTETÉ. »

Rohani avait hérité de la situation catastrophique laissée par son prédécesseur, Ahmadinejad, et les habitants de Meydan avaient succombé à l'insatisfaction. Les sanctions contre l'Iran avaient provoqué un sérieux coup d'arrêt économique qui s'était traduit par la chute libre de la monnaie, laquelle avait perdu un tiers de sa valeur en moins de deux ans. Ahmadinejad avait diminué les subventions liées au pétrole, préférant distribuer des poignées de liquide au coup par coup. Hélas, la méthode était peu efficace au regard de l'inflation croissante, oscillant entre trente et quarante pour cent. Les emplois étaient de plus en plus rares, et mal payés. La situation alimentait évidemment le ressentiment et la méfiance.

Pour la première fois, les critiques envers le Guide suprême n'étaient plus jugées sacrilèges. La bascule datait du jour où de nombreuses personnes avaient été tuées, battues et violées après les manifestations qui avaient suivi les élections de 2009.

Il y avait aussi des changements moins visibles. Les amies de Somayeh, par exemple, étaient folles des *soap-operas* turcs, tels *Amour interdit* ou *Le Harem du sultan*, dont les intrigues sulfureuses étaient diffusées sur GEM TV, une chaîne satellite basée à Dubaï. À mi-parcours de la diffusion du *Harem du sultan*, les personnages avaient pourtant changé de voix, les comédiens iraniens qui opéraient le doublage ayant été arrêtés. Tout le quartier connaissait aussi l'émission qui captivait l'Iran : « Googoosh Music Academy », un concours de chant organisé par Manoto TV, une station de langue perse dont le siège était à Londres, qui adaptait aussi des émissions britanniques telles que « Come Dine with Me », autre divertissement prisé par les Téhéranais. Enfin, ultime signe de changement : Fatemeh avait de moins en moins de pistaches à offrir car les prix avaient presque triplé.

Son attitude face au divorce avait elle aussi évolué. Le divorce de Batool Khanoum avait libéré les esprits. Quatre jeunes ménages du quartier s'étaient séparés. Les habitants de Meydan, qui pensaient que la morale de leur monde était faite d'une étoffe plus solide que celle de la capitale, avaient déchanté. En dix ans, le nombre de divorces avait triplé en Iran, et un mariage sur cinq s'effondrait – les chiffres étaient plus élevés encore à Téhéran.

Fatemeh, pour qui le divorce signifiait la honte, commençait à y songer. Un jour, elle rechercha son livret de naissance parce qu'elle avait besoin de renouveler sa carte d'identité. Elle rangeait ce genre de papiers dans une boîte à chaussures, sous son lit, mais impossible de les trouver. Elle remettait la boîte en place quand elle sentit qu'elle cognait quelque chose. À l'aide de sa jambe, elle ramena à elle une seconde boîte, inconnue. Elle tomba alors sur de vieilles photos et une enveloppe kraft, qui contenait un lot de passeports. Elle les feuilleta en soupirant. Tout le parcours spirituel de Haj Agha était là, sous ses yeux, résumé en une série de tampons et de visas colorés. Dont un cachet rouge vif qui revenait très souvent. Était-ce l'Irak ? La Syrie ? Elle repéra une mystérieuse graphie à l'encre bleue sous le cachet rouge. Ce n'était pas de l'arabe. Sûrement pas. Son cœur commençait à battre la chamade. Elle tâtonna pour trouver ses lunettes de vue. L'image floue se fit brusquement lisible : un diablotin ailé aux pattes de coq lui rendit son regard, et elle reconnut des mots anglais qu'elle ne pouvait déchiffrer. Elle continua à feuilleter, fébrile : à chaque page, le démon écarlate lui sautait aux yeux. Elle pensa à un voisin qui lisait l'anglais, mais son petit doigt lui dit qu'il valait mieux qu'elle s'adresse à un inconnu. Elle se laissa glisser au sol pour réfléchir. Que faire ?

Peu après, Somayeh entra dans la chambre et la retrouva étalée par terre, les bras en croix, tel un ours allongé sur le dos.

« Ça va, ça va, j'ai eu un peu le vertige, rien de grave », se justifia Fatemeh.

Elle se releva, prit son tchador et se précipita vers la porte pour filer en direction du bazaar, à la recherche du premier *daroltarjomeh*, bureau de traduction, venu. Vite, elle jeta le passeport d'Haj Agha entre les mains d'un jeune inconnu assis derrière un ordinateur.

« Mon fils, lis ça pour moi. Avec les dates.

— Royaume de Thaïlande. Type de visa : touriste. »

Le jeune homme lut plusieurs dates qu'il convertit du grégorien au persan. Elles correspondaient exactement aux dates des pèlerinages de Haj Agha. Il n'était donc ni à La Mecque ni à Kerbala. Ni à Damas. Ni même à Masshad. Il était en Thaïlande. Peu importe où se trouvait ce lieu. Fatemeh se creusa la cervelle pour tâcher de se remémorer ses cours d'histoire… Quelle idiote, elle n'écoutait rien à l'époque ! Mais d'après ce qu'elle savait, la croisade de Hossein n'avait jamais été jusqu'en Thaïlande. Y avait-il des musulmans en Thaïlande ? Elle en doutait. Quoi qu'il en fût, même s'il existait un sanctuaire chiite dans ce mystérieux pays, une chose était certaine : Haj Agha lui avait menti. Elle s'apprêtait à payer le traducteur, qui refusa. Tant pis. Elle rebroussa chemin et fonça dans la foule du bazar en coupant à travers les ruelles derrière Vali Asr. L'heure était grave. Il fallait qu'elle consulte le mollah Ahmad. Qu'elle le voie en personne. Elle ne savait pas exactement de quel type de tromperie elle était victime, mais ce n'était pas une affaire à traiter au téléphone. Elle appela le mollah de son portable pour lui dire qu'elle arrivait.

Elle prit le bus qui remontait Vali Asr. C'était son trajet préféré, elle aimait regarder les boutiques et les restaurants le long de l'avenue, mais ce jour-là, elle était trop perturbée pour voir quoi que ce fût ; elle priait tout bas en passant en revue les diverses hypothèses qui lui venaient à l'esprit. Elle descendit là où l'avenue ouvre la gueule et crache un flot de voitures, de taxis, de bus et de piétons sur la place Tajrish. Le mollah vivait dans un grand appartement au troisième étage d'un immeuble ordinaire juste derrière la place. Son appartement était une sorte de sanctuaire qui mêlait du faux Louis XIV français, des canapés en cuir des années 1970, des étagères modernes Ikea et des tapisseries de facture industrielle accrochées sur des murs grisâtres. Le tout était ponctué de touches typiquement iraniennes : cristal, marbre, dorures et lustres de diverses tailles dans chaque pièce, y compris la cuisine. Il y avait des tapis persans partout, sur les murs et sur les fauteuils.

La femme de mollah Ahmad ouvrit la porte avec un tchador blanc à fleurs sous lequel elle portait un pantalon bleu foncé et un grand gilet en maille souple sur un chemisier.

« Il m'a dit que c'était urgent, vous êtes la suivante », chuchota-t-elle à l'oreille de Fatemeh en l'accompagnant jusqu'à la salle d'attente, croisant au passage son fils, un adolescent qui portait un jean Levi's déchiré et pianotait sur son iPhone.

Fatemeh fut soulagée de voir qu'elle n'était pas la seule à traverser une crise. Une femme très élégante, avec un foulard Hermès et le visage manifestement lifté, sanglotait dans un mouchoir. Une jeune fille qui devait venir de Shahrak-e Gharb, lunettes Chanel perchées sur la tête, regardait à travers les rideaux ajourés d'un air triste. Et une troisième femme, plus âgée et marquée, en tchador noir, se tordait les mains en priant.

L'épouse du mollah leur proposait du thé et des chocolats Cadbury Dairy Milk quand, soudain, la voix de son mari retentit (le mollah Ahmad avait tendance à crier quand il s'emballait).

« Pourquoi est-ce que vous n'êtes pas mariée ? À trente-sept ans, c'est dramatique. Vos parents vous ont donné un nom épouvantable qui vous a gâché la vie. Il va falloir en changer le plus vite possible ! »

Ce fut bientôt le tour de Fatemeh. Le mollah était assis sur un fauteuil tournant noir et entouré d'étagères de livres. Les murs de son bureau étaient couronnés de corniches dans les tons pastel. Il avait derrière lui un cliché des années 1970 de La Mecque, aux couleurs passées, des photos en noir et blanc encadrées de ses ancêtres, l'air maussade, et un immense portrait de l'ayatollah Boroujerdi, avec son turban noir, dignitaire favorable à la séparation du politique et du religieux. Considéré comme un dissident, il avait été emprisonné en 2006 pour avoir osé s'élever contre le pouvoir absolu du Guide suprême.

Le mollah Ahmad portait une longue robe grise et fine, un turban *amameh* blanc et des babouches de cuir. Ses longs doigts arboraient trois grosses bagues islamiques en argent – dont l'une était ornée d'une impressionnante cornaline ocre foncé, la pierre précieuse la plus prisée par les musulmans, sur laquelle était gravé un verset du Coran – qui lui donnaient un petit côté rock-star.

« Dieu du ciel, Fatemeh Khanoum, vous avez grossi ! s'exclama-t-il en remarquant les dix kilos supplémentaires de Fatemeh au niveau de la taille.

— Je sais, Haji, je me néglige, mais je ne suis pas très heureuse.

— Un aveugle qui voit vaut mieux qu'un voyant aveugle », répondit le mollah.

Il était difficile à comprendre, non seulement à cause de son accent turc azéri prononcé, mais parce qu'il avait la manie de citer des versets du Coran. En outre, il avait la mémoire épouvantablement courte.

En dépit de tout cela, Fatemeh se lança dans l'histoire de ses déconvenues et ne lui épargna rien, ni les dates, ni les lieux, ni les sanglots.

« Plus jamais de ma vie je ne l'appellerai Haj Agha ! » s'écria-t-elle en brandissant ses preuves hors de son sac.

Le mollah feuilleta les passeports.

« Pourquoi aller en Thaïlande ? Il n'y a pas de tombes d'imams chiites là-bas, que Dieu les garde, ni de parents d'imams, pas vrai, Haji ? »

Le mollah était coi. Ce qui lui arrivait rarement. Il savait parfaitement ce que les hommes allaient chercher en Thaïlande. Un mois plus tôt, une de ses ouailles lui avait avoué qu'elle ne pouvait plus se passer des prostituées thaïes. Le mollah lui avait prescrit un régime de prière très strict, notamment la récitation de l'*Ayatul Kursi* – le « verset du Trône » qui est censé protéger du mal – cinq fois à l'aube et cinq fois au crépuscule.

« Je ne comprends pas, votre vie est un ratage, vous avez un mari vraiment affreux ! »

Le mollah songeait que c'était une façon judicieuse de présenter la vérité à Fatemeh, et il avait bien fait puisqu'elle semblait se satisfaire de sa réponse. Car non seulement celle-ci était facile à comprendre, mais elle était conforme à ce qu'elle-même pensait. Sa vie était un ratage : son mariage était malheureux, elle vivait dans un petit appartement où elle finirait ses jours, elle avait un fils cossard et un gendre bon à rien.

« Haji, je ne sais pas, je prie, je donne de l'argent aux pauvres, j'accomplis mes devoirs de musulmane. C'est peut-être ma faute. Le médecin de Mme Katkhodai lui a dit qu'elle était responsable de sa vie, que tout dépendait de son attitude et que son avenir était entre ses mains.

— Quelle hérésie ! Une épée entre les mains d'un esclave ivre est moins dangereuse que la science entre les mains d'un homme immoral ! » répondit le mollah en citant un verset du Coran.

Fatemeh était tout ouïe, cherchant à décrypter ses paroles.

« Haji, dites-moi ce qu'il va faire en Thaïlande, je vous en supplie.

— Fatemeh Khanoum, puis-je vous demander si vous accomplissez votre devoir conjugal ?

— Il s'y refuse. Croyez-moi, je lutte contre le désir, mais il ne manifeste pas la moindre envie.

— Je ne vais pas tourner pas autour du pot, Fatemeh. Les hommes vont en Thaïlande pour une raison très précise, les *zanaa-yeh vijeh.* »

Le mollah avait recours à l'euphémisme synonyme de « prostituée » que le gouvernement avait récemment adopté, qui signifiait littéralement « femmes spéciales ».

« Je ne comprends pas.

— La Thaïlande est un pays de prostituées. Toutes les femmes sont en vente là-bas. J'ai déjà eu affaire à ce genre de cas. Vous devez agir tout de suite. C'est un crime extrêmement grave.

— Mon mari couche avec des… putains… », murmura Fatemeh en dodelinant de la tête.

Une discussion avec le mollah Ahmad et sa vie entière s'effondrait. Mais pourquoi Dieu permettait-il un tel cauchemar ? Autour d'elle, très peu de femmes évoquaient les infidélités de leur mari ; c'était un sujet tabou dont on ne parlait que sous forme de ragots à propos des autres. Personne n'aurait jamais reconnu être dans une telle situation. Quelle idiote ! Avoir cru à la fidélité de Haj Agha. Avoir cru que c'était un saint homme. Avoir cru que ses innombrables pèlerinages témoignaient d'une vie spirituelle unique. Et il y avait pire : toutes les soirées qu'elle avait préparées en son honneur, non parce qu'il avait été adorer Dieu et ses prophètes, mais parce qu'il se livrait au plus vil tourisme sexuel. Le mollah n'osait plus lever les yeux sur elle ; c'était un homme sensible, que la douleur des autres affectait.

« Ma chère Fatemeh, vous devez connaître des gens dépendants de l'opium, non ? Des gens incapables de s'en passer ? J'ai bien peur que ce soit la même chose pour votre mari. C'est grave, il a besoin que vous l'aidiez. N'oubliez pas qu'Allah pardonne, dit-il en citant le Coran. Ne désespérez pas de la miséricorde divine. Allah vous pardonnera vos péchés… Car Allah transforme un mal en un bien. Il est le pardon et la miséricorde. »

Fatemeh se sentait incapable de pardonner. Elle pensait à Batool Khanoum qui avait divorcé alors que sa *merieh* ne valait plus rien et qui devait tirer le diable par la queue.

« Haji, le Coran m'oblige-t-il à rester auprès de cet homme ? Qu'est-ce que vous voyez dans le livre sacré ? »

Le mollah Ahmad refusait de recourir à la divination pour les affaires de divorce, mais il était face à un cas exceptionnel et Fatemeh était une femme loyale. Il hocha la tête, ferma les paupières et murmura une prière en ouvrant le livre sacré au hasard. Il lut à haute voix un verset arabe avant de l'interpréter pour Fatemeh.

« Quoi qu'il arrive, vous devez rester auprès de lui. Vous devez lui enseigner la vérité. »

Fatemeh était effondrée. Ils dirent la prière *salavaat* en chœur : « Que Dieu bénisse le prophète Mahomet et les siens », puis elle se leva et prit son courage à deux mains pour aller affronter son mari.

Haj Agha était en train de regarder la télévision. Elle hurla en lui jetant tous ses passeports en pleine figure :

« Pauvre con, dégueulasse, salaud, je te méprise ! »

Haj Agha vacilla. Jamais il n'avait entendu des mots pareils dans la bouche de sa femme. Il essaya de se défendre mais resta coi. Fatemeh hurlait comme jamais elle n'avait hurlé. Jusqu'au moment où il finit par retrouver l'usage de la parole et se lança dans un long plaidoyer *pro domo* en passant par tous les états liés à sa culpabilité : colère, déni, contre-accusations. Fatemeh était tellement excédée qu'elle lui demanda le divorce et jura qu'elle dirait au juge qu'il était infidèle et en appellerait au mollah Ahmad et à ses passeports pour le prouver. Qu'il ne se fasse pas d'illusions, tout le quartier saurait qu'il n'avait jamais fichu le pied au royaume d'Arabie Saoudite. Haj Agha adopta alors une nouvelle tactique. Il éclata en sanglots en l'implorant de lui pardonner. C'était à cause du porno. Ce n'était pas sa faute. Agha Mehdi lui avait donné un DVD et il était devenu accro. Il avait trop de respect pour sa femme, jamais il n'aurait osé lui demander de lui faire les choses qu'il avait vues dans ces films, voilà pourquoi il était allé en Thaïlande, un pays de putes, pour lui épargner de telles humiliations.

Cinq semaines plus tard, Fatemeh se résigna à lui pardonner, parce qu'elle ne pouvait faire autrement. Elle ne souffla mot à personne de leur différend car elle ne voulait pas courir le risque de briser leur réputation. Le drame avait au moins un avantage. Haj Agha était aux petits soins pour elle. Même Somayeh avait remarqué la servilité de son père, en se demandant si, avec l'âge, les hommes finissaient par devenir de bons époux.

Le jour où Somayeh se confia à sa mère, celle-ci était certaine d'une chose : jamais elle n'accepterait que sa fille subisse un sort aussi dégradant que le sien.

« Tu dois demander le divorce, répondit-elle automatiquement.

— Quelle honte ! Que vont dire les autres ? Et notre *aberoo* ? Fichu. Je vais me retrouver toute seule, personne ne voudra plus jamais de moi.

— Oublie l'*aberoo* ! Je me fous de ce que les gens pensent. Amir-Ali ne changera jamais, et tu le regretteras. Haj Agha et moi, on subviendra à tes besoins, et la tête haute, parce que tu n'as rien fait de mal. »

Somayeh tombait des nues. Jamais elle n'avait entendu sa mère tenir ce genre de propos. Elle était d'autant plus choquée que son père avait tout entendu et approuvait sa femme.

« Seul le divorce te rendra heureuse », renchérit-il avec un sourire.

Et pour couronner le tout, une divination du mollah Ahmad confirma que le divorce était la meilleure option pour Somayeh.

À partir de ce jour-là, Somayeh refusa de voir Amir-Ali et de lui parler, à part pour un coup de téléphone où elle lui demanda le divorce. Il avait tellement peur qu'elle aille voir la police ou le juge et leur révèle l'existence de sa collection de films pornos qu'il accepta sur-le-champ. Elle pouvait aussi l'accuser d'infidélité, quoique ce fût plus délicat à prouver puisqu'il fallait pour cela réunir quatre témoins masculins (musulmans).

Dès que la nouvelle sur le divorce imminent de Somayeh se répandit, tout le quartier, y compris une myriade de parents plus ou moins proches, vinrent lui rendre visite afin de s'assurer de ne pas en perdre une miette. Le tact et la sensibilité n'étaient pas des qualités très prisées à Meydan, et chacun y alla de son conseil. Les femmes se divisaient entre deux camps, pour ou contre le divorce. En revanche, il était un point sur lequel toutes s'accordaient.

« Personne ne voudra d'une femme divorcée avec un enfant. Tu annules toutes tes chances de te remarier avec un homme sérieux, tu devrais confier Mona à tes beaux-parents », lui recommanda tante Ameneh.

Là-dessus, Somayeh se montra inflexible, prête à tous les combats pour obtenir la garde de sa fille. Le droit stipulait que son enfant pouvait rester avec elle jusqu'à l'âge de sept ans ou jusqu'à ce qu'elle se remarie, date à laquelle le père avait le droit de réclamer la garde complète. La présence de sa fille empêcherait toutefois Amir-Ali de mener sa vie de play-boy, et ses beaux-parents se sentaient trop coupables pour en réclamer la garde.

Le juge eut pitié de Somayeh, si bien que la procédure fut réglée en une demi-heure à peine. Puis elle se rendit directement chez le *mashar*, le notaire, et signa les papiers de divorce. Elle tomba sur des fonctionnaires qui avaient marié des dizaines de couples à distance grâce à Skype. Les Iraniens sont friands de la méthode : ils échappent aux contrôles de visas et à l'obligation de payer un billet pour aller se marier ailleurs en simulant la présence du marié par sa voix sur un ordinateur portable.

Ce jour-là, Somayeh rentra chez elle, se jeta à genoux et pria : « Pitié mon Dieu, ne me soumets pas au désir. » Elle redoutait d'avoir à attendre longtemps avant de se remarier et de se détourner de Dieu.

***

C'était une magnifique journée de printemps. Somayeh et son frère, Mohammad-Reza, remontaient Vali Asr sous la voûte des sycomores verdoyants. Somayeh avait rarement eu l'occasion de flâner sur l'avenue depuis la naissance de Mona et elle en profitait, marchant lentement pour goûter le plaisir de sa nouvelle liberté. Frère et sœur s'arrêtèrent devant un beau magasin de mobilier tape-à-l'œil, entre un immeuble de bureaux et une vieille boulangerie avec des sacs de farine empilés le long de murs sales ; leur regard avait été attiré par un guépard en porcelaine géant et une urne vert Nil décorée de chérubins ailés. Puis ils passèrent devant un groupe d'ouvriers afghans en guenilles, assis en tailleur sur un bout de tissu effiloché qu'ils avaient étendu à même une dalle en béton surélevée entre des arbres, le long du *jub*, pour manger du pain et de la confiture de carottes. Ils admirèrent les vitrines des boutiques de vêtements préférées de Somayeh, et, arrivés à la hauteur de la place Vanak, entrèrent dans un orphelinat. Somayeh était venue déposer deux sacs de viande hachée fraîche provenant d'un agneau qu'ils avaient tué quelques heures plus tôt. Elle accomplissait ainsi sa prière *nazr*, le même type de prière que celle qui lui avait permis de trouver le code de l'attaché-case d'Amir-Ali un an plus tôt. Elle voulait remercier Dieu et l'imam Zaman pour sa nouvelle vie. Une vie affranchie des mensonges d'Amir-Ali. Elle avait promis à Dieu que chaque année, elle sacrifierait un agneau pour les pauvres. Et qu'elle tiendrait sa promesse jusqu'à sa mort.

Ce qu'elle fit.

Amir

Haft-e Tir, centre de Téhéran, mars 2013

Les quelques mots au téléphone lui firent l'effet d'une claque : lents, *staccato*, parfaitement pesés.

« Je suis un vieil ami de ton père. Il faut que je te voie. »

Silence. L'appel provenait d'un numéro inhabituel. Ce n'était pas l'indicatif de Téhéran.

« Je te donne rendez-vous demain à quatorze heures devant la mosquée Al-Javad à Haft-e Tir. Ne t'inquiète pas, je te reconnaîtrai. »

La voix, âgée, n'avait rien de menaçant, mais son ton était ferme. Amir était intrigué.

Il arriva en avance, comme toujours, et sortit de la bouche de métro pyramidale de la place Haft-e Tir. À Téhéran, la place était un symbole, une des premières étapes de l'ascension vers la richesse et la réussite. Le premier réflexe d'un ouvrier gagnant plus d'argent que ses pairs était de quitter le sud de Téhéran pour s'installer dans ce quartier, si bien que le tissu social de Haft-e Tir était devenu plus rêche, plus marqué par la religion, mais aussi plus varié puisqu'il comprenait toujours le quartier arménien.

Amir traversa cet immense rond-point à dix voies et passa devant les taxis, les étals de jus de fruits et de foulards, puis, plus lentement, du côté est, devant les boutiques de *manteaus* traditionnels. Deux fourgons de la police religieuse dite Gasht-e Ershad longeaient les trottoirs en suivant les grappes de femmes qui se précipitaient sur le dernier ensemble islamique à la mode. La police des mœurs rôdait tel un cercle de vautours à la recherche de ses proies préférées : les jeunes filles en jean slim et ballerines, vernis à ongles aux doigts, qui venaient s'acheter des vêtements moulants et voyants. Il y avait aussi les hordes de filles du quartier qu'on appelait les filles de Beesto-Panj-e Shahrivar, d'après le nom de la place avant la révolution, soit la date à laquelle Reza Shah avait été obligé d'abdiquer pour laisser le trône à son fils, Mohammad Reza. Les filles de Beesto-Panj-e Shahrivar sont des Iraniennes moyennes, ni pauvres ni riches, qui viennent de familles ouvrières ou de la petite et moyenne bourgeoisie. Elles sont étudiantes, secrétaires, employées de bureau, femmes au foyer, petites amies, amantes. Elles regardent la télé satellite et ont un compte Facebook. Mais il y a une chose qui les distingue des autres : leur allure, leur maquillage surtout, à faire pâlir une drag-queen. La plupart ont les sourcils soulignés au crayon, ou tatoués et incurvés à quatre-vingt-dix degrés, style Dr Spock. Elles se font teindre les cheveux dans toutes les nuances de blond imaginables, avant de les crêper et les relever à des hauteurs atterrantes, telles les coiffures des aristocrates de la Cour du roi de France au XVIIIe, en les fixant par toutes sortes d'échafaudages cachés sous des volutes de foulards noués délicatement autour de la tête, laissant savamment s'échapper le plus de mèches décolorées possible. Leur nez est rarement d'origine et elles portent des talons de sept centimètres au minimum. Mais leur style a beau avoir envahi tout Téhéran, seules les filles de Beesto-Panj-e Shahrivar en sont les expertes.

Plusieurs femmes, ayant repéré la ronde de la police Gasht-e Ershad, s'adressaient des signaux discrets à coups de sourcils relevés, de hochements de tête et de regards noirs en direction des fourgons. Si les coups de fouet et l'emprisonnement sont devenus rares aujourd'hui, les femmes arrêtées pour tenue indécente sont humiliées, harcelées, et leur nom est consigné et marqué d'une croix noire dans un registre ; en outre, la victime et ses parents sont passibles d'une amende et de plusieurs heures de cours de morale.

La police Gasht-e Ershad avait beau viser essentiellement les femmes, Amir était toujours mal à l'aise face aux représentants de l'autorité. Troublé, il hâta le pas vers la mosquée. À mi-chemin entre la forteresse et le vaisseau spatial, Al-Javad est la première mosquée moderniste d'Iran, un hymne au béton plagiant les cathédrales hideuses des années 1960 dont le style a été exporté par des congrégations de musulmans crédules.

Il s'arrêta devant le portail en fer forgé au coin de l'allée Bakhtiar, en face de Bella Shoes, une relique de l'avant-révolution dont l'enseigne était typique des années 1970. De l'autre côté de la place Haft-e Tir, l'ayatollah Mohammad Beheshti le toisait du haut d'une immense fresque murale dont la légende indignée indiquait : « QUE L'AMÉRIQUE ENRAGE CONTRE NOUS ET QU'ELLE CRÈVE DE SA RAGE. »

Amir n'avait pas remis les pieds dans une mosquée depuis l'enterrement d'un ami de son père, une dizaine d'années plus tôt. Quelle que fût leur architecture, il détestait les mosquées, elles incarnaient la prise d'otage de la révolution et son échec. À ses yeux, elles étaient le lieu où se rassemblaient les petites gens qui se faisaient entourlouper et embrigader par des mollahs qui leur servaient des sermons exploitant la crainte de Dieu. Le lieu où, sur de somptueux tapis persans, dans des espaces qui empestaient la transpiration de pieds et l'eau de rose bas de gamme, les plus beaux versets du Coran étaient corrompus. Bien sûr, il avait visité la Grande Mosquée d'Ispahan et il avait été saisi par sa beauté, mais c'était un monument du patrimoine de l'Iran, qui venait d'une ère à mille lieues de cette génération qu'il jugeait victime d'un lavage de cerveau généralisé. Amir estimait qu'il vivait sous un régime obsessionnel cherchant à sacraliser la moindre règle, la moindre parcelle de religion, et multipliant le nombre de mosquées dans la ville. Or, plus le régime édifiait des mosquées, plus elles se vidaient. Les jeunes les fréquentaient peu et le gouvernement évoquait régulièrement toutes sortes de méthodes pour attirer les fidèles, notamment l'ouverture de centres culturels, l'installation d'équipements sportifs, voire l'organisation de cours de couture dans l'enceinte des mosquées.

La plupart des Téhéranais boudaient Al-Javad, lui préférant les vieilles mosquées chaleureuses qu'ils avaient toujours connues. Mais le jour où Al-Javad était devenue le bastion des Bassidj, la milice chargée d'assurer la sécurité intérieure et l'application de la loi, elle avait commencé à attirer les partisans du régime.

Alors qu'il observait les rares hommes qui entraient dans la mosquée, Amir réfléchissait : il n'avait prévenu personne de l'étrange coup de fil qu'il avait reçu. Chez lui, c'était un réflexe. Amir était une tombe. Soudain, il eut peur. Qu'il était naïf ! Pas une seule fois il n'avait pensé que ce rendez-vous pouvait être un piège.

Le fait est qu'il avait été convoqué à un « entretien » très récemment. La convocation – ou plutôt l'ordre – lui avait été signifiée par téléphone, depuis un numéro privé. Il s'attendait plus ou moins à recevoir un appel d'*eux*. Ettela'at. Les renseignements. Les officiers du redouté ministère de l'Intérieur qui suivaient et interrogeaient tout le monde – des professeurs d'université aux musiciens. Les sbires qui mettaient les téléphones sur écoute et interceptaient les mails.

Amir assistait de temps en temps à des meetings avec des amis activistes et contribuait à des blogs qui raillaient les hommes politiques et le régime. Pour échapper au filtre Internet du gouvernement, il passait par les serveurs appelés VPN – Virtual Private Networks, soit des réseaux privés virtuels – qui permettent d'utiliser un ordinateur comme si c'était un ordinateur étranger. Un de ces serveurs était d'ailleurs fourni par le gouvernement américain qui y voyait un moyen d'affaiblir son ennemi juré sous le prétexte facile et de plus en plus éculé de défendre la liberté et la démocratie. Dès que le gouvernement iranien bloquait l'accès à l'un de ces serveurs, un nouveau apparaissait. Amir avait des amis qui refusaient de télécharger le moindre VPN sous prétexte qu'ils étaient sous contrôle du régime qui complotait pour piéger ses utilisateurs.

Lui-même pesait le moindre mot qu'il écrivait et ne s'autorisait jamais à franchir la ligne jaune. Il choisissait chaque terme suivant ses connotations et l'associait à d'autres de façon à lancer des accusations nébuleuses, justes assez nettes pour satisfaire le lecteur, mais suffisamment floues pour ne pas provoquer l'ire d'un régime tout-puissant.

Bien entendu, quelques sujets étaient à éviter parce qu'ils vous faisaient basculer du mauvais côté de la ligne et vous envoyaient tout droit en prison : les critiques du Guide suprême ou du Prophète, et toute question trop poussée au sujet de Dieu ou de l'islam. Amir était athée, mais il ne le disait pas. Il couvait son athéisme comme un trésor bien gardé. Cela dit, c'était un jeu dangereux et dépourvu de règles dans la mesure où celles-ci pouvaient être distordues et manipulées suivant le bon vouloir de chacun. Il se concentra pour tâcher de se rappeler quels propos il aurait pu écrire qui pouvaient être interprétés par *eux* comme une menace. Les types jetaient souvent leur dévolu sur les réflexions les plus anodines car il est plus commode de s'en prendre à un quidam que personne n'ira défendre. Penser que la République islamique avait d'autres chats à fouetter était une erreur : ils sévissaient au moment où vous vous y attendiez le moins. Le régime avait besoin de boucs émissaires, et identifier la prochaine victime était un des passe-temps préférés de bureaucrates désœuvrés et sadiques. C'est ainsi que la cyberpolice connue sous le nom de FATA avait ciblé un certain Sattar Beheshti, un blogueur qui avait posté un billet anonyme critiquant le gouvernement après le meurtre des manifestants de 2009. Son courrier était typique du style familier propre à la jeunesse iranienne, injurieux vis-à-vis du Guide suprême et du régime. Sattar Beheshti était un travailleur manuel issu d'une famille modeste et pratiquante, dont le blog était lu par une dizaine de personnes, mais il avait été désigné à la vindicte publique et torturé à mort.

Amir était sur le point de repartir quand il vit une Peugeot 405 noire aux vitres teintées s'arrêter à sa hauteur. La vitre arrière s'abaissa et il découvrit un homme d'un certain âge, bien en chair, qui portait un costume et une chemise blanche impeccables, sans cravate.

« *Salaam*, Amir ! Monte. »

Son sourire disparut derrière la vitre. Amir s'installa sur le siège arrière en tremblant.

« N'aie pas peur, le rassura l'inconnu dont le ton était aussi policé que son costume. Les temps sont durs pour vous, les jeunes », ajouta-t-il en secouant son épaisse tignasse d'un air entendu.

Le chauffeur contourna Haft-e Tir avant de prendre la voie express Modares sur la gauche.

« Je me présente, je m'appelle Ghassem Namazi », reprit le vieil homme avec un beau sourire, tendant une main blanche. C'était un signe : une main douce et soyeuse, avec des ongles blancs et brillants, indiquait un homme argenté appartenant à l'élite.

« Je suis ravi de faire ta connaissance. »

Amir était décontenancé par son comportement sans faute. Le vieil homme se montrait extrêmement poli. Tous les laquais du régime qu'il avait croisés jusqu'ici – les technocrates, les officiers des renseignements, les sbires du gouvernement – se ressemblaient : ils étaient grossiers, vulgaires, négligés, et leur brutalité était à l'image de leur éducation musulmane de seconde zone.

Le chauffeur fonçait, profitant du creux de la circulation de l'après-midi, et les piétons et les bâtiments se fondaient en un long ruban flou. Le vieil homme passa longuement la main sur son visage avant de reprendre en inclinant la tête :

« Je suis ici parce que je veux te demander pardon », annonça-t-il en fixant Amir.

Sa voix ne trahissait pas le moindre sarcasme.

« Mais… je vous connais ? Je ne comprends pas…

— Tu ne me connais pas, mais moi, je te connais depuis des années. Je t'observe de loin.

— Qui êtes-vous ? Vous m'avez bien dit que vous étiez un ami de mes parents ? »

Les yeux du chauffeur apparurent dans le rétroviseur. Le vieil homme semblait avoir du mal à respirer, gonflant les narines en dégageant des bouffées d'air chaud.

Il inspira.

Expira.

« Je suis le juge qui a condamné ton père et ta mère à la peine capitale. »

Inspira.

« Je vous demande pardon ? »

Amir trembla et sentit sa mâchoire se crisper, bouche grande ouverte, tel un rottweiler prêt à mordre. C'était LE moment qu'il attendait depuis qu'il avait atteint l'âge adulte ! Combien de fois ne l'avait-il pas imaginé, ce face-à-face avec le bourreau qui avait ordonné l'exécution de ses parents ! Il se voyait déjà lui flanquer un coup de poing si violent que tout son crâne pisserait le sang. Il entendait ses os craquer. Il lui balançait un coup de pied dans l'aine et la réduisait en charpie. Il regardait son visage déformé par l'horreur et la douleur. Il était sans merci…

« Pardonne-moi… Je te demande pardon », gémissait le vieil homme, son gros ventre tremblotant sous les sanglots.

Amir eut une grimace de dégoût à la vue de ce vieillard faible, démuni, pathétique. Et de dégoût envers lui-même, envers ses deux poings mous gisant, impuissants. Il n'éprouvait aucune rage. Il n'éprouvait qu'une infinie douleur.

« IL FAUT QUE JE SORTE ! » s'entendit-il hurler.

Le vieil homme bredouilla quelques mots à voix basse. Amir refusait d'entendre.

« IL FAUT QUE JE SORTE ! »

Il était cramoisi, les yeux exorbités sous l'effet de la fureur. Même le chauffeur paniquait, virant et gesticulant dans tous les sens.

« Il faut que je sorte, nom de Dieu ! »

Il suffoquait, quand brusquement il ouvrit la portière. Déportée par la violence du courant d'air, la voiture fit une embardée et le vieil homme se précipita pour retenir Amir, dont les deux jambes pendaient à l'extérieur dehors.

« Arrête la voiture, Behnan ! Arrête-la, laisse-le sortir ! »

La voiture pila contre le trottoir et Amir descendit en titubant. Il grimpa le talus d'herbe en s'agrippant avec les mains et atterrit sur un parterre de pétunias et de pensées rouges. Le chauffeur s'était arrêté au pied du parc Taleghani, une vaste étendue de verdure prise en étau entre plusieurs autoroutes. Amir se précipita au cœur du parc, au milieu des jacarandas et des pins, là où le lointain vrombissement des voitures étouffait ses sanglots, là où les toxicos s'isolaient du regard de leurs âmes sœurs perdues, là où les amants venaient se cacher et parler la langue muette des amours interdites entre les buissons.

Jamais Amir ne s'était autorisé à pleurer la mort de ses parents depuis l'enfance. Il était sous le choc, accablé par le chagrin et le souvenir de son père et de sa mère. Il passa deux longues heures à sangloter dans le parc. Pour la première fois depuis bien longtemps, il se laissa aller à s'apitoyer sur son sort.

Shiraz, mai 1988

Le tube de Boney M., « Ma Baker », retentit et Shahla danse, danse en riant aux éclats. Son mari, Manuchehr, virevolte autour d'elle tandis que sa jupe rouge fouette ses jambes.

> « *Ma Ma Ma Ma Ma Baker – she never could cry*
> *Ma Ma Ma Ma Ma Baker – but she knew how to die.* »

Elle danse et s'abandonne comme si personne ne la voyait, mais elle est tellement gracieuse que tout le monde l'admire.

À six ans à peine, le petit Amir a conscience du pouvoir de séduction de sa mère et il est fier comme Artaban.

La danse est le clou de la soirée car la réunion est avant tout une réunion d'opposants qui commence toujours sur le même mode : chaque invité arrive séparément et par la porte de derrière. La petite bande a adopté cette mesure de prudence depuis l'arrestation de Peyvand, un camarade de gauche, un soir, en pleine réunion. Il avait été dénoncé par un voisin soupçonneux qui avait remarqué l'arrivée d'un petit groupe en face de chez lui et appelé les agents locaux. L'incident a eu lieu cinq ans plus tôt et Peyvand est toujours en prison. La situation n'a fait qu'empirer : dix ans après la révolution, la peur et le soupçon sont devenus le pain quotidien des Iraniens.

Un voile noir s'est abattu sur le pays. La guerre contre l'Irak fait rage et les morts tombent. La révolution lutte contre les ennemis intérieurs et les morts tombent de plus belle. Le sang du peuple est tari, les gens sont brisés, terrorisés. Même le paysage a changé. Les monuments historiques ont été détruits ; les peintures et les fresques, reliques de l'empire non islamique, ont été vandalisées, violées, réduites en pièces.

Au sud, la ville de Shiraz est méconnaissable : les collines naguère souples et verdoyantes, couvertes de vignes, sont devenues un tapis de poussière brunâtre. La terre a été brûlée par des dévots jurant que jamais plus ce sol ne serait corrompu par l'alcool, et elle n'a pas eu le temps de se régénérer.

Comme la plupart de leurs amis, ni Shahla ni Manuchehr ne sont encartés dans un parti, mais ils se disent *chapis*, gauchistes, et ils en sont fiers. Ils sont « pro-pauvres et anti-impérialistes ». Beaucoup de leurs camarades sont d'anciens proches du parti communiste iranien, le Tudeh, et de la Majorité Fedayin, un parti marxiste, mais des milliers d'opposants et de « contre-révolutionnaires » ont été exécutés depuis la révolution. Seuls les plus courageux et les plus inconscients continuent de militer. Pourtant ni Shahla ni Manuchehr ne se considèrent comme particulièrement courageux ou inconscients mais comme de simples maillons d'un grand dessein. Jamais ils ne l'admettraient, cela reviendrait à avouer qu'ils n'ont aucun pouvoir sur le futur et qu'ils sont des militants en chambre, impuissants – néanmoins ils se félicitent de leur insignifiance qui leur assure une forme de protection. Du moment qu'ils sont éclipsés par des acteurs politiques d'envergure, pensent-ils, ils demeurent en sécurité. Ils continuent à lutter contre le système par principe, par conviction, pour changer le cours des choses, changer ce régime qui, à leurs yeux, se trompe sur toute la ligne.

Leurs réunions clandestines ont lieu une fois par mois, en général chez Shahla et Manuchehr, qui possèdent la plus grande maison du petit quartier de Shiraz. Elles rassemblent un curieux mélange d'opposants, un invraisemblable agrégat né de la révolution et de la guerre. Des intellectuels de Shiraz – essentiellement de riches résidents du quartier ayant fait des études ainsi qu'une poignée d'universitaires marxistes-léninistes – y côtoient d'intrépides femmes au foyer de la moyenne bourgeoisie, des étudiants, plusieurs fermiers, deux Juifs iraniens, un Arménien, quelques commerçants et un musulman dévot. Ces réunions sont l'occasion pour chacun de laisser libre cours à sa fibre subversive et d'attaquer la machine étatique à l'abri d'un salon confortable.

Ce soir-là, Shahla et Manuchehr sont agglutinés dans la cuisine avec une petite bande d'amis. La scène est à l'image de ce que leur vie est devenue : une confrérie secrète qui se retrouve dans les cuisines en entrant par la petite porte. On y échange des messages, des nouvelles d'arrestations, des annonces d'exécutions ; untel sort un paquet de feuilles froissées tapées à la machine de son sous-vêtement – le communiqué d'un leader *chapi* ; untel a apporté la photocopie d'une brochure politique circulant sous le manteau.

Mais on en revient inévitablement à ce qui préoccupe tout le monde, le seul sujet que Shahla et Manuchehr voudraient éviter : les menaces. Depuis plus d'un an, les uns et les autres reçoivent des billets glissés sous leur porte au milieu de la nuit et couverts d'une écriture enfantine et arachnéenne. Au début les messages étaient vagues :

« NOUS SAVONS CE QUE VOUS COMPLOTEZ. »

Puis ils se sont faits plus téméraires, plus audacieux.

« MORT AUX MÉCRÉANTS. »

Bravaches, Shahla et Manuchehr ont refusé de mettre fin aux soirées et aux réunions secrètes. Plusieurs de leurs amis ont été arrêtés et emprisonnés, mais ils persistent à se retrouver et se félicitent tout haut de ne pas avoir reçu de menaces récemment. C'est un mensonge. Le dernier message qu'ils ont reçu les a glacés :

« QUI S'OCCUPERA D'AMIR LE JOUR OÙ VOUS NE SEREZ PLUS LÀ ? »

La menace leur est parvenue une semaine plus tôt. Manuchehr a immédiatement arrêté d'écrire. Depuis qu'il a été renvoyé de son poste de professeur d'histoire à l'université, il signe des papiers pour diverses publications de gauche clandestines, ou plutôt pour n'importe quelle feuille de chou acceptant de le publier.

Amir est chassé de la pièce. Il est trop jeune pour comprendre les conversations des grandes personnes, et il va et vient hors du salon sans que personne ne fasse attention à lui. Il sait que ce sont des réunions secrètes et qu'il est hors de question d'en souffler mot à quiconque. Shahla et Manuchehr l'ont mis à l'épreuve en lui posant des questions caricaturales sur le ton qu'adopterait un voisin curieux, mais il a éclaté de rire. À six ans, Amir est un menteur accompli qui possède un stock d'excuses prêtes à être débitées du bout de sa petite langue, guettant la réplique qui lui permettra de sortir la plus adéquate aux adultes : l'anniversaire de sa grand-mère, une soirée pour fêter un retour de pèlerinage, une réunion de famille. Des alibis simples, purs, blancs comme neige, qu'un enfant peut fournir avec une conviction tout à fait crédible.

La cuisine joue un rôle important dans la vie de ces opposants et chaque ordre du jour est associé à un nouveau menu. Ce soir, on commence par des feuilles de vigne farcies, *dolmeh*, suivies par du canard à la grenade et aux noix, et de l'agneau avec du riz au safran. Et on boit du whisky de contrebande et de la vodka faite maison pour réchauffer les cœurs en cette période de répression. Le besoin de boire et de danser est aussi fort que celui de résister. Boire provoque l'envie de danser, les yeux fermés, dans l'espoir d'apercevoir de la lumière au bout du tunnel…

En Iran, les enfants ne sont jamais exclus des soirées d'adultes, et Amir en profite pour s'amuser, dîner et se laisser cajoler jusqu'au moment où il s'écroule sur les genoux de son père, bercé par la musique, les bavardages et le tintement des verres. Doucement, Shahla le prend alors dans ses bras pour le monter dans sa chambre et le border dans son lit.

Ce soir Amir s'ennuie et préfère jouer avec ses petites voitures dans le vestibule. Il ne voit pas grand-chose car les lumières ont été éteintes pour ne pas attirer les regards, mais il entend un bruissement derrière la porte. Intrigué, il se redresse. Là, sur le sol, éclairé par les rayons blancs de la lune filtrant à travers les fenêtres du porche, il aperçoit un mot. Il le ramasse avant de se précipiter dans le salon. Tous se figent.

« Maman, regarde ce que j'ai trouvé sous la porte ! » s'écrie-t-il en brandissant le billet.

Tout le monde s'agite, on éteint la musique, on rassemble les bouteilles d'alcool. Manuchehr a eu le temps d'aller jusqu'à la porte et de revenir.

« Il n'y a personne, j'ai vérifié », murmure-t-il.

L'amie la plus proche de Shahla ramène Amir à l'étage. Shahla n'a pas encore osé déplier le morceau de papier.

« Qu'est-ce qu'il dit ? Qu'est-ce qu'il dit ? » chuchote un chœur de voix angoissées.

Shahla le déplie et lit tout haut d'une voix monocorde : « NOUS ALLONS VOUS ARRÊTER. »

Rue Jomhouri, centre de Téhéran, mars 2013

La nuit tombait quand Amir rentra chez lui. Il s'écroula sur le canapé sans allumer et fixa les ombres qui tremblotaient sur le mur.

« Tu étais où ? Je t'ai appelé tout l'après-midi, je me suis fait un sang d'encre. »

La douce voix de Bahar filtrait à travers son portable.

« Je suis désolé, ma belle. Il m'est arrivé un truc étrange. Je te raconterai quand on se verra. »

Bahar n'insista pas. Elle se méfiait du téléphone, surtout depuis qu'Amir avait été convoqué par Ettela'at, les renseignements.

Amir était tombé amoureux de Bahar au premier regard. Quelques jours plus tard, ils couchaient ensemble, et moins d'un mois plus tard, elle était la seule personne à qui il avait confié son secret. La seule personne qui était au fait de ses mensonges.

Bahar Azimi était d'une beauté d'autant plus frappante qu'elle ne se maquillait jamais. Elle était petite, tout en courbes, avec de beaux cheveux noirs brillants. Elle avait un visage rond, ouvert, de grands yeux bruns, une bouche large, un sourire large et un rire large. Elle lisait beaucoup et avait une passion pour les arts : le théâtre, le cinéma et la musique. Elle était travailleuse. Ni l'argent ni le milieu social ne l'impressionnaient. Elle avait du mal à mentir, même si elle savait se montrer évasive. Elle adorait faire la fête, boire avec ses amis, écouter Metallica, Radiohead, Zero 7 ou Zedbazi, un groupe *underground* iranien dont les chansons parlaient de sexe et de drogues (et dont tous les membres avaient quitté le pays). La plupart de ses amis étaient des gens qu'elle avait connus récemment, des étudiants de l'université islamique Azad où elle suivait un cursus artistique. Au début, les autres étudiants pensaient que c'était une fille *shahrestaan*, une provinciale qui avait tout plaqué pour venir vivre dans la capitale ; le fait est que sa modestie et ses bonnes manières n'avaient rien de la fleur de bitume. Peu à peu ils comprirent qu'elle était trop orgueilleuse pour vouloir cacher ses racines. Les filles *shahrestaan* suivaient en général deux voies : soit la liberté les rendait totalement déchaînées, soit elles rasaient les murs, effrayées par l'immensité de la ville et paniquées à l'idée de se faire avoir. Bahar Azimi n'était ni déchaînée ni timorée. Elle était farouchement indépendante, une qualité qui en effrayait certains. Heureusement, les beaux-arts attiraient plutôt les esprits libres et les « grunges », des personnes qui l'appréciaient et étaient charmées par son indépendance. Pour la première fois de sa vie, Bahar se sentait sur la même longueur d'onde que les autres.

Elle avait grandi dans un monde aux antipodes de celui-ci. Un monde pourtant situé à une dizaine de kilomètres à peine au sud de l'extrémité sud de Vali Asr, aux franges de la capitale. Shahr-e Rey était déjà une ville à l'époque où Téhéran n'était qu'un agrégat de villages. Certains coins n'ont pas bougé du tout depuis des siècles. C'est un quartier pauvre, férocement conservateur, qui a été peu à peu absorbé par le sud de Téhéran.

Les parents de Bahar étaient de stricts *namaaz roozehee*, des musulmans « qui prient et qui jeûnent », attachés aux traditions. Dans son lycée, presque toutes les filles portaient le tchador, mais Bahar s'y était toujours refusée malgré les supplications de son père et de sa mère. Elle leur résistait constamment pour gagner ces batailles quotidiennes : fréquenter les cafés jugés inconvenants pour les jeunes filles, ne pas porter de hidjab devant ses amis, discuter librement avec les garçons du quartier. Ses parents réagissaient en se montrant d'autant plus sévères : elle mettait en péril l'honneur de la famille ; que diraient les voisins ? La pauvre Bahar était malheureuse. Elle connaissait deux lycéennes qui éprouvaient le même mal-être, mais aucune n'aurait su dire d'où venaient leur attitude de défi et leur farouche indépendance. Elles étaient trop pauvres pour avoir la télé satellite et un ordinateur. Elles étaient donc nées comme ça, voilà tout. Qui sait, d'ailleurs, si Bahar n'aurait pas été obligée de se résigner si elle n'avait pas été remarquée par un professeur avisé qui l'avait encouragée à travailler et à lire ? Il lui avait donné des livres qui lui avaient ouvert un monde infini : *Cent ans de solitude* de Gabriel García Márquez, et *1984* de George Orwell. Dès lors, Bahra n'eut plus que deux rêves en tête : quitter définitivement Shahr-e Rey et être indépendante financièrement pour ne plus avoir rien à demander à ses parents ni à vivre suivant leurs principes. À Téhéran, Bahar Azimi était une espèce rare.

Amir et Bahar s'étaient rencontrés dans un cercle de cinéphiles. C'était un événement hebdomadaire organisé par un ami commun qui possédait un projecteur et une collection exceptionnelle de DVD que lui fournissait tous les mois un trafiquant fou de cinéma. L'ami en question débarquait en costume avec une grande besace noire pleine de DVD. La plupart des Téhéranais avaient un faible pour les comédies, mais l'ami avait de tout, des films noirs des années 1940 aux films d'auteur français, outre deux classiques qui plaisaient aux spectateurs de sept à soixante-dix-sept ans : *Le Parrain* et *Dai Jan Napoleon*, « Mon oncle Napoléon », une série télévisée iranienne des années 1970 adaptée du roman éponyme qui avait été interdit par la révolution. Le film s'ouvrait sur un pet suspect, et certaines répliques étaient si connues qu'elles étaient devenues des expressions populaires, dont la préférée des Iraniens, « aller à San Francisco », était un euphémisme signifiant « faire l'amour ». Le trafiquant vendait ses films pour trois mille tomans, soit à peine un euro pièce, et proposait même des copies des derniers films d'Hollywood, dont certains n'étaient pas encore diffusés en Europe ni en Amérique. Ses copies venaient de Malaisie et de Chine et étaient de bonne qualité, à part celles qui étaient interrompues par le message « *For your consideration* » sur l'écran.

La première chose que Bahar avait remarquée chez Amir, c'était ses yeux rieurs et son nez fort.

À part ça, il avait un visage doux et fin qu'il essayait de dissimuler avec une barbiche. Ce soir-là, Amir et Bahar avaient eu la surprise de voir qu'ils étaient d'accord sur tout et avaient le même film fétiche, *La Double Vie de Véronique*. Ils trouvaient que les longs-métrages iraniens étaient prétentieux et surestimés, à l'exception d'*Une séparation*, d'Asghar Farhadi, qui proposait un portrait réaliste et âpre d'un mariage en pleine décomposition et de la lutte des classes à Téhéran, mais ils se moquaient des critiques occidentaux séduits par le symbolisme appuyé des films d'art et d'essai iraniens.

Pour leur premier rendez-vous galant, ils s'étaient retrouvés au Ta'atr-e Shahr, le grand théâtre de Téhéran, sur Vali Asr, où l'on jouait *Oleanna*, une pièce de David Mamet. Amir était attaché à ce lieu, lié à l'un des rares souvenirs nets qu'il conservait de son père, son premier souvenir de Téhéran. Il avait alors cinq ans, père et fils remontaient Vali Asr et le petit Amir était épaté par la beauté et l'immensité de l'avenue dont les arbres ressemblaient à des soldats géants au garde-à-vous. Aujourd'hui, les branches des arbres étaient crochues et desséchées par l'âge, mais il avait toujours l'impression d'être un petit garçon quand il passait au-dessous. Après le théâtre, Amir avait emmené Bahar dans un café appartenant au fils d'un immigré polonais qui faisait partie d'un contingent de cent mille Polonais affamés, libérés par les Soviétiques et accueillis par l'Iran à la fin de la Seconde Guerre mondiale. Ils avaient éclaté de rire en voyant que sa Pride blanche, la voiture iranienne la plus vendue et la plus abordable, ne démarrait pas. Ils avaient passé des heures à boire des cappuccinos, à déguster des gâteaux et à discuter de tout et de rien. Peu à peu, ils avaient échangé des vérités toutes simples sur la vie de chacun. Ils se tenaient par la main et se regardaient dans le blanc des yeux, ils ne pouvaient se laisser aller à des effusions en public. Puis ils avaient repris la voiture pour se réfugier dans une ruelle sombre où ils s'étaient embrassés pendant des heures.

Leurs relations avaient peu changé depuis, même si leur vie quotidienne n'était pas facile. À la fin de ses études, Amir avait eu du mal à trouver du travail. Pendant les temps difficiles, il était devenu chauffeur de taxi, toussant au milieu des embouteillages pour récolter… de la morve noire, des poumons en feu et quelques dollars par jour. Puis il avait décroché un job d'assistant photographie qui lui assurait juste de quoi vivre. Bahar, elle, était graphiste et traductrice de l'anglais en free-lance. Elle était passée directement de son campus universitaire à son propre appartement, un phénomène rare en Iran, surtout pour une jeune fille originaire de Shahr-e Rey. Ses parents étaient accablés : une femme qui vit seule est une femme de mauvaise vie. Rares sont les propriétaires qui acceptent de louer à une femme non mariée et les petites annonces publiées dans les journaux spécifient le plus souvent : « Nous n'acceptons pas les femmes célibataires. » Bahar avait un souvenir affreux des visites d'appartement, car si elle tombait sur un homme, il en profitait très souvent pour tenter sa chance. Certains devaient penser qu'elle était une pauvre petite employée. Quoi qu'il en soit, elle payait sept cent mille tomans, soit un peu moins de deux cents euros, pour un studio au centre de la ville, au croisement de Vali Asr et de la rue Jomhouri, près de chez Amir. Et ses parents avaient fini par admettre que leur fille vive différemment d'eux, si bien qu'ils lui rendaient régulièrement visite en arrivant avec les mains pleines de bonnes choses dont ils remplissaient son réfrigérateur. Amir avait essayé de convaincre Bahar de vivre avec lui, mais c'était trop risqué, elle n'aurait jamais pu garder le secret vis-à-vis de ses parents. Ils avaient évoqué l'idée de se marier, mais Bahar ne se sentait pas prête.

Amir attendit Bahar dans le noir. Il voulait repousser la réalité le plus longtemps possible. Il avait encore la bouche sèche et le visage du vieil homme ne cessait de lui revenir en mémoire. Il fallait qu'il raconte tout à Bahar, c'était la seule personne à qui il faisait confiance.

Elle se tenait dans l'encadrement de la porte, rayonnante. Comme si son sourire avait été doué d'une vie propre, prêt à bondir de ses lèvres gourmandes qui lui dévoraient le visage.

« Je l'ai ! Je l'ai ! hurla-t-elle de bonheur.

— Tu l'as, quoi ?

— Ma bourse ! »

Amir eut la gorge serrée.

« Ça ne te fait même pas sourire.

— Pardon. C'est génial. »

C'était une bourse accordée par une université américaine dont ils attendaient l'attribution depuis un an.

« Donc… ? Ça veut dire quoi pour nous ?

— Que tu vas venir avec moi, idiot ! répondit-elle en lui prenant le visage entre les mains.

— Je te l'ai déjà dit, c'est trop tôt pour moi.

— Comment ça, c'est trop tôt ? Tu passes ton temps à te plaindre de la vie ici et tu as la trouille de partir ?

— Bahar, qu'est-ce que je ferai une fois là-bas ? Et comment veux-tu que j'obtienne un visa, merde ?

— On n'a qu'à se marier.

— Tu vis dans ta bulle. C'est impossible d'obtenir un visa en ce moment. En plus, si je me marie, c'est parce que toi et moi, on le veut, pas pour une histoire de papiers.

— Mais j'ai peur de te perdre, dit-elle en éclatant en sanglots. Je ne partirai pas sans toi.

— Non, cria presque Amir en la serrant fort dans ses bras. C'est une chance exceptionnelle pour toi. Qu'est-ce que la vie peut nous offrir ici ? Je te rejoindrai, je te le promets. J'ai besoin de temps, je vais économiser pour avoir un visa. »

Le livreur de pizzas qu'il avait appelé arriva mais ils mangèrent à peine. Peu après, Bahar rompit le silence :

« Tu voulais me dire quelque chose… Les types ne t'ont pas rappelé, j'espère ? »

Amir ne répondit pas. Bahar était trop émue et la nouvelle risquait de la faire culpabiliser. De toute façon, à quoi bon lui en parler, puisqu'elle partait ?

« Non, c'est rien. Je suis allé me balader en montagne, j'avais oublié mon portable. J'avais besoin de prendre l'air. »

C'était la première fois qu'il mentait à Bahar.

Shiraz, juin 1988, un mois après la fête

Amir est en train de jouer aux Lego dans sa chambre quand les types débarquent. Il entend quelqu'un frapper, puis les chuchotements de ses parents. Vite, il se précipite sur le palier en tendant l'oreille. Il distingue des voix d'hommes.

« Laissez-les. Je vous en supplie, emmenez-moi seul », insiste son père, déterminé et ferme.

Un long silence suit, couvrant à peine les sanglots de sa mère, qui bientôt monte l'escalier.

« Viens, mon chéri, habille-toi, il faut qu'on sorte.

— Non, je ne veux pas », répond Amir, paniqué.

Shahla lui caresse les cheveux avec tendresse en retirant doucement son pyjama.

« Il est où, papa ?

— Il va venir avec nous, on part tous ensemble. Mon bébé, n'aie pas peur, tu es avec papa et maman. Nous sommes là pour te protéger. Il ne t'arrivera jamais rien, promis. »

Amir hoche la tête.

Une brigade d'hommes armés de fusils les escortent dans la nuit fraîche. La rue est privée d'électricité ; Amir n'a jamais vu une route aussi noire. Personne ne dit mot tandis qu'ils grimpent à l'arrière d'une camionnette. Amir s'est réfugié dans les bras de son père et les voisins observent la scène derrière leurs rideaux : amis, ennemis, comment savoir ?

Toute la famille est embarquée à la prison de Shiraz.

Téhéran, mars 2013

Une semaine était passée depuis qu'Amir avait rencontré le vieil homme et que Bahar lui avait annoncé qu'elle partait. Depuis, il était plongé dans une profonde dépression et avait un sommeil agité. Il rêvait de ses parents et se revoyait dans les bras de

Shahla en prison. Ou sur les épaules de son père, sous les arbres, le long de Vali Asr. Il imaginait le vieil homme implorant Manuchehr de lui pardonner, mais son père ne pouvait plus articuler un mot car il avait le cou brisé, rompu par le nœud coulant de la corde au-dessus de lui, les pieds rasant le sol.

Prison de Shiraz, juin 1988

Les journées sont chaudes et les nuits glaciales. L'air est imprégné d'une odeur de transpiration et d'haleine rance. Au loin, on entend des hurlements, des cris. Amir est trop petit pour comprendre que ce sont les bruits de la torture.

Ils sont là depuis deux semaines. Le gardien vient de leur annoncer qu'on va les transférer à la prison d'Evin. Shahla est sous le choc car seuls les prisonniers politiques les plus subversifs sont transférés à Evin. À Shiraz, Evin est la hantise de tous. Et les rumeurs vont bon train : tels des bousiers poussant des crottes toujours plus grosses, chaque détenu y va de son histoire qui enfle et alimente les conversations pendant des semaines. « Ils vont exécuter tous les prisonniers d'Evin », annonce un monarchiste qui tient cette information du mari de la cousine de sa mère, lequel travaille avec un homme dont le fils est au cabinet du Premier ministre. La nouvelle est accueillie comme les autres, entre terreur, méfiance et scepticisme. En revanche, il y a une chose dont tout le monde est certain : seuls les cas les plus sérieux sont transférés à Evin.

Shahla ne comprend pas comment ils ont pu en arriver là. Leur sort est d'autant plus douloureux qu'à l'origine, ils étaient dans le même camp, ils avaient applaudi la révolution. À leurs yeux, le shah incarnait le comble de l'horreur, et c'est sous son règne qu'ils ont découvert l'engagement politique, la clandestinité et l'art du subterfuge. Le shah avait décidé d'éliminer tous les communistes et les gauchistes, pour plaire aux Américains et par peur des menaces d'invasion soviétique en Afghanistan.

De 1971 à 1977, plus de cent trente membres de groupes armés furent exécutés ou torturés à mort. Trois mille opposants auraient été tués sous le règne du shah, disent certains. Si bien qu'à peine celui-ci a-t-il été destitué que les opposants de gauche et les communistes ont refait surface en toute confiance.

Animés par la même soif de justice, Shahla et Manuchehr étaient pleins d'espoir, fascinés par le discours anti-impérialiste et égalitaire de Khomeini. Le séduisant ayatollah dont la modestie était devenue la marque de fabrique leur semblait si doux. Après la fanfare assourdissante du shah et le style tapageur de son épouse, sa petite musique avait fait un tabac. Ses prêches à la rhétorique simple, au ton posé, et ses sourcils ombrageux avaient conquis la nation. Ses slogans peinturlurés sur les murs de la capitale s'étaient répandus comme une traînée de poudre à travers tout le pays :

« L'ISLAM EST LA VOIX DES HABITANTS DES BIDONVILLES, NON CELLE DES HABITANTS DES PALAIS ! »

« OPPRIMÉS DE TOUS LES PAYS, UNISSEZ-VOUS ! »

Un par un, par pragmatisme, par opportunisme, ou animés par la foi, chacun avait sauté dans le wagon de cet islamisme en route vers la gloire. Hélas, les gens ont la mémoire courte. Les liaisons dangereuses de l'Iran et la gauche étaient scellées depuis 1960, date à laquelle l'ayatollah Hakim, dignitaire chiite irakien et mentor de Khomeini, avait émis une fatwa interdisant aux chiites de rejoindre le parti communiste. Les communistes et les gens de gauche avaient pourtant cru à la révolution. Or, il ne faudrait pas plus d'un an pour que tous soient réduits au silence. Les anciens dissidents islamiques et le shah partageaient la même peur des communistes.

Shahla et Manuchehr s'étaient lancés à corps perdu dans la révolution. Shahla avait participé à la campagne d'alphabétisation de Khomeini, fer de lance de son combat révolutionnaire (une lutte ancienne, dont les fondations avaient été posées par le shah). Elle allait éduquer les campagnes armée de ses seuls livres, de quelques stylos et des trente-deux lettres de l'alphabet perse. Il lui arrivait de traverser des villages plongés dans un silence angoissant. Les garçons analphabètes représentant une chair à canon idéale, ils étaient des milliers à avoir été envoyés au front contre les Irakiens. Hélas, ni la patience ni la gentillesse de Shahla n'avaient été jugées suffisantes. Elle avait été saquée au bout de quatre ans, victime de la vague de soupçon qui s'abattait insidieusement sur le pays. Manuchehr en avait également fait les frais, d'abord au cours de la révolution culturelle qui avait obligé les universités à fermer leurs portes pendant deux ans et purgé le pays de toutes les influences occidentales et non islamiques, puis le jour où il avait perdu son job, accusé d'être communiste. C'est ainsi que, peu à peu, leur vie s'était délitée.

C'était en plein après-midi, quand soudain « Numéro privé » s'afficha sur l'écran du portable d'Amir. C'est eux, Ettela'at, il ne manquait plus que ça, songea-t-il. Il se trompait, c'était le vieil homme.

« Il faut que je te voie. Il faut que je t'explique. »

Amir raccrocha. Le téléphone sonna de nouveau. Encore et encore.

« Fichez-moi la paix », finit-il par répondre mollement.

Le vieil homme rappela plusieurs fois par jour au cours de la semaine suivante, souvent à partir de numéros différents. Il essaya même sur la ligne fixe d'Amir. Il téléphonait si souvent qu'à la fin le jeune homme ne répondit plus du tout. Mais Ghassem insistait. Alors Amir changea de numéro de portable.

Depuis toujours, Amir voulait connaître les circonstances exactes de la mort de ses parents. Il avait même essayé de mener son enquête à plusieurs reprises, mais chaque piste se muait en impasse, lorsqu'on ne lui signifiait pas vertement d'abandonner. Il était déjà stigmatisé, alors à quoi bon attirer l'attention sur lui ? Or, voilà qu'il avait la possibilité d'entendre un témoin crucial. Malheureusement, il n'était pourtant pas prêt à entendre la vérité. Il avait peur. Non seulement de la vérité, mais aussi de cet homme. Rien que l'idée de savoir comment cet inconnu avait réussi à trouver sa trace lui donnait froid dans le dos.

Une semaine plus tard, Ghassem tenta de le joindre sur son nouveau numéro. Bahar avait évidemment remarqué ces mystérieux appels. Elle pensait que c'était Ettela'at et comme elle voulait protéger Amir, elle dormait de plus en plus souvent chez lui. Le soir, ils regardaient un film, serrés l'un contre l'autre, en fumant un joint. Pour Amir, c'était une souffrance de savoir qu'il serait bientôt privé de la chaleur du corps de Bahar. Ils faisaient l'amour avec la même passion, comme à l'époque où ils se courtisaient, avec cette faim lancinante que le temps et la promiscuité usent sans merci.

Un soir où Bahar était restée chez elle, l'interphone sonna. Il était plus de vingt-trois heures. Amir regarda par la fenêtre. Le vieil homme voûté se tenait sous la lueur orangée d'un lampadaire. Il avait un paquet dans les mains. Il sonna une deuxième fois et leva les yeux vers la fenêtre. Amir n'eut pas le temps de reculer.

« Laisse-moi monter, je n'en ai pas pour longtemps », dit Ghassem d'une voix faible en tendant le cou dans sa direction.

Amir ouvrit grande la fenêtre.

« Vous n'avez pas compris ? Vous ne pensez pas que vous avez déjà fait assez de mal comme ça ? (Amir ne se rendait pas compte qu'il criait.) C'est bon, vous avez fait ce que vous aviez à faire. Foutez-moi la paix maintenant.

— Tu ne m'as même pas donné l'occasion de… m'expliquer… Essayer de… »

La voix chevrotante était à peine audible.

« Que se passe-t-il, nom de Dieu ? hurla un voisin. C'est un vieillard, vous pourriez avoir un peu de respect ! Et la boucler ! »

Amir dévala l'escalier, furieux. Et ouvrit la porte d'entrée. Le vieil homme sursauta. Il était triste, épuisé, gris, défait par la culpabilité et par les ans. La rage d'Amir reflua aussitôt pour laisser place à un ressentiment cuisant. Le vieil homme le privait de sa haine.

Il tenait un petit paquet enveloppé dans du papier cadeau, et, à ses pieds, il y avait un énorme bidon d'huile et un sac de riz.

« J'ai une montre en or pour toi et deux ou trois produits de première nécessité dont tu auras peut-être besoin, je sais que tu vis seul.

— Je ne suis pas la pauvre victime d'un tremblement de terre, bordel ! s'écria Amir en tâchant de ne pas crier trop fort.

— Je voudrais t'aider, répondit l'homme en sortant un carnet de chèques de sa poche. Tu as eu la vie assez dure à cause de moi. Tiens, vingt millions de tomans, ce n'est rien.

— Jamais je n'accepterai un putain de rond de votre part. Vous pensez que vous pouvez m'acheter avec un chèque et un bidon d'huile ? C'est tout ce que vous coûte votre rédemption ? C'est à ça que vous évaluez le prix de mes parents ?

— Je suis navré, je ne voudrais pas que tu le prennes ainsi, je suis sincère.

— Et mes parents, vous pouvez les ressusciter ? Si vous me les rameniez, là, je pourrais éventuellement vous pardonner », répondit Amir en claquant la porte.

Il remonta, éteignit les lumières de son appartement et se posta à la fenêtre. Le vieil homme avait abandonné ses cadeaux devant la porte et remontait l'allée d'une démarche mal assurée vers la grand-rue.

Cette semaine-là, Ghassem ne rappela pas. La vie reprit son cours. Bahar préparait son départ, et Amir se réfugia dans le travail en mettant à jour son blog avec une énergie renouvelée.

Shahla et Amir n'ont toujours pas revu Manuchehr, même depuis leur transfert à Evin. Quelques jours après leur arrivée, le choc initial s'est émoussé et la colère de Shahla est toujours aussi à vif. Elle demeure pourtant sûre et certaine qu'ils vont les libérer. Leur cas n'est pas très sérieux. Ils ne sont membres d'aucun parti, ce qu'elle ne manque pas de rappeler chaque fois qu'elle est interrogée :

« Puisque vous êtes si bien renseignés, vous devez le savoir, non ? »

Amir se languit de son père et n'aime pas ce monde de femmes entassées les unes sur les autres, la chaleur qui accentue l'odeur de transpiration, de savon de mauvaise qualité et de seins chargés de lait. Heureusement il s'est fait une amie, Maryam, mais la fillette est plus âgée que lui et n'a pas toujours envie de jouer. Un jour, il n'en peut plus et pique une colère. Manuchehr lui avait promis de lui acheter un camion. Il martèle le sol de ses petits pieds en criant de plus en plus fort. Les femmes le regardent, tétanisées. Maryam l'observe du haut du lit superposé qu'elle partage avec sa mère, et leurs yeux à toutes deux dégagent une infinie tristesse. Shahla tâche de s'expliquer auprès du gardien à travers le passe-plats :

« Son père lui manque, c'est aussi simple que ça, je vous en prie, vous ne pourriez pas l'autoriser à le voir ? Un petit garçon a besoin de voir son papa. »

À peine entend-il le mot « papa », qu'Amir pleure de plus belle et se jette à terre en en rajoutant. Soudain un bruit de clés résonne et tous lèvent les yeux sur la porte qui s'ouvre.

« Une. Seule. Fois », assène une femme en uniforme vert dont le visage froid est mangé par sa casquette.

Amir s'essuie les yeux, gêné. Shahla l'embrasse en lui murmurant des mots doux à l'oreille avant de l'accompagner jusqu'au seuil. Ça y est, il est de l'autre côté, son visage humide brusquement séché par un courant d'air glacial. Et on l'emmène le long d'immenses couloirs tapissés de carrelage blanc sous une lumière de néons jaunâtre et tremblotante. Amir remarque le couinement de semelles de caoutchouc au-delà du bourdonnement de la climatisation. Puis un nouveau cliquetis de clés, des coups frappés contre une porte. Il se retrouve alors dans une pièce pleine d'hommes qui se mettent à hurler le nom de son père jusqu'au moment où il se sent enveloppé dans les bras chaleureux et rassurants de Manuchehr. Tous deux éclatent de rire, et le petit Amir enfouit son visage dans le cou de son père en respirant son odeur musquée. Père et fils jouent, jouent pendant des heures…

« Dès qu'on sortira, la première chose que je ferai, c'est de t'acheter le camion. »

Rue Jomhouri, Téhéran, avril 2013

Toute sa vie ou presque, Amir avait sciemment évité la moindre activité subversive ou plus ou moins politique, jusqu'au jour où il s'était installé à Téhéran pour ses études et avait été attiré par les premiers frémissements du mouvement étudiant clandestin. Ce n'était d'ailleurs pas à proprement parler un mouvement, plutôt une poignée de jeunes opposants qui se réunissaient dans leurs chambres et se lançaient dans des discours enflammés devant un public ravi composé de cinq personnes maximum.

Au cours de la campagne présidentielle de 2009, il avait pris l'habitude de retrouver ses camarades au Café Prague, à l'ouest de Vali Asr, près de leur campus universitaire. C'était un lieu de rencontre très couru parmi les étudiants, les militants, les artistes, les intellectuels et tous ceux qui se voulaient « branchés ». Les amoureux s'y retrouvaient pour flirter, les amis pour échanger des nouvelles et les poètes pour lire leurs vers pendant que les autres débattaient de sujets politiques autour d'une tasse de thé ou de café en grignotant des sandwichs au fromage. Les esprits étaient prompts à s'échauffer. Voter ou ne pas voter, telle était la question. Les Boycotteurs voulaient persuader les Voteurs que mettre leur bulletin dans l'urne était une manière de légitimer le gouvernement. Inversement, les Voteurs expliquaient aux Boycotteurs que le changement était possible et qu'il ne tenait qu'à eux de le faire advenir. On évoquait les années de réforme de l'époque du vieux Mohammad Khatami, qui avait été président de 1997 à 2005 et était un héros pour beaucoup. Amir et ses amis s'emportaient car ils estimaient qu'ils avaient été bernés par les réformes minables concédées par Khatami : les foulards pouvaient être portés plus bas sur la tête et on avait assisté à une légère recrudescence de la production de films, mais fondamentalement, le type était un lâche. Khatami avait condamné les manifestants anti-gouvernement en 1999 en les accusant d'être manipulés par des « éléments mauvais » ; et chaque fois que des étudiants ou des dissidents étaient arrêtés et embarqués, il ne soufflait mot. Sans compter que c'était un type amer et dépourvu de la moindre élégance : lorsque l'avocate et défenseur de droits de l'homme Shirin Ebadi avait reçu le prix Nobel de la paix, il avait déclaré sur un ton sec qu'il s'agissait d'une récompense sans importance. Quant aux réformes, expliquait enfin Amir, tous les Iraniens savaient que le vrai pouvoir était aux mains d'un seul homme, l'ayatollah Ali Khameini, le Guide suprême. On enchaînait alors sur Mir Hossein Moussavi, le nouvel homme d'avenir des réformistes, auquel Khatami avait déroulé le tapis rouge. Amir le détestait et se montrait curieusement silencieux à son propos. « C'est notre seul espoir ! » s'exclamaient ses amis – et Amir devenait blême, affichant ce regard qu'il cultivait depuis de longues années : deux yeux éteints et impassibles.

Amir et sa petite bande eurent enfin l'occasion d'exprimer publiquement leurs convictions lors des manifestations massives après les élections de 2009. Immergé dans un océan d'espoir et d'euphorie, Amir avait été emporté par une vague de bonheur comme il n'en avait jamais connue depuis la mort de ses parents et il s'était mis lui aussi à filmer les événements sur son portable. Les premières images de ces manifestations montrent des milliers de Téhéranais de tous bords, toutes classes et tous âges confondus debout côte à côte, chantant et réclamant de nouvelles élections. Personne ne croit en une seconde victoire d'Ahmadinejad. Face aux caméras, les gens font des signes de paix et sourient ; certains sont venus en famille avec leurs enfants. Souvent les manifestations ont davantage l'allure d'une fête que d'une contestation. L'excitation générale est palpable ; les enfants rient et courent main dans la main, les gens s'expriment avec une liberté et une exubérance que l'on voit rarement dans les rues de Téhéran. Des flots humains dévalent sous les arbres de Vali Asr.

Amir était ravi de faire partie de cet immense mouvement de conscience collective. Puis les jours passèrent et le regard des gens commença à changer. La peur revenait, sournoise. De même que la police anti-émeutes et les bassidjis. Il décida de porter des lunettes noires et un bandana sur le visage pour cacher son identité ; les manifestations de masse donnaient lieu à des arrestations en masse. Le régime avait peur de la jeunesse iranienne.

Un jour, Amir et ses amis se rassemblèrent au croisement de Vali Asr et de la rue Beheshti. La foule était impressionnante. Il y avait des travailleurs, des étudiants, des gosses de riches, des mères de famille ; une jeune femme était même venue avec sa mère en chaise roulante. Et tous hurlaient : « Référendum ! Référendum ! »

Amir brandit son petit appareil et prit en photo des filles qui envoyaient des baisers dans les airs. Puis les gens se mirent à crier le nom de leur sauveur, celui que tous rêvaient de voir au pouvoir, Mir Hossein Moussavi : « Moussavi ! Moussavi ! » Quand tout à coup… Personne n'aurait su dire d'où provenaient les tirs, et personne n'était même sûr que ça en soit, mais tout le monde détala en hurlant. De nouveaux coups de feu retentirent. Amir décampa et faillit trébucher contre un jeune homme dont l'oreille et le crâne saignaient et que ses copains étaient en train de soulever pour l'éloigner.

L'épisode fut décisif. Amir décida de rendre hommage au courage de ses parents en déployant le sien. Il commença en inaugurant son blog et en participant aux meetings d'un groupe qui réunissait des journalistes, des blogueurs, des avocats défenseurs des droits de l'homme, des réalisateurs et des membres du mouvement de libération des femmes.

Un soir, ils décidèrent de se retrouver chez Amir parce que c'était le moins connu d'entre eux. Certains pensaient que leur appartement ou leur maison était sur écoute et ne parlaient que dans leur voiture, à mi-voix et avec de la musique à plein volume. Avant les élections, ils se donnaient rendez-vous dans des cafés dont les propriétaires se joignaient souvent à eux. Hélas, ces derniers avaient reçu l'ordre d'installer des caméras dont les images devaient être à la disposition de la police – ou de toute autre autorité. Le Café Prague, leur ancien QG, avait préféré mettre la clé sous la porte plutôt que de se prêter à une telle soumission. Les élections de 2013 devaient avoir lieu deux mois plus tard à peine, et le régime n'hésitait plus à sévir. Plus d'une douzaine de journalistes avaient été emprisonnés à Evin au cours des derniers mois, accusés d'avoir des « contacts étrangers », autrement dit des amis et des collègues partis travailler pour BBC Persian à Londres.

Ses camarades arrivaient. Amir ouvrit un jerricane en plastique plein d'*aragh sagee*, qu'il achetait au marché noir à un certain Edvin, un Arménien avec un catogan et des bras musclés par des années de transport de caisses de bouteilles. Les affaires d'Edvin étaient florissantes. Sa clientèle était hétéroclite, comprenant de hauts fonctionnaires et des gosses de riches, et le commerce du vin avait explosé dans le nord de Téhéran. Edvin vendait essentiellement de la piquette François Dulac, mais une fois par an, il proposait le vin de son oncle qui était délicieux. La famille d'Edvin étant arménienne, donc chrétienne, la fabrication de vin présentait peu de danger pour eux et ils avaient le droit d'en produire pour leur consommation privée.

Amir remplit les verres pendant que ses amis ôtaient la batterie de leur portable, car le bruit courait que les conversations pouvaient être enregistrées même sur les téléphones éteints. Fereshteh, une des journalistes, lut un SMS qu'elle avait reçu de la part de l'Ershad, le ministère de la Culture et de la Propagande islamique : « Nous rappelons à tous les journalistes qu'il y a des espions parmi nous et que ceux qui fraternisent avec les Britanniques seront considérés comme tels. »

« Ils n'y vont pas de main morte avec leurs messages ces jours-ci. Le rédacteur en chef reçoit un coup de fil par jour, soit des renseignements, soit du ministère », commenta Bita, journaliste pour un quotidien réformiste qui avait été interdit à plusieurs reprises au fil des ans.

Plus récemment, les journaux recevaient presque toutes les nuits des fax et des appels contenant des instructions sur ce qu'il fallait censurer. Bita ajouta que les renseignements relisaient l'intégralité du contenu de leurs articles avant qu'ils soient publiés.

« Nourizad leur a écrit une nouvelle lettre. C'est reparti ! Je ne sais pas s'il abandonnera un jour, en tout cas ils n'en ont plus rien à faire », ajouta Behzad, ingénieur civil le jour, blogueur la nuit, et le meilleur ami d'Amir.

Mohammad Nourizad était un réalisateur reconnu et un ancien journaliste d'un quotidien conservateur partisan du régime, *Khayan* (son directeur était nommé par le Guide suprême, l'ayatollah Khamenei). Avant les manifestations, Nourizad était un des laquais favoris du Guide suprême, et sa servilité lui avait valu d'être raillé par des opposants et traité de membre du harem particulier du Guide. Mais les événements de 2009 avaient tout changé : il avait adressé une lettre étonnamment courageuse et cinglante à Khamenei, n'hésitant pas à l'éreinter et à l'encourager à demander des excuses à son peuple. Soixante-dix jours d'isolement n'avaient pas réussi à le faire taire – pas davantage que les interrogatoires ni les mauvais traitements. À l'issue de cent soixante-dix jours d'incarcération, il était ressorti mûr pour le combat, brandissant la seule arme qu'il savait manier, les mots. Quelle que fût la pression qu'exerçait le gouvernement sur lui, il réagissait. En dépit de menaces de mort, il l'inondait de lettres. Si bien que le régime décida de l'ignorer. La tactique, bien que non préméditée, était judicieuse, bientôt plus personne ne s'intéressa à ses courriers : leur absence d'écho était frustrante pour le public. *Bah*, se disaient les gens, *encore une lettre qui ne servira à rien.*

« Le fils de Khazali a entamé une grève de la faim, on a eu toutes les peines du monde à le raisonner », annonça Mana, avocat défenseur des droits de l'homme qui avait vu plusieurs de ses collègues emprisonnés au cours des deux dernières années.

Mehdi Khazali était un des plus féroces opposants au régime. Ophtalmologue distingué qui participait à des ateliers d'écriture et à des lectures de poésie, c'était aussi un spécialiste de théologie islamique et un blogueur engagé. Plus polémique encore, son père était un des religieux les plus à droite, les plus puissants et les plus fidèles au régime. L'ayatollah Khazali avait en effet l'honneur exaltant de siéger à l'assemblée des experts chargée de conseiller le Guide suprême et dotée du pouvoir de le renvoyer.

Khazali avait publiquement dénoncé son fils, qui avait été aspiré dans un cycle d'emprisonnements et de châtiments corporels. Au même moment, son cadet réalisait un clip pop. Ainsi va la vie à Téhéran.

Mana poursuivit en annonçant une nouvelle vague d'arrestations de baha'is, une minorité religieuse que l'État iranien tient pour une secte dissidente. Le gouvernement a beau affirmer que les baha'is ne font pas l'objet de discriminations, ces derniers sont largement exclus de la vie publique puisqu'ils n'ont pas le droit de s'inscrire à l'université, de travailler pour le gouvernement ni de s'engager sur la scène politique.

Puis on but, on discuta et on partagea toutes sortes d'informations jusqu'à point d'heure. Bahar arriva chez Amir à peu près au milieu de la réunion. Elle avait beau être peu politisée, elle aimait l'idée de résister et voulait se tenir au courant des dernières nouvelles de la bande. Elle n'avait pas manqué de remarquer que leurs réunions étaient plus sérieuses et plus structurées que celles qu'on organisait à la fac qui finissaient inévitablement en défouloir, où tout le monde dansait sur de la techno en avalant allègrement un ou deux comprimés d'ecstasy.

Prison d'Evin, Téhéran, août 1988

Amir essaye de glisser son petit nez sous la porte, la joue écrasée contre le carrelage sale. Maryam est à côté de lui dans la même position, leurs fronts se touchent et tous deux éclatent de rire. Soudain, Amir sent un courant d'air glacial qui lui donne la chair de poule. Quelle bénédiction ! Il ferme les yeux et tire la langue comme pour s'imprégner de la fraîcheur du couloir climatisé. L'été est caniculaire, les cellules surpeuplées, on se croirait dans un four. Dans cet air lourd et moite, les vêtements d'Amir lui collent à la peau, il transpire à grosses gouttes. La sensation de l'air froid sur son visage est si douce que c'est devenu son activité préférée en prison : s'allonger par terre avec Maryam en silence et passer les mains et le bout du nez sous la porte en respirant lentement jusqu'à ce qu'une gardienne les repère.

« Attention, si quelqu'un ouvre la porte, vous allez vous faire mal ! On risque de trébucher sur vous et de vous briser le cou, et vous ne pourrez plus jamais marcher ! » s'exclame invariablement le cerbère avec de grands gestes typiques des mères iraniennes.

Shahla, elle, n'exagère jamais. Amir a remarqué qu'elle est moins sévère qu'avant. Plus douce, plus indulgente. Chaque fois que Maryam et Amir se font gronder, il se précipite dans ses bras. « Mon chéri, mon beau bébé. Tu as profité de l'air frais ? Tu te sens mieux ? » murmure-t-elle avec un grand sourire.

Amir rêve encore de ces moments où il essayait de voler des goulées d'air frais sous la porte. Quand il sent monter en lui le stress et la panique, il ferme les yeux et s'évade à cette époque en songeant à l'ironie de la situation : trouver la paix au souvenir de la prison d'Evin.

Amir rentrait de son travail quand le vieil homme rappela. C'était le lendemain de la réunion qui s'était tenue chez lui.

« Je te conseille d'être plus prudent. Inviter un avocat suivi vingt-quatre heures sur vingt-quatre avec une bande de journalistes et un blogueur connu, ce n'est pas ce qu'il y a de plus malin. Les gars vont se demander ce que tu fabriques. N'oublie pas que les élections ont lieu bientôt, c'est un moment délicat. Sans compter le casier de tes parents, qui ne joue pas en ta faveur. Même moi, je ne pourrai pas intervenir. »

Sa voix était plus ferme, plus autoritaire. Amir était tétanisé.

« Tu m'entends ?

— Qui êtes-vous ? Comment se fait-il que vous soyez au courant ? finit par répondre Amir, pour la première fois sans crier.

— Je suis un vieil homme qui voudrait s'expliquer. »

Amir raccrocha. Mais l'inconnu avait enfin réussi à capter son attention.

Ghassem Namazi était un vieux juge qui avait le sang d'un certain nombre de ses compatriotes sur les mains et éprouvait le besoin de se purifier. Chez lui, le sentiment de culpabilité était né avec le début de la déchéance physique dont témoignait son apparence : sa peau était grisâtre et ses yeux semblaient privés de lumière. Ses lèvres remuaient à peine quand il s'exprimait d'une voix calme et monotone, soigneusement travaillée pour dissimuler la moindre émotion. Ancien juge du tribunal révolutionnaire de la République islamique d'Iran, il avait l'impassibilité caractéristique des personnalités d'un certain rang. L'insensibilité était une qualité louée par le régime, or Ghassem et les siens étaient les rouages parfaits de l'immense machine du gouvernement.

À un moment pourtant, un changement s'était opéré. À l'image de Ghassem, de nombreux juges avaient basculé. Au début, ces hommes croyaient à leur mission – dispenser la justice de Dieu, servir leur pays, défendre les déshérités –, mais peu à peu, le régime s'était éloigné des principes révolutionnaires islamiques et s'était laissé miner par des questions d'argent et de pouvoir.

Ghassem cultivait jalousement son allure urbaine et policée car il venait d'un milieu paysan, d'une famille qui depuis des générations labourait la terre des plaines fertiles de Varamin, au sud de Téhéran. C'était justement là une des grandes erreurs du shah : il avait négligé les paysans. Ces derniers vivaient dans des conditions plus ou moins inchangées depuis des siècles. Dans les villages, ils se plaignaient rarement de se retrouver sans lumière, plongés dans l'obscurité de l'hiver ou de voir leurs précieuses réserves d'eau fraîche taries durant les mois les plus chauds de l'été. Le monde autour d'eux avait beau évoluer, ils croyaient dur comme fer en Dieu. Jusqu'au jour où un vent de rébellion se leva au nom de Dieu et des pauvres, et la plupart s'y rallièrent. Des générations successives de monarques leur avaient permis de survivre en leur concédant à peine de quoi subvenir au jour le jour. Pour la première fois, ils entrevoyaient de nouvelles possibilités.

Ghassem était le dernier d'une nombreuse fratrie. À sa naissance, son père disposait déjà de toutes les petites mains dont il avait besoin. Ses parents décidèrent donc de l'envoyer dans un séminaire à Téhéran et il fut confié à un tuteur célèbre, un religieux passionné, qui fut impressionné par son intelligence. Ghassem avait conscience de la dureté de la vie à la campagne et il comprit tout de suite que seuls Dieu et le Coran lui permettraient d'y échapper et de grimper l'échelle sociale. Son tuteur fit en sorte qu'il soit fin prêt pour l'avènement de la révolution.

Peu après la révolution, le régime se retrouva face à un nombre de dossiers croissant à traiter, et rares étaient les juges qui maîtrisaient le droit islamique. La majorité d'entre eux avaient été formés à l'époque du shah ; ils avaient simplement retiré leur cravate, renié le roi et s'étaient laissé pousser la barbe, tels des serpents dont la mue révèle de nouvelles écailles. Ils allaient vite en besogne : de 1979, date de la révolution, à 1981, les tribunaux révolutionnaires exécutèrent près de cinq cents opposants au nouveau régime. En 1983, des religieux furent incorporés au système judiciaire afin d'appliquer le châtiment, *mojazat*, suivant la loi coranique. Ghassem en était.

Son ascension fut rapide. En 1988, il fut nommé juré d'un tribunal spécial d'Evin destiné à éliminer les *moharebs*, les ennemis de Dieu, et les *mortads*, les apostats. L'ayatollah Khomeini avait donné l'ordre secret d'exécuter tous les prisonniers encore opposés au régime islamique. Les procès étaient expéditifs, parfois réduits à une seule interrogation : « Faites-vous vos prières ? », « Êtes-vous un bon musulman ? », « Croyez-vous à l'enfer et au paradis ? » Certaines questions étaient expressément conçues pour déstabiliser les prisonniers car ceux-ci savaient que de leur réponse dépendait la vie ou la mort. Lorsqu'on leur demandait : « Quand vous étiez petit, votre père priait-il, jeûnait-il et lisait-il le saint Coran ? », ils répondaient « oui », ignorant que s'ils avaient été sincères et dit « non », ils n'auraient pas été jugés responsables de leur incroyance et auraient peut-être échappé au poteau d'exécution.

La tâche était aisée. Au cours de l'été 1988, en quelques mois, plus de trois mille – voire cinq mille, nul ne le sait – Iraniens furent pendus ou tués par balles. Ghassem fut largement récompensé pour le sang versé et se vit offrir une résidence au nord de Vali Asr, à Tajrish.

Il fut un témoin privilégié de la mise au point de la jurisprudence islamique au cours de sa première année de magistrature. Quelques années avant de commencer à signer ses innombrables arrêts de mort, il s'était joint à une foule d'une centaine de personnes dans la cour de la prison d'Evin. Au milieu de la mêlée se trouvaient un homme et deux femmes enfouis dans la terre. Tous trois avaient été accusés d'adultère et de turpitude morale par un religieux. Chacun avait eu droit aux rites funéraires, le corps lavé et enveloppé dans le linceul blanc musulman. Puis on les avait enfouis vivants dans une fosse, l'homme jusqu'à la taille, les deux femmes jusqu'à la poitrine. La loi islamique stipule que si l'accusé parvient à s'extirper du trou et à s'échapper, il doit être autorisé à partir et libéré (à condition d'avoir reconnu son forfait) – chose impossible pour les femmes qui ne peuvent pas s'appuyer sur leurs bras pour s'extraire. Cette discrimination se justifiait pour des raisons de décence, puisque les victimes, prêtes à être enterrées, sont nues ; si l'étoffe du linceul venait à être déchirée par les pierres, on risquerait de voir leurs seins, ce qui serait un péché pour *tous*.

Ghassem lança une pierre. Il n'éprouva rien. Rien non plus quand il vit du sang apparaître sur le linceul musulman blanc et répandre ses tentacules rougeâtres. Ce n'était que justice. La loi stipule également que les spectateurs coupables du même crime que les accusés n'ont pas le droit de participer à la lapidation. Tout un chacun s'emploie donc à être vu en train de lancer sa pierre. Dans ces conditions, comment Ghassem aurait-il pu s'en abstenir ?

Prison d'Evin, Téhéran, septembre 1988

Les jours se suivent et se ressemblent. Aujourd'hui, hier, demain. Shahla, Manuchehr et Amir vivent dans un temps suspendu. Ce matin, Amir joue avec Maryam pendant que les mamans dorment. L'aube est à peine levée quand on entend les clés signalant l'arrivée d'une gardienne. Est-ce une nouvelle prisonnière ? Une détenue qui doit être interrogée ? Telle est la routine.

« Shahla Azadi, suivez-moi », annonce la gardienne, le regard rivé au sol tandis que Shahla embrasse son fils en lui promettant de revenir.

Amir réagit à peine car ce n'est pas la première fois que sa mère est ainsi convoquée. Il continue à jouer avec Maryam.

Une demi-heure, ou quelques heures plus tard – il lui serait impossible de s'en souvenir précisément –, toute la pièce éclate en sanglots. « Oh ! mon Dieu ! Mon Dieu ! » s'écrie la mère de Maryam. Un chœur de larmes amères retentit. Les femmes se serrent les unes contre les autres. Soudain les deux enfants paniquent, et Maryam se précipite dans les bras de sa mère tandis qu'Amir regarde autour de lui à la recherche de Shahla. Elle n'est pas revenue. Amir se sent plus seul que jamais. Aussitôt Maryam revient vers lui, mais il sursaute, telle une petite créature réfugiée dans un coin.

« Tu sais pourquoi elles pleurent ?

— Non, qu'est-ce qu'il se passe ? Elle est où, maman ?

— Elle est morte. Ils viennent de la tuer. Ils l'ont pendue avec une corde. »

C'est ainsi qu'Amir apprend l'exécution de sa mère.

Il se souvient qu'il a pleuré. Qu'il a été pris dans des bras d'adultes. Mais personne ne peut consoler un petit garçon de six ans dont la mère vient d'être exécutée.

Une heure plus tard, il est escorté hors de la prison. Le gardien ouvre les grilles, debout à côté de l'enfant dont les cannes de soin dépassent de son short. Amir ne sait pas que le gardien au visage mouillé de larmes, un garçon de dix-huit ans qui fait son service militaire, a été témoin de l'exécution de sa mère. Le jeune homme est incapable de soutenir le regard du petit oiseau tremblant qui lui serre la main.

Amir reconnaît son grand-père et son oncle qui se précipitent vers lui, le visage blême. Le vieil homme tremble lui aussi. « Il est où, papa ? » Ce sont les derniers mots qu'Amir se souvient d'avoir prononcé. Après, il est resté muet pendant deux ans. Brusquement son oncle, Fariborz, s'effondre en sanglotant dans le cou de l'enfant. Amir n'a jamais vu un homme pleurer. Il comprend : son père a été exécuté lui aussi.

Rue Karim Khan-e Zand, Téhéran, avril 2013

Il fallait qu'Amir prévienne ses amis. À peine eut-il raccroché le téléphone qu'il envoya un SMS codé à Behzad : « Je suis en train de regarder le foot, le match est génial. » Autrement dit : « Rendez-vous devant la librairie. »

Celle-ci était située rue Karim Khan-e Zand, au milieu d'une rangée de librairies où Bahar et Amir adoraient flâner. Au cours des dernières années, plusieurs d'entre elles avaient mis la clé sous la porte ou avaient été l'objet de descentes. L'une d'elles avait même eu les vitres fracassées au motif que le propriétaire organisait des soirées littéraires et des lectures de poésie qui attiraient artistes, écrivains et militants des droits de l'homme. L'*edareyeh amaaken*, la force de sécurité chargée des espaces publics, avait émis des avertissements, jusqu'au jour où le libraire s'était plaint : un représentant de la justice avait débarqué avec un camion et vidé les étagères.

La vitrine de la librairie devant laquelle Amir avait rendez-vous affichait un portrait en noir et blanc de Woody Allen à côté d'une pile de livres consacrés aux films du réalisateur. Les best-sellers de la boutique étaient en fait les livres de développement personnel, mais cette librairie-là se vantait de proposer des ouvrages de meilleure qualité que ses voisines. Depuis quelques mois, sa plus grosse vente était un ouvrage inattendu, un essai de Florence Scovel Shinn, professeur de métaphysique américaine du XIXe siècle, suivi de près par un essai intitulé *The Seven Habits of Highly Successful People – Powerful Lessons in Personal Change*. Et comme dans toutes les librairies de la ville, au rayon littérature, les deux auteurs les plus prisés étaient Haruki Murakami et Kazuo Ishiguro.

Behzad arriva, l'air paniqué. Alors que les deux amis remontaient Vali Asr, il annonça à Amir que Mana venait d'être arrêté. Et qu'*ils* étaient en contact avec lui. *Ils* étaient au courant de leurs réunions. *Ils* avaient qualifié Amir de « blogueur connu ». Prudent, ce dernier ne chercha pas à en savoir plus. « Vire tout. Supprime ton compte Facebook. Il faut qu'on se débarrasse tous les deux de notre putain de blog. Les mecs peuvent lire tout ce que tu as sur ton disque dur, alors débarrasse-toi aussi de ton ordinateur. »

Les deux amis tournèrent du côté de la place Vali Asr, là où l'avenue disparaît dans un tourbillon de bruit, de fumée, de circulation et de piétons. Behzad héla un des taxis collectifs qui vont et viennent sur Vali Asr, et Amir sauta dans un bus qu'il quitta devant une salle de billard, au coin de la rue Jomhouri.

À peine était-il chez lui que le téléphone sonna. C'était le vieil homme.

« Ils sont en train d'encercler tes amis. Tu ferais mieux d'accepter de me recevoir.

— Ne me dites pas que vous êtes là.

— Si. »

L'inconnu était un manipulateur consommé. Il avait ferré sa proie.

Il mit un certain temps à gravir l'escalier. Amir répondit par un « *Salaam* » poli et le fit asseoir sur le canapé, mais il était mal à l'aise car il avait conscience de traiter son hôte comme s'il n'était qu'un simple vieillard, et non comme le criminel qui avait signé l'arrêt de mort de ses deux parents.

Le vieil homme essoufflé s'installa sur le canapé et observa le modeste appartement. Il ne disait rien. Il demeurait immobile, la tête inclinée, muet.

« Vous me devez des explications. Comment se fait-il que vous sachiez tout ? Dites-moi si je suis en danger. »

Le vieil homme finit par lever le regard vers Amir. Il avait les yeux humides.

« Il y a certaines choses que je peux anticiper, mais je n'ai pas le droit de te dire comment. Je te conseille de mettre fin à ton blog et aux réunions parce que je n'ai plus de pouvoir et je ne pourrai pas intervenir si tu es arrêté. Or, j'ai bien peur que ce soit ce qui t'attende.

— Je ne veux pas de votre aide. Je veux que vous disparaissiez de ma vie.

— Je t'en supplie, laisse-moi t'expliquer. »

Amir se tut.

« Nous étions persuadés d'agir au nom du bien. Nous croyions sincèrement que tes parents étaient des ennemis de Dieu. Mais pour nous aussi, c'était une question de survie, nous subissions un feu roulant d'attaques. Je n'ai fait qu'exécuter des ordres. Et puis un jour, j'ai perdu pied parce que j'ai compris que je me mentais à moi-même, que je mentais au monde, et pire que tout, que je mentais à Dieu. Lui seul me jugera. J'en ai la conviction. Aujourd'hui je veux me repentir et j'ai besoin que tu me pardonnes.

— Vous avez peur de Dieu et du jour du Jugement parce que vous êtes vieux et que la mort approche, voilà pourquoi vous voulez que je vous pardonne. Vous n'avez pas idée de la souffrance que vous avez infligée. J'en éprouve encore l'affront, vous comprenez ? Ma douleur ne disparaîtra jamais. Vous êtes condamné à vivre avec votre douleur comme moi avec la mienne.

— Je suis rongé par le remords depuis des années, crois-moi. Je souffre.

— Et qu'est-ce que ça signifie pour vous, le remords ? Vous savez quel est mon plus grand remords ? De ne pas avoir serré ma mère dans mes bras plus longtemps la dernière fois que je l'ai vue. Ça, c'est ce que j'appelle du remords ! »

Le vieil homme s'effondra à terre. Amir ne supportait pas de le voir dans cette position, pas plus qu'il ne supportait l'idée qu'il le voie pleurer.

« Je t'en supplie, pardonne-moi, je t'en supplie, pardonne-moi », répétait le vieil homme comme un mantra.

Hélas, sa peine était loin de soulager Amir.

Le visiteur fit un effort pour se redresser et Amir prit sur lui pour lui tendre une main afin de l'aider.

« Je n'éprouve nulle haine pour vous, ce n'est pas de cet ordre, mais je ne pourrai jamais vous pardonner », dit Amir.

Rue Pasteur, Téhéran, 1989

Pour la première fois depuis l'exécution de ses parents, Amir voyage. Baba Bozorg, son grand-père, agrippe le volant de sa vieille BMW orange cabossée cahotant à travers le désert caillouteux. Sable, roches, montagnes : quelle que soit la distance à parcourir, le paysage semble le même, encadré par la vitre comme un tableau. De temps en temps, Baba Bozorg se permet un commentaire, n'oubliant pas que son petit-fils a perdu l'usage de la parole. Amir écoute, mais il est incapable de répondre, réfugié dans son monde, un monde où Shahla et Manuchehr sont encore vivants.

Baba Bozorg est étonnamment optimiste, et il est le seul à parler de Shahla et Manuchehr. Chez eux, personne ne les mentionne jamais, sauf quand la grand-mère d'Amir lui promet que ses parents vont revenir, ce qui rend tout le monde furieux, sauf Amir. Les autres lui font vite signe de se taire, et l'incident est clos, la parenthèse refermée. Oubliée. Leur réaction est une question de survie. Depuis les exécutions, la famille est ostracisée, stigmatisée comme potentiellement traître. Chacun doit prendre ses distances afin de se protéger.

Baba Bozorg arrive enfin à Téhéran, remontant Vali Asr à toute allure jusqu'à une petite rue où il gare la voiture. Amir aide son grand-père à sortir du coffre la petite tente qu'ils ont emportée, puis tous deux la montent devant les bureaux du Premier ministre sans que personne ne s'y oppose. Les gardes sont déconcertés par le spectacle incongru de cet élégant monsieur en costume et de son petit-fils muet.

« Sachez que nous ne bougerons pas d'ici, jeune homme. Nous sommes venus voir le Premier ministre et nous ne partirons pas tant que nous ne l'aurons pas vu. Même si nous devons pour cela l'attendre mille jours », se défend Baba Bozorg chaque fois que l'un d'eux s'approche.

Une fois la tente montée, il file vers les gardes et lance :

« Pourriez-vous avoir la gentillesse de nous dire où se trouve le hammam le plus proche ? Nous avons besoin de nous laver.

— Oui, monsieur », répondent-ils poliment, capitulant face à l'autorité et à la prestance de Baba Bozorg.

Amir est fier comme Artaban. Baba Bozorg est son héros. Le vieux monsieur, lui, a perçu dans le ton des fonctionnaires une légère pitié à son égard, lui, un homme digne, réduit à dormir sous une tente.

Le lendemain matin, l'un d'eux leur apporte du thé car la rumeur de leur présence a circulé. « Il paraît qu'il y a deux migrants qui vivent à la dure, dit-on, et qui sont en quête de douches chaudes et de justice. » Heureusement, Baba Bozorg a apporté deux chaises pliantes sur lesquelles ils s'assoient et jouent au backgammon, mais il surveille sans cesse la rue face à eux. Son fils a beau lui avoir conseillé de se laisser pousser la barbe en signe d'allégeance au régime (imiter le Prophète, barbu, est presque un devoir), Baba Bozorg a refusé. De toute façon, son élégance naturelle se marie mal aux oripeaux des fondamentalistes. Il s'est tout de même gardé de porter une cravate, ce dont il ne se prive pas quand il est chez lui. La vente de cravates est proscrite depuis la révolution, et même s'il n'est pas illégal d'en porter, cet accessoire est perçu comme un symbole de l'impérialisme occidental.

Ni funérailles. Ni tombes. Ni corps. Shahla et Manuchehr ont disparu dans les oubliettes du régime qui a refusé de donner la moindre information à leurs familles, si ce n'est les détails lugubres de leur exécution. Opiniâtre, Baba Bozorg a décidé de consacrer sa vie à retrouver le corps de sa fille. Il a écrit des centaines de lettres, passé des centaines de coups de téléphone, s'est rendu dans tous les bureaux officiels, en avion ou en conduisant plus de dix heures d'affilée de Shiraz à Téhéran pour passer des jours à attendre dans des salles bondées et prendre rendez-vous avec des secrétaires incompétentes. À peine mentionne-t-il le nom de Shahla que les portes se referment et ses lettres demeurent sans réponse. Mais il poursuit sa quête, et sa rage ne fait qu'augmenter. Plus il implore les autorités, plus elles semblent avoir plaisir à lui refuser la vérité. Jusqu'au jour où il décide qu'il en a assez vu – laquais, sbires, gratte-papier, petits fonctionnaires négligés et affublés de costumes minables. Cette fois, il est venu à Téhéran pour s'entretenir avec l'homme qui est responsable de l'exécution de sa fille. Cette fois, il vise le haut du panier.

Trois nuits durant, Amir et lui dorment sous la tente et se réveillent à l'aube. Le jour, ils font le guet et le soir, ils flânent du côté de Vali Asr et s'offrent un *chelo kabab* au Nayeb Restaurant. Quand tout à coup, le quatrième jour, ils le reconnaissent : là, dans une Mercedes blanche. Ils viennent identifier sa crinière corbeau, sa barbe et ses lunettes carrées. Baba Bozorg bondit, talonné par Amir.

« Votre Honneur, cela fait trois jours que nous attendons le moment de vous parler. Si seulement vous aviez la gentillesse de nous accorder un court instant, nous vous en serions gré. »

Poli, ferme. L'homme se détourne, quand soudain son regard s'arrête sur Amir.

« Nous voudrions simplement savoir où ma fille, sa mère, est enterrée, ajoute Baba Bozorg en désignant Amir du menton. Mon petit-fils a besoin de savoir où ses parents adorés reposent. Je vous en prie, en toute humilité, avec tout le respect que je vous dois, et du plus profond de mon cœur. Nous sommes au désespoir. S'il vous plaît, ne nous punissez pas plus que ne nous le sommes déjà. (Sa voix se met à trembler mais il reprend :) Ma fille s'appelle Shahla Azadi et son mari, Manuchehr Nikbakht. Ils ont été pendus dans la prison d'Evin en septembre 1988. J'ai été demander des informations dans tous les bureaux officiels. J'ai écrit toutes les lettres que je pouvais écrire. Je voudrais dire au revoir dignement à ma fille chérie. »

L'homme cligne consciencieusement des paupières derrière ses épaisses lunettes en tapotant l'épaule de Baba Bozorg. Un geste de mépris, de dédain.

« Non. Je ne vous dirai rien. Parce qu'ils étaient nuisibles. Votre fille était nuisible. »

Il scrute Amir. Un regard de mépris, de dédain. Puis tourne les talons.

Cet homme était le Premier ministre, Mir Hossein Moussavi, sous le gouvernement duquel les exécutions ont eu cours. Amir sent de grosses larmes salées couler sur ses joues. Le garde fait comme s'il n'avait rien vu. La République islamique est sans merci. Baba Bozorg n'écrira plus une lettre, ne passera plus un coup de fil, ne se rendra plus dans le moindre bureau.

Le Premier ministre ne le sait pas encore, mais il est sur le point de perdre son poste, en vertu de la nouvelle Constitution qui le met au placard. C'est ainsi que Moussavi va disparaître de la scène politique pour reparaître sous les habits de chef de file et de héros du mouvement réformiste vingt ans plus tard. Désormais, son nom sera synonyme de démocratie et de liberté, et il sera loué par des milliers d'Iraniens dont certains seront prêts à mourir pour lui. Mais Moussavi sera à son tour arrêté et assigné à résidence pour s'être opposé à la répression de manifestants. Le sang versé sous son égide sera pardonné et oublié. Moussavi se défendra en prétextant qu'il n'était pas au courant des exécutions.

Ces meurtres en série avaient un but : instiller la peur dans le cœur de milliers de personnes. Mettre fin aux réunions dans les cuisines et aux soirées dansantes.

Baba Bozorg est rentré, mais il est trop effrayé pour amener Amir chez un psychologue pour enfants, il pourrait avoir affaire à un délateur. Il préfère envoyer l'enfant vivre chez son oncle et sa tante en l'obligeant à adopter une nouvelle identité : *amoo*, son oncle, est désormais *baba*, papa. Bientôt Amir a une petite sœur, il a recouvré l'usage de la parole et va à l'école où il se lie avec Afshin, un petit garçon qui devient son meilleur ami. Tous deux sont inséparables, et Amir se confie à lui : « Ils ont tué mes parents. Ils les ont pendus en prison. » Il ne le reverra plus jamais. Afshin ne revient pas à l'école et ses parents se plaignent auprès de la directrice. Elle convoque Amir : « Tu devrais avoir honte de nous mettre en danger ! s'écrie-t-elle, au bord de l'apoplexie. Je te préviens, si tu mentionnes encore ton père et ta mère, la porte de l'école te sera fermée et tu te retrouveras seul et malheureux, abandonné de tous. » Amir ne dira plus un mot sur ses parents, jusqu'au jour où il rencontrera Bahar.

Il faudra attendre longtemps après la mort de Baba Bozorg pour que le régime se montre clément et révèle le lieu où a été déposé le corps de sa fille.

Shahla et Manuchehr ont été jetés ensemble dans une fosse commune, avec des milliers de corps empilés au-dessus d'eux, au-dessous et à côté.

Nulle inscription, nulle pierre, nul signe n'indique où gisent leurs dépouilles. Comme s'ils n'avaient jamais existé. Est-ce un hasard ? Le terrain vague où sont enterrés Shahla et Manuchehr a pour nom Lanatabad, la Terre des Damnés.

Rue Jomhouri, Téhéran, novembre 2013

À peine Bahar avait-elle disparu dans le sas de sécurité de l'aéroport qu'Amir regretta de ne pas lui avoir parlé de Ghassem. Personne n'était au courant de son intrusion dans la vie du jeune homme. Trop tard, Bahar était partie, et son histoire était de nouveau un secret honteux.

Au début, ils s'appelaient tous les jours, puis la vie de Bahar évolua, leurs coups de fil se firent de plus en plus espacés et ils s'éloignèrent l'un de l'autre. Plusieurs mois après le départ de Bahar, Amir avait économisé assez pour aller en Turquie et solliciter un visa pour les États-Unis. Sa demande fut rejetée. Il se jura de parler de Ghassem à sa petite amie la prochaine fois qu'il la verrait.

Amir souffrait de solitude comme jamais il n'en avait souffert depuis la mort de ses parents. Son petit groupe avait cessé de se réunir après les avertissements du vieil homme. Les arrestations se multipliaient. Bita fut condamné à cinq ans de prison parce qu'il était accusé d'être membre du Commitee d'Human Rights Reporters, d'avoir commis des actes qui mettaient en danger la sécurité nationale et de diffuser de fausses informations sur le système. Le *filternet*, comme tout le monde l'appelait, sévissait. Il y eut de nouvelles élections présidentielles.

Voteurs et Boycotteurs argumentaient suivant les mêmes lignes que quatre ans plus tôt.

En juin 2013, l'élection de Rohani inaugura une nouvelle ère. Les gens se réjouissaient de voir que le nouveau Président cherchait à renouer avec l'Occident. Amir et ses amis retrouvèrent l'espoir et l'audace qui étaient les leurs à l'époque de Khatami. Un vent de liberté soufflait ; dans la rue, les gens semblaient moins résignés. Même ceux qui avaient abandonné tout engagement au cours des années Ahmadinejad osaient s'exprimer. On militait pour des changements modestes ; personne ne voulait d'une révolution sur le modèle du Printemps arabe ; au contraire, l'idée terrifiait. Les Iraniens redoutaient de voir leur pays subir le même sort que la Libye, la Syrie et l'Égypte – tous avaient en tête les manifestations de 2009. Ils étaient trop désabusés et meurtris par ce qu'avaient vécu leurs parents pour penser qu'une révolution était possible. « *Yavaash, yavaash*, doucement, doucement », disaient-ils.

Peu après le départ de Bahar, le vieil homme se présenta de nouveau chez Amir. Trop abattu pour résister, Amir le fit entrer. Le vieil homme s'assit sur le canapé et éclata en sanglots. Désemparé, Amir lui offrit un verre de thé noir. Le vieil homme essaya d'engager la conversation mais Amir demeurait muet.

Peu à peu, ces visites devinrent une des constantes de sa vie. Elles se déroulaient suivant le même rituel : tous deux s'asseyaient l'un en face de l'autre et buvaient du thé en silence. Amir et le vieil homme qui avait tué ses parents. Chaque fois que celui-ci se levait pour partir, il demandait : « Tu me pardonneras ? »

Et chaque fois, Amir lui répondait : « Non. »

BIJAN

*Alentours de la rue Makhsous,
Gomrok, sud de Téhéran*

Le chef de la police avait insisté pour qu'ils se retrouvent dans le parc, mais Bijan avait des doutes : c'était un drôle d'endroit pour une rencontre. Le chef savait que sans garde rapprochée, il n'était pas en sécurité. Bijan lui avait explicitement dit que même *lui* ne pourrait pas le protéger. Il avait une journée chargée et pas de temps à perdre avec un nouveau drame. Mais le chef s'était montré inflexible.

Le parc près duquel il vivait, au sud de la ville, était le lieu où traînaient toutes les petites frappes locales, les gangsters à la petite semaine, les dealers, les voyous et les voleurs. Même en cette saison, alors que l'hiver sec, souligné par la bise, commençait à sévir, ils venaient là pour se prostituer, voler, se shooter ou discuter et se tenir les coudes. Il fallait attendre que le premier vernis de neige étoilée couvre l'herbe brûlée pour qu'ils se retirent dans les maisons de thé et les fumeries d'opium clandestines du quartier. Bijan avait tendance à éviter ce genre d'endroit. Non pas qu'il ait peur, au contraire. Il connaissait tous les paumés du quartier parce qu'il était chez lui. Mais il avait fait son chemin et s'était éloigné de ces bons à rien qui sortaient de taule, de ces camés qui avaient autant de plomb dans la cervelle que des gamins de trois ans. Eux et lui n'avaient que deux choses en commun : un goût immodéré pour la violence et une lueur farouche dans les yeux, deux qualités essentielles dans le milieu. Comme s'ils étaient là pour rappeler à Bijan d'où il venait et qui il était.

Le chef l'attendait au coin de la rue sous le ciel de décembre, blanc et strié des rubans jaune pâle d'un soleil bas et avare. Il affichait un sourire si large que sa bouche semblait prête à se déchirer. Un sourire de suffisance, de pouvoir, d'une assurance telle que Bijan eut envie de lui ficher son poing dans la figure pour l'effacer. Le chef se mit à arpenter le parc en bombant le torse et en lançant ses jambes en avant comme s'il défilait. Bijan faillit éclater de rire. *Les mecs vont le bouffer tout cru*, se dit-il. Au lieu de quoi, les mecs en question étaient au garde-à-vous.

« Salut, chef ! » s'écria le dealer d'héroïne en singeant un salut militaire, la main sur la tempe.

Même les junkies amassés sur leur banc se redressèrent en inclinant la tête, la main sur le cœur en signe de déférence. D'autres émergeaient en traînant des pieds de l'ombre des arbres et des pelouses où ils se regroupaient, en cercles, affalés ou assis. Chacun venait faire allégeance au chef qui toisait Bijan avec un sourire ravi.

« Tu m'as l'air surpris ! s'exclama-t-il avec une fausse modestie évidente.

— Putain, mais qu'est-ce que tu leur as fait, à ces pauvres types ?

— Rien, je m'occupe d'eux, c'est tout, répondit-il en gloussant comme un écolier. Les mecs ne t'écoutent plus, alors il faut bien que je leur fasse la leçon. »

Le nombre d'agressions dans le quartier avait explosé et il y avait peu de chiffres que le chef pouvait truquer sans soulever la suspicion. Tout le monde savait pourtant que les responsables étaient les voyous qui traînaient dans le parc, et qu'à une époque, ils agissaient sous la houlette de Bijan. Aujourd'hui, ce dernier se défendait en disant qu'il était passé à la vitesse supérieure. Il s'occupait d'opérations de plus grande envergure, ce qui lui valait la considération du chef.

« J'imagine qu'il va falloir que je te paye pour ce service, dit Bijan, riant jaune.

— Tout travail mérite salaire ! Viens, on va discuter de nos petites affaires dans un salon de thé. »

Bijan eut vent de l'histoire plus tard, de la bouche d'un gamin de seize ans qui commençait à vendre de la *sheesheh* et de la méthamphétamine dans le parc. Le chef avait décidé de leur faire la leçon. Il avait réuni dix officiers et miliciens bassidjis, des gars de confiance. Ils avaient encerclé le parc et s'étaient précipités sur une douzaine de dealers. Ils ne s'étaient pas inquiétés ; les types qui faisaient le guet avaient repéré les flics, et ils avaient caché leur came et leurs armes, comme d'habitude. Ils les avaient même pris de haut. « Bonjour, mesdames, qu'est-ce qu'on peut faire pour vous ? » avait osé lancer un des gars sur le ton d'un petit tapin maniéré. Puis soudain, plus personne ne rit. Les hommes du chef les cernèrent avant de les escorter à l'une des extrémités du parc et de les aligner en leur braquant un fusil sur la tempe. Cornaqué par le chef, un des sbires sortit un flacon de verre, les obligea à se retourner et à s'incliner et leur fourra à tour de rôle le flacon sale et glacial dans l'anus. Tous les hommes furent violés. Certains ne dirent rien ; d'autres hurlèrent de douleur. Tous furent abandonnés sur place, humiliés et en sang.

Le salon de thé était une longue pièce étroite et crasseuse, éclairée par des ampoules nues accrochées au plafond. Une rangée de petites tables étaient plaquées contre les murs couverts de carreaux gris, à côté d'un samovar en argent et d'une série de pipes à eau bleues et vertes alignées au sol. Près de l'entrée, sous le plateau de verre d'un comptoir en bois, un patchwork de souvenirs du règne des Pahlavi était exposé, et derrière le meuble trônait le propriétaire, massif, affublé d'une drôle de moustache, manipulant les perles de jade de son chapelet *tasbih* avec ses gros doigts tatoués. Sur le mur était affiché un portrait de l'imam Ali avec un lion à ses pieds, et à l'extérieur de la porte, un panneau indiquait : « Interdit aux drogués et aux moins de dix-huit ans. »

Bijan et le chef s'installèrent à leur place préférée au fond de la pièce. Les habitués de la maison les saluèrent de la main en hochant la tête. Ils étaient en train de parler d'une agression au couteau qui avait eu lieu dans la maison quelques années plus tôt.

« Alors, tes hommes ont retrouvé Behrouz, hier soir ? hurla un jeune mécanicien au chef.

— Tu n'en perds pas une miette, espèce de concierge.

— C'est le Kurde qui me l'a dit.

— Je ne sais pas d'où il tient ses infos, j'imagine que tu es au courant, toi aussi ? répondit le chef en s'adressant à Bijan.

— Grâce à tes gars », répliqua Bijan en remuant le verre de thé noir qui venait d'apparaître sur la table.

Les deux hommes rirent. Les nouvelles de Behrouz étaient les meilleures qu'il ait eues depuis un moment.

Behrouz était une petite frappe qui avait poignardé Hooman à mort au cours d'une bagarre liée à un deal d'héroïne. Or, Hooman était un des amis d'enfance les plus proches de Bijan, et le gérant de son entreprise de lavage de voitures. Après l'échauffourée, les clients de la maison de thé avaient enfermé Behrouz à l'intérieur jusqu'à ce que la police arrive. Il avait été condamné à la peine de mort et les frères de Hooman avaient reçu une somme correspondant au prix du sang, le *diyeh*, évalué à la valeur de cent chameaux, ou deux cents vaches, ou encore mille moutons, soit mille cent quatorze millions de tomans (environ trente mille euros), sachant que si Hooman avait été tué pendant les mois saints, sa vie aurait valu trente pour cent de plus. Behrouz avait demandé pardon, conformément au droit, et les frères de Hooman le lui avaient accordé, tout en suppliant la cour de lui épargner la peine capitale et un emprisonnement démesurément long. En vérité, ils ne lui avaient rien pardonné du tout. Ils voulaient simplement se réserver le plaisir de venger leur frère de leurs propres mains. Il leur fallut attendre quelques années à peine. Et trois heures après sa sortie de prison, les frères d'Hooman clouaient Behrouz contre un mur et lui tranchaient la gorge. Puis ils fumèrent une cigarette en regardant le sang s'écouler.

« Eh, chef, c'est vrai qu'ils l'ont eu, Asdollah ? » demanda un homme édenté près de la porte.

Asdollah était un gros bonnet, négociant en vins, qui vivait dans le quartier. « Ils », comme toujours, sous-entendait Ettela'at, les renseignements. De nombreuses histoires circulaient au sujet de dealers et de contrebandiers arrêtés par les services de sécurité et contraints de retourner leur veste, d'espionner leurs proches et de dénoncer leurs clients.

« Faut que je dise à mes hommes de fermer leur gueule, ça cancane plus que dans un salon de beauté, ici ! »

Asdollah était à la tête d'un trafic de milliers de litres par an. À Téhéran, il n'y a pas un recoin où l'on n'achète et ne vend pas d'alcool. Les produits les plus demandés sont la vodka et le whisky. La plupart viennent d'Erbil, en Irak, où une bouteille de Smirnoff vaut six dollars ; en Iran, Asdollah la revendait pour trente. Il avait d'ailleurs été intercepté à plusieurs reprises, mais chaque fois, il évitait le fouet et la prison en payant.

« T'as pas d'autres nouvelles, chef ? » lança un gaillard d'une soixantaine d'années qui faisait le tour du pays affublé d'un pantalon noir, d'un gilet et d'un bandeau de cuir autour de la tête, en soulevant des poids insensés et en tirant des voitures avec ses dents.

Le chef leva les mains en signe de lassitude, mais il adorait être le centre de l'attention et le pourvoyeur des dernières nouvelles et des scandales récents.

« L'autre jour, on a mis la main sur un mollah, celui qu'on voyait sur les affiches le long de Vali Asr.

— Attends, j'essaye de deviner qui c'est…, réfléchit tout haut le mécanicien.

— Une histoire de gamines. Il a engrossé une fille. Je te parie un million de tomans qu'il va s'en sortir sans rien. C'est la troisième fois qu'on l'arrête. Ce salaud a des copains bien placés, c'est moi qui vous le dis. »

C'était une triste histoire : peu de temps auparavant, le gardien d'une mosquée avait découvert qu'un dignitaire de passage avait violé ses deux filles dans sa loge ; celle qui avait quatorze ans était tombée enceinte. La police avait beau compatir, elle avait expliqué à son père qu'elle était impuissante. Le dignitaire était intouchable. Le gardien avait été voir plusieurs journaux et magazines en les suppliant de s'emparer de l'affaire. Mais tous étaient terrifiés. Jusqu'au jour où l'on avait surpris le coupable avec une autre adolescente. Puis encore une autre. La police avait fini par donner son accord pour l'arrêter, mais elle avait peu d'espoir de le voir officiellement accusé.

« Qui est responsable de l'accident qui a eu lieu à la mosquée ? demanda le chef qui cette fois-ci avait besoin d'informations.

— Pourquoi, le mec va avoir des emmerdes ?

— Au contraire, je suis prêt à lui taper dans le dos. »

Le nombre de fidèles fréquentant la mosquée locale avait chuté en quelques années. Bijan, par exemple, répugnait à entrer dans la *hosseinieh*, la salle utilisée pour les réunions et les cérémonies religieuses. Néanmoins il s'y rendait plusieurs fois par semaine car c'est là qu'on vendait le plus exquis (et le meilleur marché) *khoreshte ghormeh sabzi*, un ragoût d'agneau aux fines herbes, citrons verts séchés et haricots rouges. Pour tâcher de rameuter les foules, la mosquée diffusait l'*azan*, l'appel à la prière de l'aube, grâce à un amplificateur dont le son était monté au volume maximal et l'enceinte *made in China* accrochée sur le côté du minaret. L'appel était si assourdissant que de nombreux habitants avaient déposé des plaintes anonymes, d'autant plus que la voix du muezzin ressemblait à celle d'un chat qu'on égorge. Le pauvre homme avait beau avoir une voix insupportable, il livrait ses hurlements avec l'assurance d'un Pavarotti. Même le chef s'était plaint, mais la mosquée refusait de diminuer le volume, si bien que les voisins déposaient des plaintes à titre personnel. Hélas, le responsable de ce nouvel *azan* était un mollah atrabilaire qui était ravi de l'agitation causée, persuadé qu'elle contribuait à sortir de sa torpeur la petite communauté. « On ne baisse pas le volume du message de Dieu », répondait-il sèchement. Rien ne pouvait l'amadouer, pas même la boîte ornée d'un beau ruban et remplie de délicieux *goosh-e-fil* frits, dorés et bien poisseux, ses petits gâteaux préférés, qu'une femme au foyer exaspérée vint lui offrir un jour.

La veille, de bon matin, un jeune père de quatre enfants, excellent tireur, avait visé l'enceinte depuis la fenêtre de son salon avec une carabine à air comprimé. « À partir de maintenant, cette poule mouillée de mollah ne pourra plus nous imposer sa maudite musique », avait-il dit à sa femme en rangeant son arme dans un trou sous l'évier. Le mollah ne s'était pas manifesté.

Bijan et le chef étaient proches. Ils étaient nés dans le même quartier, une sorte de ville dans la ville située au sud de Téhéran, à l'ouest de Vali Asr, près de la place Monirieh. Le quartier avait la réputation d'être mal famé et d'attirer les voyous, mais peu à peu, il avait gagné en respectabilité, au moins en apparence. Les signes de pauvreté les plus criants avaient disparu, repoussés à environ un kilomètre sur la rue Shoosh. Les junkies demeuraient confinés aux parcs et évitaient de se montrer dans la rue. Par ailleurs, les familles les plus déshéritées bénéficiaient encore de réseaux solides, qui leur épargnaient de se sentir déracinées dans l'immense agglomération qu'était devenue Téhéran. Mais on avait construit de nouveaux immeubles, des gens venus d'autres parties de la ville y avaient emménagé et les prix de l'immobilier avaient fait un bond. Dans la rue, les choses n'avaient guère évolué : c'étaient toujours les mêmes qui faisaient la loi. Les voyous s'étaient faits plus discrets, mais la violence du quartier venait régulièrement écailler le vernis plus bourgeois. Peu de temps auparavant, une rixe opposant deux gangs qui se disputaient un territoire avait éclaté : des types issus de l'autre côté de l'autoroute avaient brusquement débarqué dans une ruelle et brisé toutes les vitres des voitures à la matraque sur leur passage. La police avait été prévenue sur-le-champ mais elle était arrivée après la bataille ; elle évitait d'intervenir dans les guerres de territoire.

Bijan et le chef vivaient au cœur d'un dédale de ruelles où une maison sur deux était gangrenée par le crime d'une façon ou d'une autre : drogue, marché noir, armes, DVD tombés du camion. C'était ainsi depuis toujours. Comme si les habitants du quartier étaient membres d'une tribu à part. D'une communauté qui n'était ni particulièrement pratiquante ni particulièrement sophistiquée, et dont la plupart détestaient le régime. Ils étaient avant tout pragmatiques car ils savaient que l'argent était un moyen d'accéder à la classe moyenne. Certains en avaient amassé suffisamment pour aller s'installer au nord de la ville, dans les appartements chic de Shahrak-e Garb et de Sa'adat Abad. D'autres avaient conscience de jouir d'une liberté qu'ils perdraient s'ils remontaient au nord de Vali Asr. Chez eux, les habitants faisaient la loi et se tenaient les coudes, contrairement aux quartiers de grands immeubles des zones plus salubres où les gens se terraient chez eux ou s'enfermaient dans les voitures.

La guerre contre l'Irak avait changé la donne. Des milliers d'Iraniens étaient revenus du front pour retrouver un pays traumatisé et offrant peu de perspectives d'emploi. Beaucoup étaient partis au Japon, et c'est là que Bijan et le chef avaient fait connaissance alors qu'ils avaient une vingtaine d'années à peine. Le Japon avait mis fin aux restrictions de visas pour les Iraniens au début des années 1970 à la suite du choc pétrolier. L'économie du pays, dépendant largement des importations de pétrole, avait été durement frappée. Le Japon avait besoin de renouer avec les pays du Moyen-Orient afin d'être moins soumis aux soubressauts de la politique étrangère américaine. À la fin des années 1980, l'économie du Japon était de nouveau florissante et les Iraniens étaient prêts à y proposer leurs services pour une bouchée de pain, acceptant d'accomplir des tâches auxquelles les Japonais répugnaient, qualifiées de « 3 K » : *kitanai* (sale), *kitsui* (difficile) et *kurushii* (douloureux). Le jour où les visas furent de nouveau obligatoires pour les citoyens iraniens, beaucoup restèrent dans le pays avec la complicité de la police. Le Japon connut des périodes où plus de cinq cents Iraniens affluaient chaque semaine, alors que des milliers d'entre eux y vivaient déjà avec des visas expirés. La plupart travaillaient sur des chantiers de construction et rentraient chez eux avec de l'argent, de nouveaux contacts et des histoires de femmes à faire pâlir leurs collègues. D'autres, comme le chef, se lancèrent dans des affaires beaucoup plus juteuses, plus drôles et moins « 3 K ». Le chef s'était ainsi enrichi grâce à un trafic de fausses cartes téléphoniques. Les milieux interlopes japonais fourmillaient d'escrocs et de maquereaux iraniens qui plongeaient les mains dans le cambouis. Bijan, lui, s'était engagé comme jeune recrue yakuza, dans la mafia japonaise où il avait rencontré beaucoup de ses futurs sbires, des types durs, gonflés aux stéroïdes, lutteurs aguerris aux cous de taureau, coutumiers de la violence du sud de Téhéran. La mafia happait les voyous téhéranais qu'elle exploitait comme hommes de main, mais Bijan et les siens aimaient dire que la police redoutait davantage les Iraniens que les yakuzas. Le chef et lui avaient fini par être expulsés du Japon à la faveur d'une vague de répression contre les immigrés clandestins. Heureusement pour le chef, son oncle, qui avait un faible pour lui, lui trouva un poste dans la police iranienne après s'être assuré de faire disparaître de son casier toute trace de son séjour nippon. Personne n'ignorait ce dans quoi les hommes de son acabit avaient trempé au pays du Soleil-Levant.

Bijan glissa une liasse de billets sur la table, le pot-de-vin mensuel qu'il devait au chef. L'eau de sa pipe se mit à frémir et il aspira une longue bouffée.

« Les mecs préparent une descente à Chahar Dongeh. Je n'ai pas encore les détails, dit le chef.

— Merde. J'ai combien de temps devant moi d'après toi ?

— Une bonne semaine. »

Bijan sortit une nouvelle liasse de la poche de sa veste.

« Je te dois bien ça. »

Bijan venait de montrer un laboratoire de méthamphétamine dans un hangar abandonné de Chahar Dongeh, une petite ville industrielle du sud de Téhéran. L'économie du pays flanchait à cause des sanctions internationales de plus en plus strictes, et le trafic de drogues clandestin était en pleine expansion. Les sanctions n'étaient pas une nouveauté pour les Iraniens puisqu'elles dataient du jour où les États-Unis avaient gelé leurs avoirs au moment de la crise des otages, plus de trente ans auparavant. Plus tard, les Européens avaient suivi pour marquer leur opposition au programme d'enrichissement nucléaire (que l'Iran a toujours poursuivi dans une perspective pacifique, afin de disposer d'une énergie indépendante). Les exportations de pétrole avaient dégringolé d'un tiers et les sanctions avaient provoqué une envolée des prix qui avait particulièrement touché les plus pauvres et les plus vulnérables. En un an, la valeur de certaines denrées avait doublé ; la feta de Tabrizi, par exemple, de même que les fruits et la viande, avaient atteint des prix prohibitifs. Le coût de la drogue, lui, était sensiblement demeuré le même, et l'empire de la méthamphétamine iranienne s'étendait à une vitesse inouïe. C'était un poison bon marché et facile à fabriquer car il était issu d'un produit chimique désormais légal, dont la République islamique était un des principaux importateurs mondiaux. Le responsable de la brigade anti-narcotique venait du reste d'annoncer que l'Iran était le cinquième consommateur mondial de méthamphétamine. La petite affaire de Bijan était florissante.

En Iran, la *sheesheh* est aujourd'hui la drogue la plus populaire après l'opium, l'héroïne arrivant en troisième position, essentiellement parce que la *sheesheh* ne vaut rien : un gramme coûte environ quatre euros. Les dealers de *sheesheh* de Bijan vendent à toutes sortes de clients, y compris des petites filles riches qui ne veulent pas grossir et des entraîneurs qui se la procurent pour leurs athlètes. Récemment, un champion de lutte a été radié de sa profession après avoir été contrôlé positif à un test.

Bijan envoyait désormais certains de ses hommes de main en Thaïlande et en Malaisie. Le prix moyen d'un comprimé de *cristal meth* était cinq fois plus élevé en Malaisie qu'en Iran, et les laboratoires de méthamphétamine iraniens essaimaient dans toute l'Asie, un pas que Bijan envisageait justement de franchir.

Le jour où il s'était mis à gagner beaucoup d'argent, Bijan avait compris qu'il avait besoin d'une vitrine. Il avait alors ouvert un garage spécialisé dans le lavage de voitures qui s'était révélé fort rentable. Chaque fois qu'un de ses copains proches avait des problèmes, il lui trouvait un job sur place. C'était une couverture idéale. Bijan se montrait cependant prudent. Le gouvernement avait déclaré la guerre à la méthamphétamine. Un an plus tôt, il avait annoncé le démantèlement de cent quarante-cinq laboratoires à Téhéran. Cette année-ci, le chiffre était déjà de soixante-dix-sept pour le premier trimestre. Les autorités se vantaient aussi d'arrêter une moyenne de trente dealers et junkies par heure.

Le chef venait donc de lui fournir une précieuse information. Bijan fermerait son laboratoire pendant quelques semaines avant de le rouvrir ailleurs. En attendant, il irait voir le Kurde à Gomrok, après avoir fait un saut chez son meilleur ami, Kambiz.

C'était l'heure de pointe de la matinée, une chape lourde et basse assombrissait la ville qui se dressait derrière lui et s'étendait à ses pieds. Le niveau de pollution était tellement élevé que les écoles étaient fermées.

Il longea une rue jonchée d'ordures et croisa un junkie sans abri, vêtu d'un long manteau rouge, qui fouillait dans une poubelle pleine. Kambiz l'attendait dans son bureau à la façade de verre au milieu d'un fatras de vieux meubles, de sacs de riz et d'argenterie dépareillée. Il regardait la télévision sur un petit écran accroché face à lui, renversé sur sa chaise et les pieds sur la table couverte de papiers. C'était *Jumong*, une série sud-coréenne qui se déroulait à l'époque de l'un des anciens royaumes du pays et faisait un tabac.

« Salaud, tu n'en fous pas une ! Quand est-ce que tu vas te décider à bosser un peu ?

— Moi au moins, je ne suis pas devenu un vrai salaud bien gras », répondit Kambiz en riant et en pinçant le ventre de Bijan.

Ils avaient beau être les meilleurs amis du monde, ils étaient loin de se ressembler. Kambiz était musclé, avait les cheveux gominés en arrière, et portait toujours un costume. Bijan avait du ventre, il était légèrement dégarni, et invariablement vêtu d'un T-shirt, d'un jean et de baskets.

Après son retour du Japon, Kambiz avait travaillé pour le Kurde avant de s'associer avec des trafiquants d'êtres humains pour superviser le transport d'Iraniens dans le monde entier. Mais ce job l'ennuyait et, surtout, lui rapportait trop peu. Il s'était alors lancé dans le kidnapping de riches hommes d'affaires assorti de demandes de rançon. Nul ne connaissait le nombre exact de personnes kidnappées parce que les familles des victimes étaient trop terrorisées pour appeler la police ; les gens étaient prêts à distribuer des poignées considérables de liquide pour que leur parent soit libéré le plus vite possible. Un gang avait ainsi gagné un million de dollars en un seul kidnapping.

Bijan n'avait jamais été tenté par ce type de business, n'hésitant pas à sermonner son ami sur l'immoralité de cette activité fondée sur la privation de liberté. Quand il en avait la force, Kambiz se défendait en lui rappelant que les armes et les drogues qu'il vendait finissaient quant à elles par ôter des vies. Bijan se mettait alors à hurler et défendait son affaire avec conviction. Kambiz était hilare : il adorait le voir sortir de ses gonds.

« Tu es une pute au grand cœur, mais tu n'as rien dans le ciboulot, disait-il.

— Tu as mis de l'ordre dans ton affaire ? demanda Bijan.

— Non, les choses se corsent », répondit Kambiz en secouant la tête.

Quelques semaines plus tôt, sa bande avait pris en otage un marchand de tapis d'âge mur et l'avait attaché à un radiateur dans la cave d'un bâtiment appartenant à un oncle de Kambiz. La famille du marchand refusait de verser la rançon demandée et en négociait le montant. Kambiz se demandait si elle n'était pas de mèche avec la police et si elle ne jouait pas la montre.

Bijan avertit Kambiz du raid imminent sur Chahar Dongeh car il avait un neveu employé dans son laboratoire clandestin.

« Je vais lui dire de faire gaffe. Salue le Kurde de ma part. »

Les deux amis se donnèrent une accolade et Bijan tourna les talons. Il acheta un quotidien pour s'enquérir du niveau de pollution, mais le journal ne donnait pas de chiffres. La veille au soir, le Conseil suprême de la sécurité nationale avait envoyé un fax à toutes les rédactions de Téhéran en leur interdisant de révéler cette information pour les deux mois à venir, *azar*, décembre, et *dey*, janvier, l'époque de l'année où les toxines dans l'air connaissent leur plus fort niveau de concentration du fait de la couverture nuageuse qui empêche la pollution de s'échapper. Le mot d'ordre était clair : *Siab-namaaee nakoneed.* Il est interdit de noircir la République islamique.

Le niveau de pollution de la capitale iranienne ne cesse d'augmenter, non seulement à cause du nombre croissant de voitures, mais aussi parce que la ville est encaissée, prise en étau entre deux chaînes de montagnes qui en font une cuvette idéale pour les fumées et les gaz. En outre, l'Iran possède une capacité limitée de raffiner son propre gaz, et les importations de pétrole souffrent des sanctions internationales, si bien que les voitures roulent avec une essence peu raffinée et de mauvaise qualité.

Bijan poursuivit son chemin dans l'air vicié en longeant un mur couvert d'un « FUCK » griffonné en anglais, à côté d'un « EN MÉMOIRE DU JAPON » écrit en persan. Deux adolescents en sweat à capuche, avec de longs cheveux noirs dans le style « emo », étaient cachés dans l'embrasure d'une porte avec des sacs de *sheesheh.* Bijan tourna pour entrer dans Gomrok, là où avait débuté sa carrière de voyou.

À l'époque du shah, Gomrok était le quartier des prostituées, qui aujourd'hui officient à Shahr-e No, et il abritait le Shoukoufeh-ye-No, le cabaret le plus sélect de la ville. La zone fourmillait de chefs de clan, de maquereaux, de voleurs à la tire et de fêtards. Comme beaucoup d'hommes de sa génération, le père de Bijan aimait raconter qu'il avait perdu sa virginité avec une péripatéticienne de Shahr-e No. Puis la révolution avait sévi : les bordels avaient été rasés et brûlés ; certaines filles avaient même été exécutées. Gomrok avait pourtant conservé un parfum sulfureux. Même si le quartier était officiellement sous contrôle, on y décelait la présence de trafics clandestins. Aujourd'hui, les échoppes d'origine ont été remplacées par des show-rooms de motos, mais il reste des magasins, dont la plupart vendent des surplus militaires : masques à gaz, bottes spéciales désert, uniformes de l'armée russe et sacs à dos étiquetés *made in Knoxville, USA*. Certains vendent aussi des baskets et des chaussures de ville chapardées devant les mosquées pendant que leurs propriétaires font leurs prières à l'intérieur.

La boutique du Kurde était signalée par une rangée de pelles qui avaient servi à creuser des tranchées pendant la guerre contre l'Irak. Le Kurde, lui, était assis sur un tabouret au milieu de casques blancs et noirs, de bottes en caoutchouc jaune et de cônes de signalisation. C'était un homme menu qui avait une barbe blanche soyeuse et une peau pâle et parcheminée. Il portait une parka kaki et une calotte sur le haut du crâne. Au milieu de la boutique, un poêle chauffait la pièce et on entendait une poule caqueter au fond. Le tout sentait la cigarette et le *kabab* d'agneau, deux odeurs dont Bijan raffolait.

« Salut, mon soleil, comment va ? » demanda-t-il en embrassant le Kurde qui le serra dans ses bras avant de lui offrir un verre de thé noir corsé.

Le jour où Bijan avait été expulsé du Japon, Kambiz l'avait aussitôt envoyé voir le Kurde. Ce dernier était à la tête d'un réseau de neveux et de cousins qui faisaient du trafic d'armes depuis l'Irak, mais comme il s'était rapproché du PKK, le Parti des travailleurs du Kurdistan, pour lutter contre le gouvernement turc, il avait été obligé d'élargir son recrutement. C'était un travail dangereux – la contrebande d'armes est passible de peine de mort –, mais financièrement intéressant. En outre, la famille de Bijan était proche du Kurde depuis toujours. Tout le monde faisait confiance au Kurde, et de son côté Bijan avait la réputation d'être fiable. Tous les mois, il se rendait à Baneh, une ville du Kurdistan iranien proche de la frontière irakienne, et traversait les montagnes à dos de mule, à cheval, ou caché au fond d'un camion. Puis il rentrait à Téhéran avec une cargaison d'armes qu'il enfouissait dans le jardin de sa mère, où le Kurde envoyait ses acheteurs. La plupart étaient des barons de la drogue et des gangsters, mais de temps en temps on voyait débarquer un flic défroqué ou un bassidji qui s'était égaré.

« J'ai appris ce qui est arrivé à Behrouz hier soir, dit Bijan.

— Oui, mais je parie que t'es pas au courant pour Farshad, glousse le Kurde qui avait toujours une longueur d'avance.

— Ne me dis pas qu'il s'est fait prendre ?

— Si. Les flics ont retrouvé son corps il y a quelques heures. Les mecs lui avaient coupé la bite pour la lui fourrer dans la bouche. (Bijan fit la grimace.) Et les frères Radan, certains sont arrêtés ?

— Non, et c'est pas pour demain. Tout le monde sait que Behrouz ne l'avait pas volé. »

Les Radan étaient une bande de dix frères qui avaient tous suivi la vocation familiale du trafic de l'opium, lequel vaut aujourd'hui entre trois millions six cent mille et cinq millions de tomans le kilo suivant sa qualité (soit entre neuf cents et mille euros). Ils entretenaient non seulement des liens avec des membres haut placés de la police, mais aussi avec des chefs de tribu baloutches influents dans le Sistan et au Baloutchistan, deux régions des confins de l'Est, à la frontière entre le Pakistan et l'Afghanistan. Deux fois par an, les Radan se rendaient sur place en camion et revenaient avec de formidables réserves d'opium. Ils avaient commencé en vendant à un petit dealer appelé Farshad qui avait grandi à Gomrok, dont Bijan se souvenait qu'il jouait avec lui au foot quand il était enfant. Farshad était peut-être un bon goal, mais c'était un dealer négligent qui avait tendance à laisser des preuves derrière lui. Il devait pourtant sa fin à son avarice. Il n'avait pas payé les officiels incontournables dont le radar avait tout de suite été alerté. En outre, il avait été arrêté non sur son territoire, mais à Tehran Pars, dans la banlieue est de la capitale. Comme il avait sur lui une petite quantité de drogue, la police avait transigé en échange du nom de plusieurs gros bonnets. Il leur avait aussitôt donné celui des frères Radan, dont deux avaient été condamnés à la peine de mort. Farshad était un traître. Lorsqu'ils étaient confrontés à la police, les garçons avaient une seule et unique règle : la règle du « non ». En Iran, le geste signifiant « non » consiste à relever la tête comme si vous étiez interrogé avec le bout d'une épée sous le menton. Quiconque dit « oui » verra sa tête tomber sur l'épée.

« Le chef m'a dit que les mecs préparaient une descente sur Chahar Dongeh. D'après lui, on a une semaine devant nous. Il n'en sait pas plus, mais les gars feraient mieux de se planquer. Je suis passé voir Kambiz, il te salue.

— Je l'adore, ce gosse. Je vais faire passer le mot. »

Ni le Kurde ni Bijan n'utilisaient jamais leur portable ou le mail pour les affaires sérieuses.

« J'y vais lundi. Arrange-toi pour que tout soit en ordre et dégagé.

— Oui, mais ils sont peut-être déjà sur le coup. J'ai peur pour toi.

— Ne t'inquiète pas, *amoo*, je suis ultra-prudent. Ils peuvent y aller. Ils n'auront rien à se mettre sous la dent et on sera doux comme des agneaux. »

Bijan avait perdu son père quand il avait treize ans, et le Kurde s'était occupé de lui comme de son propre fils. Maintenant qu'il gagnait bien sa vie, c'était au tour de Bijan de s'assurer que le Kurde et sa famille étaient en sécurité.

« On devrait peut-être planquer la prochaine livraison, elle doit arriver ce soir, ajouta le Kurde.

— Tu as quoi ?

— Une douzaine de colts. »

Le Kurde faisait de la contrebande d'équipements militaires et industriels depuis trente ans, mais sa fortune provenait surtout de la vente d'armes illégales. Un colt valait entre un million et demi et deux millions de tomans. Avec un tueur à gages, il en valait dix millions, mais le Kurde ne voulait pas le savoir. Si un client lui en faisait la demande, il haussait les épaules, mais, comme tout le monde dans le milieu, il savait parfaitement qui il fallait contacter, certains étaient des habitués du salon de thé.

« Pas de soucis, *amoo*, dis-leur de tout déposer chez *maman**[1]. »

Le portable de Bijan sonna. C'était Asal.

« Les femmes te tiennent par les couilles, lâcha le Kurde avec un clin d'œil.

— C'est comme ça que je les aime, qu'est-ce que tu veux ! »

Le Kurde lui tendit plusieurs billets qu'il refusa et tourna les talons en l'embrassant sur le crâne.

Bijan était en retard et Asal serait fâchée. Comme il n'avait pas le temps de repasser chez lui pour prendre sa voiture, il héla un taxi dans la rue. La pollution était encore plus forte que le matin, et l'odeur de mauvaise essence mêlée aux fumées des pots d'échappement lui brûlait les poumons. Comme tous les Téhéranais, ses organes luttaient pour résister aux particules empoisonnées et il priait pour que le vent chasse cette chape mortelle.

Bijan fréquentait Asal depuis un peu plus d'un an. Un jour, la jeune femme était venue faire nettoyer sa voiture, et il avait remarqué sa taille fine, ses seins énormes et son rouge à lèvres cramoisi. Il lui avait aussitôt proposé de l'inviter de la seule façon qu'il connaissait : « Écoute, ma belle, je ne suis pas très fort en parlote, mais t'es belle comme un camion. J'ai envie de sortir avec toi. Dans le quartier, tout le monde me connaît, tu n'as rien à craindre. S'il te plaît, ne me dis pas non. » Il avait ajouté deux ou trois plaisanteries agrémentées d'un

1. En français dans le texte, comme les autres expressions en italique suivies d'un astérisque. *(N.d.E.)*

sourire chaleureux et désarmant, et d'une pointe de concupiscence dans le regard. Asal avait été à la fois flattée et désemparée par sa franchise. Ils avaient dîné au Café Azari, un restaurant traditionnel situé dans un jardin abrité par une tente au sud de Vali Asr, dont les murs de briques étaient tapissés de photos en noir et blanc de champions de lutte. Bijan ne s'était pas gêné pour caresser la cuisse de la jeune femme sous la table pendant qu'un groupe de musiciens jouait de la musique perse classique. Après le dîner, ils s'étaient allongés sur un divan couvert de coussins pour fumer le narguilé les yeux dans les yeux. « Ma douce, je vais être très franc. J'ai le sang chaud. J'ai envie de toi. Il faut juste que tu t'occupes de moi plusieurs fois par semaine, en échange, je te promets que je m'occuperai de toi tant que tu voudras bien de moi. »

Asal avait accepté sur-le-champ. Elle avait perdu son mari dans un accident de voiture quand elle avait une vingtaine d'années et s'était retrouvée seule avec un petit garçon et sans le sou. Sa famille ne possédait rien, et son job de réceptionniste dans un cabinet dentaire lui rapportait à peine de quoi vivre. Elle avait peu de chances de pouvoir se remarier. Le soir même, ils faisaient l'amour et Bijan comprit qu'il avait misé sur le bon cheval. Asal était prête à tout pour lui plaire ; jamais il n'avait passé une nuit d'amour aussi divine. Peu après il l'avait installée avec son fils dans un petit appartement près de la rue de l'Imam-Khomeini ; Asal était profondément amoureuse. Elle dépensait une grande partie de l'argent que Bijan lui donnait en lingerie fine et en produits alimentaires coûteux pour lui préparer de bons petits plats. Hélas, après six mois d'allusions à un éventuel mariage, Bijan avait dû lui avouer la vérité : il avait une femme et trois enfants. Asal était au désespoir. Mais pas assez furieuse pour rompre. Bijan se montrait plutôt honnête avec elle. « Je ne quitterai jamais ma femme, mais tant que le sang coulera dans mes veines, je m'occuperai de toi », lui disait-il.

Bijan était aussi fourbe et rusé lorsqu'il s'agissait d'éviter les soupçons de sa femme que ceux de la police. Il avait deux portables, un pour son épouse, l'autre pour Asal, et s'était organisé afin que sa maîtresse ne puisse en aucun cas découvrir l'adresse de son foyer. En outre, il ne l'avait jamais présentée à ses amis. Bijan aimait son épouse depuis l'enfance, c'était un mariage d'amour, mais il s'ennuyait avec elle au lit. Plus les années passaient, plus elle grossissait et moins il la trouvait attirante. Pourtant il l'adorait, et même s'il ne lui avait jamais été fidèle, il la respectait suffisamment pour la préserver de ses incartades. Trois fois par semaine, il retrouvait Asal l'après-midi, et comme il aimait le cinéma, il l'emmenait parfois au multiplexe du parc Mellat. Il se vantait d'apprécier les subtilités du cinéma d'art et d'essai iranien et connaissait la filmographie complète d'Abbas Kiarostami, même s'il préférait les comédies comme celle de Kamal Tabrizi, *Marmoulak*, « Le Lézard », qui racontait l'histoire d'un détenu qui s'était échappé de prison en se déguisant en mollah. Cela dit, ses films favoris étaient les productions d'Hollywood, il avait vu *Titanic* une dizaine de fois. Un jour, il avait eu vent d'un casting qui avait lieu dans son quartier et il avait décroché un petit rôle de gangster. Il avait invité tous ses amis à le voir sur grand écran, et pendant des années, on l'avait surnommé « M. Hollywood ».

À peine Bijan arrivait chez Asal que tous deux filaient dans la chambre, puis grignotaient quelque chose en regardant un épisode de *Miss Marple* à la télévision. Mais ce jour-là, Asal ouvrit la porte avec une drôle de tête, les yeux rouges, son maquillage avait coulé.

Peu de temps avant de faire la connaissance de Bijan, Asal couchait régulièrement avec un dentiste marié du cabinet où elle travaillait. Elle le détestait, mais il lui avait forcé la main en la menaçant de la renvoyer si elle ne cédait pas. Or, elle avait à peine de quoi joindre les deux bouts et les boulots auxquels pouvaient prétendre les femmes comme elle étaient rares. Le dentiste avait ainsi abusé d'elle un an durant, entre deux rendez-vous. Il avait quitté le cabinet peu avant sa rencontre avec Bijan, mais la veille, il l'avait appelée pour lui annoncer qu'il revenait au cabinet et se réjouissait de la revoir.

Bijan était hors de lui. Asal essaya de le calmer car elle savait parfaitement comment son amant gagnait sa vie et connaissait ses associés, elle n'avait aucune envie d'avoir des ennuis. Bijan arriva cependant à lui soutirer toutes les informations dont il avait besoin et, comme à son habitude, passa un coup de fil à Kambiz. Qui lui promit de confier l'affaire à deux de ses sbires.

***

En attendant, la situation à Chahar Dongeh n'était pas réglée. Bijan décida de se rendre sur place, ravi de s'éloigner de la pollution de Téhéran. Il glissa un CD de musique persane dans le lecteur de sa voiture et se mit à chanter à tue-tête les paroles du dernier tube de rap anti-régime. C'était une chanson d'un groupe baptisé Les Pécheurs anonymes, qui avait détourné l'un des plus beaux et des plus célèbres chants de guerre iranien, un hymne au courage de Mohammad Jahan-Ara, combattant volontaire de la guerre Iran-Irak.

En tant que commandant de la défense, il avait repris le sud-est de la ville de Khorramshahr à l'issue d'une bataille épique. Il avait réussi à repousser l'armée de Saddam Hussein avec une bande de va-nu-pieds de tous âges et avait été le dernier à quitter la ville avant qu'elle ne tombe aux mains des Irakiens. Il n'avait pas vécu assez longtemps pour être témoin de la libération de Khorramshahr deux ans plus tard, et la chanson avait été écrite en son honneur, pleurant sa mort sur un rythme *sinezani*, une cadence marquée en se frappant la poitrine comme le jour de la fête de l'Achoura : « Mammad, si seulement tu avais vécu pour voir la ville libre ! » Les Pécheurs anonymes enchaînaient ensuite en évoquant la fierté qui aurait été celle dudit Mammad s'il avait vécu : « Il n'y a plus de prostitution, plus de drogues, à nous la liberté de la presse, la nourriture, le boulot, l'argent du pétrole, les gens sont heureux et ne se plaignent plus… » La liste se poursuivait sur le même ton sarcastique, le but étant de convaincre Mammad qu'il valait mieux être mort.

Bijan se dirigeait vers le sud, s'éloignant peu à peu des immeubles pour traverser un immense terrain vague jonché d'ordures. Des milliers de sacs en plastique flottaient à la surface du terrain à perte de vue, comme si la ville avait vomi ses tripes là, entre les usines d'automobiles, les réservoirs à gaz et à eau, les friches entourées de fil barbelé et les bâtiments en préfabriqué. Mettant à profit une petite parcelle de terre dégagée au bord de l'autoroute, une famille y avait déployé un *sofreh*, une nappe de pique-nique, et mangeait de l'*abgoosht*, un ragoût paysan à base de viande, de haricots et de pommes de terre. Rien ne dissuadera jamais les Iraniens du plaisir de pique-niquer, pas même une autoroute à six voies crachant un bruit assourdissant.

Il marcha ensuite sur plusieurs kilomètres dans une zone où la nature avait repris ses droits, une longue étendue de champs de blé, de noyers et de sapins, à laquelle succédaient des vergers de pommiers, de cerisiers et de poiriers, des tapis de menthe, de coriandre et de basilic, jusqu'à ce que la ville se dresse à nouveau. Alors il entra dans Chahar Dongeh. C'était un amas de bâtiments en ruine, de routes trouées d'ornières et de tas de cailloux. Un immense placard du gouvernement trônait au centre et annonçait : « SUIS LE GUIDE SUPRÊME ET TON PAYS SERA PROTÉGÉ. »

Il emprunta une route désolée où de pauvres hères transportaient des ordures dans des brouettes ou des chariots avant de les trier pour les revendre. Certains avaient déjà soigneusement étalé leur butin sur le sol. Une bande d'ouvriers afghans, foulard noué autour de la tête, traînaient çà et là. Bijan s'arrêta pour acheter des grenades à un homme qui portait un blouson d'aviateur des années 1970 et vendait des fruits à l'arrière de son camion. Bijan profitait toujours de son passage à Chahar Dongeh pour faire des emplettes, car tout y était meilleur marché, y compris les femmes et la drogue. Les épiceries vendaient encore de l'opium comme si c'était du lait.

Il ouvrait la portière de sa voiture quand il les aperçut se dirigeant vers lui : deux miliciens bassidjis. Il claqua la portière avec une telle violence que le véhicule tangua. Cela faisait longtemps qu'il n'avait pas eu l'occasion de jouer au dur ; ça lui manquait. Les bassidjis des petites villes représentaient tout ce dont il avait horreur. Il les toisa.

« Ton T-shirt est illégal ! » hurla l'un d'eux.

Bijan portait son T-shirt blanc préféré qui affichait « USA » sur la poitrine et dans le dos. Vivre aux États-Unis était son rêve le plus cher.

« C'est du blasphème ! » renchérit le second.

On va se marrer, songea Bijan.

« Brûle-moi tout de suite ce T-shirt, et devant nous !

— Écoutez-moi bien, bande de pédés ignares, se défendit Bijan en avançant vers les deux garçons. Si vous voulez cramer mon T-shirt, primo je vous propose d'aller dans la boutique au bout de la rue et de brûler tous les paquets de clopes Winston *made in USA*. Deuzio, une fois ce bûcher fini, vous n'aurez qu'à aller au barrage de Karaj, qui fournit toute notre électricité. Parce que vous savez quoi ? C'est l'entreprise Morrison, en provenance directe des USA, qui l'a construit, alors il faudra aussi que vous le brûliez. À part ça, pourquoi est-ce que vous n'allez pas dans les aéroports pour cramer tous les Boeing, les F-4, les F-5 et les F-14 ? Vous savez pourquoi ? Eh bien, parce qu'ils viennent des States. Voilà, et une fois que vous aurez tout brûlé, revenez et aspergez-moi d'essence pour faire disparaître mon putain de T-shirt ! »

Les deux garçons avaient commencé à reculer. Ils avaient affaire à une vraie brute.

« T'es dingue. Grave dingue, mec.

— Ouais, je suis grave dingue ! La prochaine fois que je tombe sur vous, je vous coupe vos putain de couilles ! » hurla Bijan en éclatant de rire face à leur dérobade.

Il remonta dans sa voiture et roula dix minutes à travers un paysage sinistre jusqu'au moment où il reconnut son premier guetteur, qui hocha la tête. Son hangar était là au fond d'une friche abandonnée qui devait faire deux fois la surface d'un terrain de foot. Leur bilan en matière de sécurité était excellent et ils ne produisaient que de la méthamphétamine de bonne qualité et très pure. Bijan employait une petite poignée de gens sûrs qu'il payait bien, et il n'était pas peu fier de son affaire.

Il garait sa voiture quand un second homme de guet s'avança vers lui.

« Bonjour, monsieur, c'est bon, tout a été nettoyé. On nous a prévenus cet après-midi. »

Le hangar était impeccable. Le Kurde avait toujours une longueur d'avance. Bijan remit un pourboire au guetteur en souriant et reprit le volant.

Les lumières de Téhéran scintillaient au loin. Il mit un de ses CD préférés de musique *underground*, monta le son et chanta au rythme du rap de Hichkas :

« Bienvenue à Téhéran
Une ville de tentations qui t'aspire l'âme
Et te montre que tu as toujours été ce que tu devais être :
Une poignée de terre. »

Il entrait dans la ville quand Kambiz l'appela pour lui dire de se rendre rue Pirouzi, à l'est. Peu après, il arriva sur les lieux et il reconnut les gars de Kambiz qui l'attendaient sur une moto. L'un d'eux était un ancien combattant qui travaillait au noir, la nuit, comme gardien armé pour une brigade criminelle qui vendait de la drogue sur un autopont au nord de Téhéran, un carrefour où se dévidait un flot ininterrompu de clients. Deux heures du matin était l'heure de pointe.

À peine les gars de Kambiz virent-ils Bijan qu'ils se dirigèrent vers une maison à deux étages puis frappèrent à la porte. Le dentiste ouvrit. Ils l'empoignèrent pour le traîner dans la rue avant de le tabasser. Le dentiste eut les deux bras cassés et perdit quatre dents. Bijan assista au spectacle depuis sa voiture, soulagé et détendu. Il décida de rentrer chez lui et appela sa femme pour lui dire de ranger ses casseroles et de confier les enfants à sa mère. Ce soir, il l'emmenait dîner au Café Azeri sur Vali Asr.

LEYLA

Rue de l'Imam-Khomeini, sud de Téhéran, rue Motahhari (Takht-e Tavous), centre-ville, et Sa'adat Abad, nord de Téhéran

Leyla était à genoux, les mains agrippées au bord du canapé de velours marron. Elle rejeta sa chevelure en arrière et se cambra. L'iPhone de Taymour glissa alors qu'il la pilonnait de plus en plus vite. Les verres de thé posés sur le guéridon vibraient en tintant sous les assauts du canapé. Au signal, Leyla se mit à gémir bruyamment. Taymour lui empoigna les cheveux et tira sa tête vers lui. FIN. Quelques secondes de silence et le compteur accroché au mur émit un léger clap. Taymour lui envoya une serviette et elle s'essuya avant de se rhabiller. Ainsi débuta la carrière d'actrice porno de Leyla.

Leyla était une prostituée qui jouait dans des films pornos amateurs, mais se vivait comme une hardeuse professionnelle. Sa nouvelle activité avait changé sa vie. Elle n'avait plus l'impression de se vendre, elle était comédienne et, surtout, elle gagnait désormais trois fois plus que ce que lui rapportait le trottoir. Le film artisanal qu'elle avait tourné avec Taymour allait être un succès *underground*. Ce qui signifiait qu'elle avait franchi un pas vers la réalisation de son rêve : arrêter de tapiner et fonder une famille heureuse avec un mari riche.

Issue de la petite bourgeoisie, Leyla avait grandi dans un quartier aisé du nord-ouest de Téhéran. Son enfance avait été à l'image de milliers d'autres. Sa mère était secrétaire, son père employé de banque et chauffeur pour mettre du beurre dans les épinards. Quand ils avaient un peu plus d'argent que de coutume, ils passaient leurs vacances dans une petite bicoque à Babolsar, une ville balnéaire de la côte caspienne. Le vendredi, pour fêter le week-end, ils allaient pique-niquer au parc Mellat sur Vali Asr.

Elle était encore très jeune quand ses parents avaient commencé à s'éloigner l'un de l'autre et à se mépriser. La mère de Leyla avait pris conscience que son mari n'arriverait jamais à rien et qu'ils jongleraient toute leur vie avec les dettes pour s'en sortir. Inversement, le père de Leyla avait compris que sa vie sexuelle ne retrouverait jamais l'allant qu'elle avait avant la naissance de ses filles. Il était tout aussi convaincu que les quolibets de sa femme empireraient avec le temps : plus elle vieillissait, plus elle le harcelait et l'humiliait. Les moments heureux avaient laissé place à l'amertume et aux chamailleries. Chacun avait un amant. La sœur aînée de Leyla avait fui le domicile familial en épousant un médecin et en quittant Téhéran pour s'installer dans la banlieue cossue et proprette de Lavasan. Ses beaux-parents avaient essayé de dissuader leur fils de se marier avec une fille issue d'un milieu plus modeste, dont le père était chauffeur, mais il avait tenu bon. Leyla avait seize ans quand ses parents avaient divorcé, au grand soulagement de tous. Chacun s'était remarié de son côté, et son père avait épousé en secondes noces une jeune femme jalouse qui lui avait interdit de rester en contact avec ses filles.

Entre-temps, Leyla était tombée amoureuse d'un jeune rebelle, Babak, qui avait un an de plus qu'elle et incarnait tout ce dont une jeune fille peut rêver : il avait un groupe de rap, le nez refait et arborait des lunettes de soleil Versace dans la nuit. Un jour, il avait été DJ dans une rave-party qui se déroulait sur un parking et il jouissait depuis de la petite notoriété que l'épisode lui avait valu. Leyla et Babak s'étaient rencontrés à la cafétéria du centre commercial de Jaam-e Jam, au nord de Vali Asr, où les garçons et les filles vont flirter, échanger leurs numéros de portable et siroter des milkshakes après le collège ou le lycée. Leur attirance n'était guère surprenante. Leyla était la plus jolie fille de sa promotion. On aurait dit qu'elle avait été trempée dans une bassine de caramel : elle avait des cheveux couleur miel, des sourcils teints chatoyants et un doux hâle doré. Elle passait l'été à se faire bronzer à la piscine du quartier en enduisant son corps d'huile pour bébé additionnée de grains de café, de thé et de piments (une recette secrète censée assurer un bronzage maximal). Et dès l'arrivée de l'automne, quand son teint de bronze disparaissait, elle se badigeonnait d'autobronzant.

Leyla et Babak avaient couché ensemble pour la première fois dans la voiture du père de Babak, puis la deuxième fois dans la chambre de Leyla, pendant que sa mère était partie faire des courses au Carrefour Hyperstar qui venait d'ouvrir à l'ouest de la ville. Ils étaient amoureux comme on l'est à cet âge, avec une intensité et un goût du drame qui masquent une vacuité totale. Cependant ils avaient tous les points en commun qui importent aux adolescents et à leurs groupes d'amis : ils adoraient faire la fête, ils étaient d'une vanité absolue et irrésistiblement attirés par tout ce qui brillait. Ils s'habillaient exclusivement chez Sisley et Diesel sur Africa Boulevard (que tout le monde appelait la « rue Jordan », nom qu'elle avait avant la révolution), chez Debenhams sur Vali Asr, ou dans les centres commerciaux de luxe de Shahrak-e Gharb. Les filles dépensaient des fortunes en produits de maquillage, les garçons en voitures, avec une prédilection pour les Peugeot dont ils gonflaient le moteur. Ils se donnaient rendez-vous sur Niayesh Highway pour faire la course à quatre heures du matin quand les rues étaient désertes. Régulièrement, un accident mortel avait lieu, mais quelques semaines plus tard, ils recommençaient. Tous dépensaient des sommes folles pour des opérations de chirurgie esthétique : avoir le nez refait était un *must*.

Un an après leur rencontre, Leyla et Babak se marièrent. Ni l'un ni l'autre n'en avaient envie, ils étaient trop jeunes, mais c'était le seul moyen de vivre ensemble sans être jugés ni arrêtés. Pour Leyla, c'était aussi une façon de construire sa vie à elle, loin du foyer malheureux où elle avait grandi. Ses parents ne s'étaient jamais vraiment intéressés à leurs filles, et même si sa mère avait essayé de la dissuader de s'engager si jeune, Leyla était têtue et amoureuse. Quant à Babak, ses parents l'avaient gâté, il avait toujours eu ce qu'il voulait, et il n'en fut pas autrement quand il voulut une femme.

Le père de Babak avait monté une affaire de livraison de pizzas à domicile qui lui avait rapporté assez d'argent pour pouvoir offrir aux jeunes mariés le loyer d'un petit appartement à Vanak, au nord de Téhéran. Babak rêvait de devenir une star de la chanson mais il n'avait ni le talent ni le bon réseau. Le jour où son père arrêta de lui payer son loyer, il emprunta de l'argent pour monter une entreprise de pare-brise de voitures. L'affaire ne fit pas long feu, comme tout ce qu'il entreprenait. Il avait davantage le sens de la fête que celui des affaires, et passait des week-ends entiers à danser et à fumer de la *sheesheh*. Entre-temps, Leyla avait trouvé un boulot de secrétaire qui lui permettait de rembourser les dettes de son mari, mais le ressentiment commençait à empoisonner leur vie de couple. Ils se disputaient parfois avec une telle violence qu'un jour, Leyla eut un œil au beurre noir. Elle se précipita au commissariat mais les policiers la renvoyèrent chez elle. Ils avaient d'autres chats à fouetter et aucune envie d'écouter une jeune femme au foyer laver son linge sale au commissariat.

À peine un an plus tard, ce fut la fin de leur histoire. En entrant chez eux un soir, Leyla tomba sur Babak et sa cousine dans le lit conjugal. L'affaire aurait pu se solder par une scène nourrie d'insultes, mais la cousine en question était aussi une de ses amies proches. La trahison était intolérable.

Babak refusa sa demande de divorce. La *mehrieh* de Leyla avait été fixée à mille cinq cents pièces d'or, ce qui était un signe ostentatoire de richesse plutôt qu'un réel indicateur de ce que la famille de Babak était prête à payer. Si elle voulait divorcer, il fallait qu'elle renonce à sa *mehrieh*, ce que Babak ne manqua pas de lui faire comprendre. Chacun menaçait l'autre de le poursuivre en justice en avançant des chefs d'accusation qui auraient pu leur valoir la prison, jusqu'au jour où Leyla n'y tint plus. Elle partit les mains vides. À cette époque, elle n'adressait plus la parole à sa mère et le prix des loyers avait triplé en un an. Elle ne pouvait plus se permettre de vivre dans le nord de Téhéran, ni même dans la banlieue nord-ouest où elle avait grandi. Sa meilleure amie, Parisa, lui conseilla de prospecter du côté du sud ; c'est là qu'elle-même avait loué un studio après la fin de son mariage. Leyla vendit tous ses bijoux et utilisa son pécule comme caution pour un petit appartement près de la rue de l'Imam-Khomeini, à six cent mille tomans par mois. À peine s'était-elle installée que les rumeurs se répandirent comme une traînée de poudre : c'était une pute, une voleuse de maris, disait-on. Un mois plus tard, deux hommes mariés lui avaient déjà proposé une petite sauterie. Elle était marquée au fer rouge, stigmatisée par une tache indélébile.

À Téhéran, se plaindre est un mode de vie en soi. Les Téhéranais sont des experts ès doléances. Les riches se lamentent sur la politique occidentale qui affecte leurs affaires, les pauvres déplorent l'augmentation du prix des denrées alimentaires, les camés s'affligent des fluctuations de la qualité de la dope qui font qu'ils peuvent passer de vie à trépas en une dose. Tout le monde se plaint de la circulation excessive, de la pollution, du manque de parkings, des queues de plus en plus longues, de l'inflation, de la politique. Chaque année apporte son lot de bonnes raisons de gémir et de se complaire dans le malheur. Derrière chaque conversation, une lamentation se tient en embuscade – rappel constant que le royaume d'Iran est pourri.

C'est ainsi qu'un jour, le patron de Leyla se mit à pester plus que de coutume contre les sanctions. Vingt-quatre heures plus tard, la paye de Leyal avait diminué d'un tiers. Du jour au lendemain, son salaire mensuel chuta de huit cent mille à cinq cent mille tomans. Du jour au lendemain, elle ne pouvait plus payer le loyer de son studio grand comme un mouchoir de poche. Elle n'avait pas d'autre choix que d'appeler sa mère, qui lui conseilla d'appeler son père. Ce dernier se sentait coupable d'avoir abandonné ses filles, si bien qu'il lui donna la moitié de ce qu'il avait sur son compte en banque, à peine de quoi subvenir à ses besoins pendant deux mois. Elle aurait pu déménager dans le sud, où les loyers sont meilleur marché, mais l'idée de vivre du côté de la rue Shoosh, à l'extrême sud de Vali Asr, ne lui disait rien qui vaille. Elle appela Parisa, une des seules femmes de son entourage qui vivaient seules, et lui demanda de l'héberger le temps de prendre une décision.

Parisa était une *palang*, une panthère, un surnom particulièrement pertinent car les *palangs* ont l'allure de femelles prêtes à bondir sur vous et à vous clouer sur place avec les griffes de leurs talons acryliques. Par rapport aux filles Beesto-Panj-e Shahrivar, les *palangs* se situent un cran au-dessus car elles sont plus pétulantes, plus ouvertement sexuelles, et cultivent un look de star du porno des années 1990 : cheveux blonds, peau botoxée, bronzage couleur biscuit, lèvres gonflées – soit à coups d'injection de collagène, soit en massacrant le contour au crayon à lèvres. L'été, elles portent des chaussures de strip-teaseuse avec un haut talon en plexiglas, et l'hiver, des cuissardes que leurs *manteaus* courts et ceinturés laissent largement entrevoir. Les *palangs* sont comme toutes les Téhéranaises, accros à la chirurgie esthétique, avec une prédilection pour les implants et la liposuccion, et bien sûr les nez retouchés. Dix ans plus tôt, on ne les trouvait qu'au nord de la capitale, mais aujourd'hui, elles ont envahi la ville, telle une armée de poupées gonflables paradant au milieu de tous, des riches comme des pauvres. Certaines vont jusqu'à faire crisser leurs stilettos dans les rues du sud de Téhéran.

Parisa, elle, était née à Téhéran Pars, une banlieue ouvrière de l'est de la ville, avant de grimper et de déménager à Sa'adat Abad, un quartier de la moyenne bourgeoisie cerné par les autoroutes, au nord-ouest. Grâce à la présence de l'université Allameh-Tabatabai, les habitants de Sa'adat Abad sont habitués aux étudiants et aux locations *khuneh mojaradi*, pour une seule personne. C'est une zone en mouvement permanent, habitée par des Téhéranais en cours d'ascension sociale dont beaucoup sont issus des classes laborieuses. L'afflux récent de *dolati*, de fonctionnaires, et de *self-made men* enrichis grâce au boom de l'immobilier a fait monter le prix des loyers. On aperçoit même quelques Porsche dans les rues de Sa'adat Abad, tandis que les frimeurs moins fortunés se contentent de Dodge louées à Dubaï et rapportées sur place. Tous les habitants de Sa'adat Abad ne partagent pas les mêmes opinions politiques et religieuses, mais tous sont animés par la même ambition.

Parisa passait ses journées à tatouer des sourcils et à pratiquer des épilations à la cire type « maillot américain » ou « brésilien » dans un institut de beauté qui, à une époque, proposait des cures amaigrissantes à base de *sheesheh*. Elle gagnait mieux sa vie que Leyla, mais pas assez pour couvrir son loyer et ses dépenses quotidiennes. Elle avait menti à son amie en prétendant que ses parents l'aidaient alors qu'ils n'avaient pas le sou. Au bout d'une semaine de conversations de fin de soirée où elles parlaient d'hommes et de leur enfance malheureuse, Parisa avait fini par révéler son secret à Leyla : elle arrondissait ses fins de mois et payait ses opérations de chirurgie esthétique, dont les plus récentes étaient des implants sur le menton et dans les joues, en étant danseuse de *lap dance*. Elle proposa aussitôt à Leyla de faire un essai. Il s'agissait de danser au cours d'une soirée privée le week-end suivant. Chacune gagnerait cinquante mille tomans, sans compter les pourboires.

« Mon Dieu ! Il va falloir que je me déshabille ?

— Si tu laisses voir tes seins, tu as un plus gros pourboire, et si tu t'habilles comme dans les films et que tu portes de la lingerie sexy, tu doubles la mise. Ce sont des types bien, tu ne crains rien. Dis-toi que tu sors faire la fête. »

La fête en question était une soirée d'anniversaire qui rassemblait une bande de *bazaaris* d'âge mûr en costume, qui buvaient, balançaient leurs verres de vodka par-dessus leur épaule et sirotaient du whisky Ballantine's au bar. Ceux qui manquaient de charme compensaient par leur humour. Ils étaient bruyants, drôles, badinaient avec les filles et se permettaient des plaisanteries grivoises et plus ou moins sacrilèges : « C'est l'histoire d'un mollah qui vient de finir un long sermon sur les mérites du hidjab. Une femme s'approche de lui et lui dit : “Je suis très pieuse, je porte mon hidjab même chez moi – comment vais-je être récompensée ?” Le mollah répond : “Dieu te donnera les clés du paradis.” Une autre femme arrive et déclare : “Je voudrais que vous sachiez que je porte mon hidjab à la maison.” Le mollah lui promet : “Toi aussi, tu auras les clés du paradis.” Une troisième femme débarque et annonce : “Quand je suis chez moi, je ne me casse pas la tête avec tout ça !" Le mollah s'exclame : "Tiens, je te donne les clés de chez moi ! " »

Une fois les hommes assez ivres, la foule gagna un grand salon aménagé à côté de la salle de bar. Les chaises avaient été alignées le long du mur et on avait installé des lumières disco. Les filles commencèrent à chalouper sur un mélange de tubes de variété iraniens et européens et de hits de Beyoncé. Chaque fois qu'une fille enlevait son haut, les hommes applaudissaient en hurlant. Tout se déroulait le plus naturellement du monde. Parisa avait raison, c'était une simple fête, dont le rythme était juste un peu plus corsé. À un moment, Parisa disparut avec un client dans une pièce voisine – encore un secret qu'elle avait caché à Leyla. Peu avant l'aube, les deux filles rentrèrent. Leyla avait empoché une enveloppe pleine de billets.

Le lendemain après-midi, elles se retrouvèrent autour d'un café malgré leur gueule de bois, commentant la soirée de la veille et riant en se rappelant les plaisanteries crues des hommes. Soudain, Leyla finit par poser la question qui lui brûlait les lèvres :

« Comment tu as découvert ce monde ?

— Devine.

— Pas en faisant le trottoir quand même ?

— Bien sûr que si. C'est la seule façon de te faire un réseau de clients. C'est assez rapide, crois-moi. »

Leyla remua son café au lait en silence, observant l'infime tourbillon marron clair. Elle leva les yeux vers Parisa :

« Où ?

— Rue Takht-e Tavous. Tu t'en tireras très bien, ne t'inquiète pas. Il y a des filles sympa. »

Leyla ne fut surprise ni par le nom de la rue, ni d'apprendre que Parisa payait son loyer en tapinant.

Téhéran est une ville où il est difficile d'échapper au sexe. Les rues regorgent de filles qui font commerce de leur corps et se fondent dans le paysage. Partout circulent des images pornos et des étrangers s'échangent des photos obscènes dans le métro, dans les cafés, ou même dans la rue. Les forums de discussion Internet et les réseaux sociaux sont saturés de liens et de fichiers à caractère sexuel. Il existe des chaînes de films pornos triple X diffusées par satellite, dont il suffit de demander à un technicien de débloquer l'accès au prix fort du marché noir. Pendant ce temps-là, le régime, obnubilé par la façon dont les gens font l'amour et avec qui, mène vaillamment sa croisade anti-sexe. Législateurs et érudits passent des heures à parler de sexe, philosopher sur le sexe, condamner le sexe, punir le sexe. Les mollahs édictent un nombre infini de fatwas à son sujet, dont certaines sont devenues légendaires. Une de celles que les Iraniens préfèrent est d'ailleurs étonnante. Émise peu après la révolution, elle était fondée sur un scénario hypothétique proposé à la télévision par un certain ayatollah Gilani : « Imaginons que vous soyez un jeune homme et que vous dormiez dans votre chambre, alors que votre tante est couchée dans la sienne, juste en dessous. Un tremblement de terre survient et le sol s'écroule, vous tombez directement sur elle, or vous êtes tous les deux nus et vous avez une érection : si le hasard fait que vous atterrissez sur elle et que, sans le vouloir, vous la pénétrez, l'enfant issu d'un tel rapport est-il légitime ou est-ce un bâtard ? »

À Téhéran, la prostitution est tellement omniprésente – l'âge moyen des filles étant de seize ans – que les autorités ne savent plus que faire pour l'enrayer. Le ministère de l'Intérieur a suggéré d'organiser un immense raid pour embarquer toutes ces femmes et les enfermer dans un camp en vue de les « réformer ».

***

Leyla prit le bus jusqu'au milieu de Vali Asr, là où un écheveau de rues se scindent du côté est pour converger vers le centre-ville, puis mener plus au sud vers le bazar. C'est là que le cœur de la capitale bat vraiment. Les vieux Téhéranais se souviennent d'ailleurs que soixante ans plus tôt, avant que les petites gens n'entament leur ascension sociale vers le nord, cette partie de la ville était considérée comme le nord, un quartier raffiné, peu habité et à la lisière de la ville. Aujourd'hui, c'est un entrelacs tapageur de rues et d'allées, dont Takht-e Tavous, la rue du « Trône du Paon », rebaptisée rue Motahhari après la révolution en mémoire de Morteza Motahhari, disciple de Khomeini assassiné par un membre du groupe fondamentaliste islamique Furqan en 1979. Cela dit, la rue a conservé son identité et les gens l'appellent encore Takht-e Tavous.

Pour une fois, Leyla était soulagée de voir que la circulation ralentissait le bus, même si le soleil tapait et que l'intérieur était une fournaise. L'odeur de transpiration des passagers se mêlait aux effluves des pots d'échappement chauffés à blanc et des pneus brûlés qui s'infiltraient par les fenêtres. Elle priait pour que le bus n'arrive jamais. Ce n'était pas l'acte lui-même qui l'effrayait, mais tout ce qui allait avec : où se placer ; que dire ; comment se rendre invisible en demeurant assez en vue pour empocher de l'argent. Sa terreur était de se faire prendre. À ses yeux, l'humiliation était pire qu'un châtiment corporel.

À peine eut-elle posé le pied sur Vali Asr qu'elle faillit remonter dans le bus. Puis elle regarda alentour, du côté de Takht-e Tavous, et elle les vit : les filles allaient et venaient sur leurs talons hauts pile là où Parisa le lui avait dit. Elle traversa au croisement de Vali Asr et de Takht-e Tavous, passa devant la banque Melli, et alla se placer sous un immense panneau publicitaire. Cette semaine, le message émanait non pas d'une chaîne de magasins de mode mais du gouvernement, qui s'attaquait à la capacité insatiable de son peuple de râler et pester. Sous l'image représentant une grande maison blanche, d'immenses lettres blanches annonçaient de façon amicale : « NE PASSONS PAS TROP DE TEMPS À DISCUTER DES PROBLÈMES DE NOS SOCIÉTÉS DANS NOS FOYERS. »

Une bonne dizaine de filles se tenaient là, séduisantes, attirantes et vêtues de *manteaus* à la mode. Certaines étaient en jean, ourlet remonté sur des baskets, telles des étudiantes ; d'autres portaient de l'ombre à paupières pailletée comme si elles s'apprêtaient à sortir en boîte. Leyla était rassurée par son expérience de *lap dance* : pour la première fois, depuis qu'elle avait quitté ses parents, elle entrevoyait une lueur d'espoir ce qui l'apaisa. Parisa lui avait expliqué qu'elle passerait peu de temps sur le trottoir ; en quelques mois, les filles les plus jolies fidélisaient leurs clients et finissaient par travailler chez elles, ce qui était son cas.

Leyla avait peur de croiser quelqu'un qui la reconnaisse, mais elle comprit très vite que Parisa avait raison : elles se distinguaient à peine des milliers de filles qui arpentaient les rues et s'arrêtaient pour héler un taxi. Elles se fondaient dans la masse.

Il y avait parmi les prostituées une poignée d'étudiantes pour qui ce devait être un moyen de financer leurs études ; trois ouvrières dont le salaire ne devait pas suffire à payer le loyer et nourrir les enfants ; plusieurs filles qui avaient dû fuir une famille éclatée et des mauvais traitements ; et deux gamines qui rêvaient sans doute de s'acheter un iPhone et des vêtements de marque. Leyla n'en revenait pas : certaines avaient l'air parfaitement respectables, notamment celle qui tenait un faux sac Vuitton à la main.

Régulièrement les voitures ralentissaient en approchant des filles. Les chauffeurs de taxi se demandaient s'il s'agissait de passantes ayant besoin d'une course. Les vrais clients, eux, voulaient s'assurer qu'il s'agissait de péripatéticiennes. Inversement, les filles essayaient de savoir si le chauffeur de la voiture était un taxi ou un micheton. Depuis la crise, la capitale fourmillait de faux chauffeurs de taxi qui prétendaient avoir une licence – des hommes désespérés, ou des femmes, qui avaient perdu leur boulot et complétaient un salaire de misère en parcourant la ville à la recherche d'un client pour une poignée de tomans. Les transactions s'effectuaient en un tour de main ; un coup d'œil pour vérifier la qualité de la marchandise et deux ou trois mots échangés à travers la vitre baissée. Le prix de la passe avait augmenté suivant la courbe de l'inflation, et les filles exigeaient davantage que six mois plus tôt. En outre, la grille observée dans le nord de Téhéran était différente de celle du sud, où les filles droguées demandaient quelques milliers de tomans, pas plus, car leurs tarifs étaient indexés sur la production d'opium afghane, un monde à part, imperméable aux sanctions économiques internationales.

Le premier client de Leyla, un homme d'une trentaine d'années, s'arrêta au volant d'une 4×4 Nissan Murano. Il l'emmena chez lui, dans un appartement du complexe résidentiel Saman, à Vanak, puis lui demanda son numéro de portable en lui assurant qu'il n'avait jamais vu une prostituée aussi jolie. Elle ne se sentit ni salie ni dégradée. Mais elle redoutait l'œil de Dieu, un sentiment qui allait ternir chacune de ses rencontres.

Elle assimila très vite les codes du racolage. « Suis ton instinct. Ne monte pas dans une voiture avec plus de deux hommes. Si tu te fais violer, c'est la faute à pas de chance. » Les filles discutaient un peu entre elles, de leur fiancé, de musique, et échangeaient des conseils au sujet des clients et de la police. Les flics les connaissaient presque toutes, notamment certains officiers, aussi intimement que leurs clients. En 2008, le chef de la police de Téhéran, Reza Zarei, avait été surpris dans un bordel avec six femmes. Il était chargé du programme de lutte contre les atteintes à la pudeur.

Une pipe suffisait pour racheter sa liberté. Si le flic était particulièrement excité, il brandissait des menaces d'arrestation et exigeait une passe complète, mais les filles de Takht-e Tavous refusaient presque systématiquement. « Plutôt être lapidée à mort que de me faire sauter par toi ! » « Ta femme doit être handicapée et aveugle ! » avait hurlé un jour une fille menottée et embarquée au poste. Elle avait écopé de trois mois de prison et de quatre-vingt-dix coups de fouet.

Les filles du nord de la ville étaient jugées plus pugnaces, plus bagarreuses que les accros à l'héroïne et à la *sheesheh* tétanisées de peur, qui acceptaient les coups et le viol avec la résignation propre aux déshérités et aux victimes de maltraitance. Les filles du sud de Téhéran couchaient avec un flic au fond d'une impasse ou sous un pont autoroutier. Le chantage était d'autant plus violent qu'il était dédoublé entre celui qui surveillait les alentours pendant que l'autre s'envoyait en l'air. Sur Takht-e Tavous, les filles réagissaient et parlaient plus vite car elles ne souffraient ni de malnutrition ni des ravages dus aux drogues bas de gamme. Contrairement à leurs consœurs moins fortunées, elles avaient un minimum de connaissance des règles, sans cesse changeantes, donc adaptables. Pour la police, il était presque impossible de prouver que telle prostituée faisait autre chose que négocier le prix d'une course avec un chauffeur de taxi. Ce qui ne l'empêchait pas d'arrêter les filles et de leur infliger la peine prévue par la loi réprimant les rapports hors mariage – une peine qui pouvait aller jusqu'à cent coups de fouet, et jusqu'à la peine de mort en cas d'adultère. Parés de leur uniforme vert, les flics ne se privaient pas de les accabler de honte en convoquant leurs parents au commissariat pour de cruelles séances d'humiliation.

De leur côté, les prostituées avaient certains moyens de défense. Si l'argent ne suffisait pas, certaines sortaient de leur sac un certificat de *sigheh*. Le *sigheh* est un mariage temporaire approuvé à la fois par Dieu et par l'État, qui lie un homme (qui peut être marié) et une femme (qui ne peut pas l'être) pour une durée déterminée allant de quelques minutes à quatre-vingt-dix-neuf ans. C'est la quintessence du pragmatisme chiite : faire en sorte qu'un coup tiré bénéficie du sceau de l'approbation islamique et de la sanctification du Seigneur. Il suffit d'aller voir un des mollahs d'Haft-e Tir qui font commerce de faux certificats ecclésiaux ; pour six cent mille tomans (environ cent cinquante euros), ils sont prêts à livrer à une fille un contrat de *sigheh* en bonne et due forme. S'il s'agit d'un cas d'urgence, il suffit qu'elle indique le nom de son client. Un certificat de *sigheh* est valable pendant six mois, et renouvelable pour cinquante dollars âprement négociés. Dans la majorité des cas, le *sigheh* n'est soumis à aucun dépôt légal, mais les filles n'aiment pas prendre de risques. Tous les trois ou quatre ans, un nouveau débat sur le *sigheh* fait rage. Un comble d'hypocrisie cléricale : tel est l'argument le plus évident de ceux qui s'y opposent. Les mouvements féministes s'en plaignent aussi car, à l'image de tant de règles de la République islamique, les avantages du *sigheh* penchent nettement en faveur des hommes qui, contrairement aux femmes, même mariés, ont le droit d'avoir autant d'épouses temporaires qu'ils le souhaitent, et peuvent mettre fin au contrat quand bon leur semble.

Il y a quelques années, l'ancien Président et puissant avocat Akbar Hachemi Rafsanjani s'est illustré en défendant avec vigueur le *sigheh* dans un discours, tout en expliquant que cela ne devait pas encourager les Iraniens à être « aussi licencieux que les Occidentaux ». Des milliers de personnes ont envahi le Parlement pour protester. Un autre religieux est allé jusqu'à proposer l'ouverture de bordels sous licence comprenant un mollah ayant le pouvoir de marier temporairement un homme et une femme. Ainsi les Téhéranais coupables auraient pu donner libre cours à leurs pulsions avec la bénédiction d'Allah. Sa proposition est aussitôt tombée aux oubliettes.

Leyla travaillait à Takht-e Tavous depuis un mois à peine quand les descentes commencèrent. La première fois, ils arrivèrent par-derrière, remontant la rue à sens unique à contre-courant. Ils étaient quatre, quatre adolescents avec un début de barbe ébouriffée, chevauchant leur moto du haut de leur virginité affichée et de leur adoration pour le Prophète. C'était les pires, des chiens de garde *bassidjis*. Ils embarquaient directement les filles au poste après les avoir tabassées. Il arrivait, rarement, qu'ils se laissent soudoyer, en général en échange d'une passe, agressive et rageuse qui valait aux filles d'être blessées et abattues. Ces quatre jeunes-là savaient que la police fermait l'œil sur la présence de prostituées à Takht-e Tavous, ce qui les rendait fous. Ils étaient déterminés à rendre la justice eux-mêmes. Ils se précipitèrent sur les filles et les encerclèrent en une nuée resserrée et terrorisée. L'une d'elles eut l'audace de leur proposer une pipe, ce qui lui valut une série de gifles en pleine figure. Un des gamins, un gringalet au visage hâve, sortit brusquement une matraque de la poche de sa veste de treillis russe – trop petite d'une taille – et les garçons sommèrent les filles de grimper dans un fourgon. Leyla monta sans un mot, grimaçant sous les coups de bottes, et peu après elle se retrouva sous les verrous dans une cellule de commissariat avec ses consœurs, une bande de fêtards du nord de Téhéran qui s'étaient fait prendre avec de l'alcool, et une femme de trente-deux ans qui avait été surprise en train d'embrasser un homme. Tout prouvait que celui-ci était son mari, mais la police refusait de la relâcher avant que ses parents n'apportent son certificat de mariage. Son mari était lui aussi en garde à vue.

Vingt-quatre heures plus tard, tout le monde était relâché. La mère de Leyla refusa de se présenter au commissariat et d'être humiliée. Elle pensait que sa fille était accusée de porter un mauvais hidjab.

Leyla fut convoquée devant les tribunaux. Elle avait peur. C'était la première fois qu'elle était confrontée à un juge.

Les salles de tribunal étaient abritées dans un immeuble en béton gris qui ressemblait à tous les immeubles en béton gris de tous les pays en voie de développement du monde. Le long d'interminables couloirs se succédaient des rangées de bureaux où des secrétaires et des petits fonctionnaires blasés manipulaient du papier et jouaient au solitaire sur de vieux ordinateurs, ignorant le chaos qui régnait autour d'eux. Les gens entraient et sortaient d'un bureau à l'autre, munis de leur *parvandeh*, leur dossier judiciaire – quelques feuilles format A4 couvertes de notes, de dates et de noms illisibles, puis passaient dans le bureau suivant. Ils attendaient sur des chaises en plastique, assis par terre ou appuyés contre les murs. On resquillait allègrement.

Leyla se présenta très tôt le matin, l'heure de pointe des gens de mauvaise humeur et des présumés coupables. Le concert habituel de pleurs, de jurons et de suppliques retentissait sur les marches de pierre. Prostituées, femmes et hommes adultères, fraudeurs, drogués, tous pestaient et juraient comme des charretiers. Jamais Leyla n'avait entendu personne parler aussi mal de sa vie.

Dans la salle du tribunal étaient affichés une carte de Téhéran ainsi que le portrait encadré de rigueur du Guide suprême avec turban noir, lunettes et barbe blanche, le tout sur un fond noir qui lui conférait une aura sacrée. Sur le bureau du juge trônait une fausse pépite d'or sculptée suivant la calligraphie du mot Allah. Le juge, lui, était un petit homme soigné, qui, en dépit de son âge et de sa taille, avait quelque chose de débonnaire. Il ne prit pas la peine de lever le regard quand on lui amena Leyla. À ses yeux, toutes les filles étaient semblables et méprisables. Il jugeait impossible de distinguer les vraies fornicatrices des autres, et il n'en avait cure. Il se contentait d'enregistrer consciencieusement leurs noms afin de ne pas rater la moindre coupable, erreur qui eût été pire que de condamner une jeune fille innocente. Il avait perdu le goût d'exercer la justice. À quoi bon ouvrir le dossier de Leyla ! songeait-il. Il livra sa sentence en soupirant : quatre-vingt-douze coups de fouet.

« Pardon, monsieur le juge, mais vous avez déjà été fouetté pour un acte que vous n'auriez pas dû commettre ? »

Le juge daigna lever les yeux. En général, les filles se défendaient en vociférant et il n'avait pas l'habitude de voir son autorité remise en question de façon aussi directe. Il dévisagea longuement Leyla. Hâlée, blonde décolorée, ravissante. Et il la regarda se lever et s'en aller.

La chambre de torture consistait en un bureau avec une table en contreplaqué et des rideaux ajourés. Leyla reçut l'ordre de s'agenouiller en s'appuyant contre un mur.

En Iran, les coups de fouet sont administrés suivant un ensemble de règles mis au point par l'ayatollah Mahmoud Hashemi Shahroudi, ancien chef de l'exécutif. L'ayatollah Bayat Zanjani a lui aussi émis une fatwa sur le sujet. Fort de la réflexion de ces deux hommes, le champ est donc largement couvert. Les rapports sexuels sans pénétration, par exemple, sont passibles d'un plus grand nombre de coups que la consommation d'alcool. Le proxénétisme ou encore le faux témoignage sont jugés moins graves que boire ou s'adonner à des caresses excessives. On veille à épargner le visage, la tête et les parties génitales. Les hommes doivent se tenir debout, les femmes assises ou à genoux. Le fouet doit mesurer un mètre de long, le diamètre n'excédant pas un centimètre et demi, et la lanière étant en cuir. Pieds et mains peuvent être attachés s'ils gênent les coups et si les parties génitales risquent d'être touchées, mais il arrive que le crâne ou le visage soit blessé. Le châtiment doit se dérouler dans une salle chauffée à température moyenne. Les coups doivent se suivre à une cadence régulière.

L'exécuteur de Leyla avait reçu l'ordre de la fouetter en coinçant sous son aisselle un exemplaire du Coran censé l'empêcher de lever le bras trop haut et de fouetter trop fort. Hélas, il vouait une haine féroce aux femmes de mauvaise vie, qui incarnaient à ses yeux la plaie et le fléau de la République islamique. Combien de fois n'avait-il pas entendu à la radio ou à la télévision des religieux qui accusaient les femmes dépravées de la décomposition de la société, de l'augmentation du nombre d'adultères, voire des tremblements de terre et de la fragilité de l'économie ? Ces femmes avaient donc besoin d'être fustigées, pensait-il, et, comme beaucoup de petits fonctionnaires, il aimait tordre le cou aux règles. C'est pourquoi il avait mis au point un truc qui n'appartenait qu'à lui : un lance-pierres. Il avait attaché un coran à un lance-pierres qu'il accrochait à son épaule afin d'obéir à l'ordre reçu tout en frappant de toutes ses forces. C'était un homme mince, noueux, qui n'avait pas l'air particulièrement costaud, mais son apparence était trompeuse. Il levait le bras quand soudain Leyla aperçut le coran qui valsait sous son aisselle, les pages grandes ouvertes.

En dépit des deux couches de vêtements qu'elle portait, la lanière de cuir lui cisailla la peau comme une lame de rasoir. Elle fut incapable de s'allonger sur le dos pendant une semaine. Puis ses plaies rouges et à vif se muèrent en croûtes et en zébrures noires. Ses affaires en souffrirent.

Il ne fallut pas longtemps avant qu'elle ne se retrouve dans ce même bâtiment, dans cette même salle et face au même juge, parce qu'elle avait refusé de coucher avec un policier. Celui-ci avait noté son nom et elle s'était défendue en disant qu'elle déposerait une plainte en justice. Le flic avait éclaté d'un rire sardonique en ajustant ses Ray-Ban pour l'impressionner. Malheureusement, il était impossible de lire dans les pensées de Leyla. Elle avait appris à masquer ses sentiments – le rire, la peur, la douleur – car elle savait qu'ils l'exposaient aux blessures, mais son impassibilité, alliée à sa beauté, jouait contre elle autant qu'elle la protégeait. La police interprétait son flegme comme un signe d'arrogance à mater. Les flics avaient besoin de ressentir un peu de pitié pour se montrer cléments. Quant à sa beauté, si elle ne parvenait pas à les adoucir, ils estimaient de leur devoir d'en abuser.

Leyla avait moins peur qu'avant. Une des filles lui avait dit qu'un jour, elle avait payé quelqu'un pour s'épargner des coups de fouet. Elle avait même passé un accord avec un junkie qui traînait devant le tribunal en lui offrant deux mille tomans par coup ; le junkie divisait la somme cinquante-cinquante avec le bourreau.

« Offense à répétition. Quatre-vingt-dix-neuf coups et un mois de prison, déclara le juge.

— Vous savez pourquoi je suis ici, monsieur le juge ? Parce que j'ai refusé de coucher avec un policier. Il est prêt à me faire chanter, mais je refuse. Qu'est-ce que vous faites d'un cas pareil avec toutes vos lois ? »

Le juge fit un geste en direction de sa secrétaire, qui demanda discrètement aux personnes assises au fond de la salle de sortir. Puis il referma soigneusement la porte derrière eux.

« Vous savez que votre insolence est également passible de punition ? reprit le juge sur un ton plus détendu, soulagé d'être débarassé d'un auditoire.

— La vérité, vous appelez ça de l'insolence ? C'est curieux, non ? » répondit Leyla en haussant les épaules.

Le juge ne dit rien. Il l'observait. Leyla se cala au fond de sa chaise.

« La dernière fois que j'ai été fouettée, je n'ai pas pu m'allonger sur le dos pendant au moins une semaine. »

Le juge leva un sourcil.

« J'apprécie votre honnêteté, dit-il. Vous savez que je suis en mesure de vous aider.

— J'imagine que vous voulez dire, sans faire intervenir la police ? » rétorqua-t-elle en souriant.

Le juge releva le menton en signe de dénégation, à l'iranienne.

« Je vais m'arranger pour que votre dossier soit détruit, de sorte que vous n'existerez plus pour eux. »

C'est ainsi que la liaison entre Leyla et le juge commença.

Le jour où le coup de filet suivant eut lieu, elle n'était pas sur Takht-e Tavous. Il s'agissait d'une rafle de la police, furieuse d'avoir été devancée par les bassidjis et d'autant plus déterminée à en découdre et à jouer les gros bras. Plusieurs filles furent emprisonnées, dont l'une était âgée de quatorze ans et avait été contrainte à se prostituer par ses parents, des junkies. Son cas fut pris en charge par un avocat défenseur des droits de l'homme qui réussit à la confier à une association caritative d'aide aux « fugueuses ». C'était un cycle sans fin, un jeu interminable entre le chat et la souris. On jetait le filet sur les filles, une ronde d'arrestations et de châtiments s'ensuivait, puis les choses se calmaient. Jusqu'au jour où les flics réapparaissaient et envahissaient la ville, comme si de rien n'était. Après ce raid de la police, la majorité des filles abandonna Takht-e Tavous pour aller un peu plus haut, dans une galerie commerciale de la rue Gandhi. Elles étaient rapides, réactives, et la police avait du mal à suivre.

Aujourd'hui, la cyberpolice, créée en 2011 pour lutter contre les délits sur Internet et préserver l'« identité nationale et religieuse » du pays, a pris la mesure d'un phénomène qui date pourtant de plusieurs années : Facebook est le principal repaire de prostituées iraniennes. Des centaines, voire des milliers de filles relativement faciles à identifier racolent sur les réseaux sociaux. Il suffit de taper un prénom et d'ajouter « pute ». Maryam *jendeh*, par exemple, ou Azadeh *jendeh*, Roxanna *jendeh*... et le tour est joué. Les photos de la marchandise sont présentées avec la liste des services offerts dans une rubrique intitulée « Qui suis-je ? » : parties de jambes en l'air à trois, sexe anal, pratiques *lez* entre femmes. On y trouve des instructions très précises sur l'achat et le paiement – qui en général se fait à travers des cartes téléphoniques avant même que le lieu de rendez-vous soit fixé.

Plusieurs filles de la bande de Leyla avaient un compte Facebook. Elles étaient pourtant terrorisées depuis que la cyberpolice avait annoncé des mesures de répression contre les sites et les pages Facebook faisant la promotion de la pornographie et de la prostitution. Des informateurs, disait-on, se faisaient passer pour des clients, qui eux-mêmes avaient entendu dire que certains profils étaient des pièges montés par le gouvernement. Depuis la descente de police, Leyla avait elle aussi quitté Takht-e Tavous pour la galerie commerciale, une bâtisse de pierre et de marbre disgracieuse, ornée d'arcades qui abritaient des rangées de boutiques. Les filles sirotaient du jus de melon frais au sous-sol au milieu de stands de nourriture où les jeunes traînaient. À peine repéraient-elles un homme qui semblait rechercher une proie qu'elles lui lançaient un regard entendu.

***

Leyla eut la surprise de voir un homme d'âge moyen, avec un petit ventre et des lunettes, lui ouvrir la porte. Une odeur d'encens s'échappa. Elle crut que c'était l'assistant du sorcier avec qui elle avait pris rendez-vous, car il avait davantage l'allure d'un employé de bureau fatigué que du sorcier recommandé par les clientes du salon de beauté de Parisa. C'était un homme qui avait la réputation de jeter des sorts puissants et de chasser le mauvais œil, en officiant à domicile, de son appartement dans un vieil immeuble situé au sud de Vali Asr. Leyla n'était pas pratiquante, mais elle croyait en Dieu, au Prophète et aux imams, et elle avait peur du châtiment divin que lui vaudrait son activité.

Le sorcier l'emmena dans un salon décoré de pans d'étoffes de toutes les couleurs accrochés aux fenêtres et de « mauvais œil » suspendus aux murs, avec des bâtonnets d'encens colonisant la moindre surface et une immense main de Fatima posée à côté de la télévision. En passant devant la cuisine sale, Leyla remarqua une antenne parabolique sur le balcon, noir de pollution. Le sorcier s'assit près d'une table basse indienne sculptée à la main ; à sa droite, une bougie et un exemplaire du Coran, et à sa gauche, un mortier et un pilon, sans compter une douzaine de petites fioles remplies d'herbes et de poudres colorées.

« Il paraît que vous jetez des sorts qui protègent les gens, dit Leyla. Je suis venue parce que je suis une pécheresse et j'ai besoin de protection.

— Nous sommes tous des pécheurs. Vous devez me dire précisément ce contre quoi vous voulez être protégée.

— Dieu. J'ai peur du Jugement dernier.

— Dieu vous pardonnera. Mais vous avez besoin de vous préserver des gens qui vous veulent du mal. Beaucoup de gens vous veulent du mal, je le vois. »

Il alluma la bougie et versa dans son mortier une poudre qu'il s'employa à piler en marmonnant des prières. Il ajouta un peu d'eau et demanda à Leyla de boire la mixture, qui avait un goût de curcuma et de poussière. Puis il lui demanda cent mille tomans.

« Je vous garantis ma protection pendant six mois », dit-il en la raccompagnant à la porte.

À la même époque, Leyla s'inscrivit à des cours d'*irfan*, de spiritualité, qui se donnaient un peu plus haut que chez le sorcier. Le professeur était un bel homme, barbu, qui portait une longue *kurta* blanche, spécialiste du soufisme, en particulier de la gnose. La plupart des étudiants venaient du nord de Téhéran, et Leyla se sentait un peu isolée, même si le professeur lui prodiguait la même attention qu'aux autres. Ils lisaient de la poésie et abordaient des problèmes d'ordre métaphysique. Hélas, elle ne trouvait aucune réponse à ses questions et n'avait pas l'impression de progresser sur le chemin du pardon de Dieu.

Pendant ce temps-là, sa beauté faisait parler d'elle et elle était très demandée. Elle avait désormais un réseau de clients suffisant pour se permettre de ne plus racoler dans la rue ni dans la galerie commerciale. Sa période Takht-e Tavous lui avait rapporté l'équivalent d'un an de salaire de secrétaire, ainsi qu'une nouvelle garde-robe. Elle avait quitté l'appartement de Parisa pour louer un studio quelques rues plus loin, à Sa'adat Abad.

Son client le plus régulier, après le juge, était un homme riche, propriétaire d'une magnifique bijouterie sur Vali Asr. Il l'avait contactée sur les conseils d'un ami qui était un de ses clients sur Takht-e Tavous. L'homme était au comble du bonheur. Il l'aurait voulue exclusivement pour lui, le plus longtemps possible, résistant à son envie de l'exhiber et de la partager avec d'autres. Ils se retrouvaient tous les mardis à quinze heures, pour une demi-heure, dans un bureau vide, rue Fatemi, qui lui appartenait. Jusqu'au jour où il annonça à Leyla qu'il avait un nouveau client pour elle, une personnalité qui exigeait une discrétion absolue.

Leyla passa devant une rangée de Mercedes, puis deux gardes du corps armés, avant d'entrer dans le somptueux vestibule au plafond voûté d'un immeuble imposant. C'était à Kamranieh, le quartier le plus cossu du nord de Téhéran, où le mètre carré à douze mille euros est réservé aux hommes d'affaires, aux politiciens et à la haute bourgeoisie argentée. En vérité, la plupart des grands bourgeois préfèrent vivre ailleurs à cause de la prolifération de sbires et d'industriels inféodés au régime dont les femmes couvertes de tchadors ôtent leurs chaussures devant d'épaisses portes en contreplaqué qui fleurent le *nouveau riche**. L'immeuble où se rendait Leyla était un parangon de la vulgarité qui sied aux très riches : marbre et dorures à l'envi, fausses fresques Renaissance et colonnes au sommet orné de fioritures néogrecques. Il y avait parmi les résidents un diplomate étranger, un fils à papa dont le père était politicien, et deux membres du Parlement. Toutefois les gardes du corps ne leur étaient pas destinés. Ils étaient là pour protéger vingt-quatre heures sur vingt-quatre un célèbre religieux, le fameux nouveau client de Leyla.

On ne lui avait pas donné de nom, mais des instructions : annoncer au portier en livrée que la personne qui vivait au vingt-quatrième étage l'attendait. Le portier était un vieux *Rashti* du Nord à la peau très pâle, grassement payé pour sa discrétion par une bonne moitié des habitants de l'immeuble.

« *Salaam* Khanoum, tu es aussi belle que ce qu'on m'avait dit ! » s'écria le religieux en ouvrant la porte, s'inclinant avec déférence devant Leyla. Tout chez lui était d'une parfaite élégance, même sa simple *gabaa* blanche, la tunique qui se porte sous la robe traditionnelle (ses insignes religieux lui donnaient une allure plus digne encore). Grand et élancé, il arborait des lunettes de luxe. Sa barbe était parfaitement taillée.

Il prit le *manteau* et le foulard de Leyla et l'escorta à travers une immense salle de réception décorée de meubles rococo et de chaises en bois sombre richement gravé tapisées de brocart doré. Ils arrivèrent alors dans une chambre aux rideaux tirés et s'assirent au bord du lit.

« Ma chère, est-ce que tu dis bien tes prières ?

— Non, je viens d'une famille qui n'est pas pratiquante.

— Es-tu croyante ?

— Oui, j'aime Dieu et le Prophète, paix à son âme, du plus profond de mon cœur. Et je suis très impressionnée par les imams. Je suis une personne extrêmement sensible à la spiritualité.

— Bien, très bien. Sache qu'avec ton métier, il te faut d'autant plus veiller à rester pure aux yeux de Dieu. »

Leyla hocha la tête. Ce n'était pas la première fois qu'un client la sermonnait, et, plutôt que de se fâcher, elle écoutait patiemment.

« As-tu déjà été mariée pour une durée brève en signant un *sigheh* ?

— Non, monsieur, répondit-elle, honteuse d'avouer qu'elle avait toujours sur elle un faux certificat de *sigheh* acheté à un mollah corrompu.

— Ma fille, à partir du moment où les rapports entre un homme et une femme ont la bénédiction de Dieu, ils n'ont aucun caractère d'immoralité. Il est donc impératif que tu apprennes par cœur la prière *sigheh*. Tu sais que Dieu est pardon. Il n'est jamais trop tard pour se racheter. »

Il lut la prière en arabe avant de la traduire en persan pour que Leyla en comprenne bien le sens : « Je te marie pour une durée déterminée avec une *mehrieh* déterminée. » Puis ils répétèrent les paroles en arabe ensemble, et Leyla les récita une dernière fois seule.

« À présent nous ne sommes plus dans le péché », conclut l'homme en souriant et en tapotant la cuisse de Leyla. Il ôta ses lunettes et ses bagues, éteignit la petite lampe de chevet et se déshabilla dans l'obscurité. Et tous deux s'abîmèrent au creux du matelas de mousse à mémoire de forme.

Dès lors, et pour la première fois de sa nouvelle vie, Leyla ne craignit plus la vengeance de Dieu.

Le religieux comptait parmi ses clients réguliers. Ils se retrouvaient toutes les semaines et elle appréciait sa bonne éducation et ses attentions. Il lui offrait des cadeaux, souvent de mauvaise qualité, notamment de la lingerie ignoble – culottes fendues rouge vif, guêpières en dentelle qui grattaient, porte-jarretelles ou nuisettes de lolita transparentes. Leyla donnait le tout à Parisa qui revendait les articles dans son salon de beauté. Après avoir fait l'amour, ils buvaient du thé sur le balcon qui offrait une vue panoramique sur la ville, une mer d'immeubles en béton disparaissant dans un horizon de brume roussâtre. À l'ouest se dressait l'antenne de la tour Milad, le plus haut gratte-ciel de la capitale, qui, vu de loin, ressemble à un vaisseau spatial de science-fiction des années 1970 posé sur un socle hexagonal. Les jours où la pollution n'était pas trop importante, on apercevait les montagnes qui délimitaient la ville au sud.

À mesure qu'ils apprenaient à se connaître, le religieux se confiait. Il déplorait l'ingratitude de ses enfants, l'amertume de sa femme qui se refusait à lui. Il cherchait à séduire Leyla en lui récitant ses versets coraniques préférés sur le paradis et les jardins idylliques réservés aux justes :

« Des rivières de lait
Dont le goût
N'est jamais altéré ; des rivières
De vin, la joie
De ceux qui boivent ;
Des rivières de miel
Pur et limpide. »

Leyla avait appris par cœur ces versets. Son amant était aux anges car elle était beaucoup plus diligente que les adolescentes boutonneuses à qui il donnait des cours. Peu à peu, elle s'attacha à son tour à cette figure paternelle pleine de sagesse. Il avait réveillé en elle la sensibilité spirituelle que les cours d'*irfan* avaient à peine touchée, et lui avait appris à envisager son activité sous un angle qui ne l'éloignait pas du Seigneur. Les débats sans fin sur les questions de morale, les questions philosophiques débouchaient tous sur des réponses. De la bouche du Prophète émanait un flot sublime de paroles qui parlaient de droiture, de divinité. Plus jamais Leyla ne fit l'amour sans réciter à mi-voix sa prière *sigheh*.

***

La première fois que le juge l'entendit, il éclata de rire.

« Je suis content de voir que tu dis ta prière *sigheh*, ma fille, parce que je me demandais si nous n'étions pas en train de nous perdre. À présent, je peux dormir en paix !

— Si le clergé dit que ça ne pose pas de problème pour Dieu, qui sommes-nous pour prétendre le contraire ?

— En effet, qui sommes-nous pour remettre en question la justice de ces hommes ? »

Plus de trente années passées à servir la République islamique avaient nourri chez le juge un sens de l'humour original, ainsi qu'un profond désenchantement sur la façon dont la révolution avait été confisquée. Il avait vu un nombre incalculable d'hommes qu'il aimait et à qui il faisait confiance, qui s'étaient battus à ses côtés dans les rues, puis dans les tribunaux, être broyés et happés par le système. Des hommes bons, dont certains avaient été les architectes de la République islamique, étaient aujourd'hui en prison ou en liberté conditionnelle pour avoir eu l'audace de critiquer le régime ou le Guide suprême. Le juge avait très vite interprété les choses ainsi : le régime avait enfanté un monstre à qui il ne pouvait tourner le dos parce qu'en lui coulait le même sang. En outre, afficher son opposition à l'État aurait signé sa perte.

Au début, le juge ne rétribuait pas Leyla, suivant un accord mutuellement consenti. Il aimait la prendre comme les autres, par-derrière. Puis elle devint sa concubine ; le juge n'avait jamais eu une femme aussi jolie dans son lit. Il payait son loyer en échange du droit de l'appeler vingt-quatre heures sur vingt-quatre, et dès qu'il trouvait un prétexte pour fuir son épouse, il se précipitait chez elle. Il lui offrit des cadeaux, notamment un tapis de valeur qu'elle avait choisi elle-même chez Solomon Carpet, sur Vali Asr. Elle craignait néanmoins qu'il ne tombe amoureux.

***

Leyla éprouvait une certaine satisfaction. Elle avait une brochette de clients fort respectables et l'argent coulait à flots. Elle n'était plus réduite à survivre ; elle vivait pleinement. D'ici quelques années, elle pourrait ouvrir son propre salon de beauté, une source de revenus sûre dans une ville où, quelles que soient les fluctuations de l'économie, les femmes ont toujours les moyens de se faire pomponner.

Bientôt elle put même envisager de mettre la chose sur pied dans l'année car elle eut la chance de faire une nouvelle rencontre. La première fois que Taymour vit Leyla, il lui proposa de les filmer en pleine action. Elle refusa. Elle avait des principes très stricts : elle acceptait les photos anonymes, mais les films, jamais. Taymour insista. C'était un graphiste multimédia, de trente-deux ans, qui vivait chez ses parents à l'est de Téhéran et était fou de porno. Son rêve était de tourner son propre film, mais il voulait qu'il soit classieux, or Leyla était la plus jolie fille qu'il connaissait. Il finit par lui offrir une telle somme qu'elle accepta, à condition qu'on ne voie pas son visage et qu'elle ait le dernier mot sur le montage. Taymour aimait le porno amateur. Ça l'excitait. Plus c'était glauque, plus ça faisait vrai, meilleur c'était.

À Téhéran, Internet avait aspiré une grande partie de l'argent du marché porno clandestin, mais dès qu'il y avait des élections ou des manifestations, les autorités ralentissaient le débit de façon à dissuader les usagers, exaspérés. Par ailleurs le téléchargement de vidéos était risqué car il était facile à tracer. On revenait alors au bon vieux temps du porno *underground* qui s'achetait et se vendait sous le manteau. Taymour avait entendu dire qu'il existait une poignée de kiosques et de magasins d'informatique qui vendaient des vidéos sur la place Toopkhaneh. Les revendeurs rôdaient en murmurant discrètement « *super* » – la traduction persane de « film porno » – aux clients potentiels. Mais c'était pratiquer un jeu hasardeux car beaucoup de gens se retrouvaient avec des DVD vierges ou des films au grain épais, impossibles à regarder. Après moult tentatives et déconvenues, Taymour finit par tomber sur un dealer fiable. C'était un connaisseur, un homme d'âge mûr, au ton suave, à la crinière noir corbeau, qui portait un jean sombre, des mocassins et un pull en laine.

« Écoute, mon gars, déconne pas, c'est comme si tu étais chopé en train de conduire un camion bourré d'héroïne. Peine de mort, avait-il dit à Taymour en aspirant une bouffée de sa cigarette et en imitant d'un geste de la main gauche un nœud coulant. C'est difficile de trouver des trucs faits maison. J'ai des palanquées de machins étrangers, mais si tu veux de l'amateur, ça va te coûter plus cher. »

Chaque fois que le débit d'Internet était ralenti, le dealer était inondé de demandes de porno local. Les gens voulaient non pas des blondes étrangères, mais de belles Iraniennes au teint caramel. Certains les préféraient avec leur foulard et leur tchador, d'autres voulaient voir des jeunes beautés s'envoyer en l'air. Taymour acheta tout ce que le trafiquant avait : des clips qui avaient été envoyés à des sites pornos internationaux et enregistrés dans la section « amateur », des filles filmées à leur insu, d'autres qu'on voyait implorer qu'on ne filme pas leur visage. Il y en avait aussi dont on voyait le visage souriant. Certaines faisaient même un petit geste de la main. D'autres encore laissaient entrevoir leurs seins, calées au fond d'un taxi au milieu des embouteillages. Un couple faisait l'amour dans un parc. Un autre sur la banquette arrière d'une voiture. Des jeunes « comédiens » qui prenaient des risques mortels.

À Téhéran, le sexe est un acte de rébellion. Une forme de résistance. Le seul moyen pour la jeune génération de conquérir un espace de liberté. D'avoir la maîtrise absolue de son corps, l'unique chose qui leur appartienne, et qu'ils ont transformée en une arme de révolte. Tel est le revers d'années de répression sexuelle ; à force d'être obligés de mentir et de cacher leur désir en permanence, ils ont perdu l'idée d'une vie sexuelle « normale », et les valeurs qui vont avec.

Taymour montra sa collection de pornos à Leyla. Elle avait déjà vu du X étranger avec des clients, beaucoup plus policé que ce qu'elle avait sous les yeux. Elle savait qu'elle pouvait faire mieux. Ils tournèrent dans son appartement car Taymour vivait chez ses parents. Selon son habitude, elle demandait aux hommes d'attendre à l'extérieur qu'elle leur envoie un texto ; ils entraient alors par le garage au sous-sol pour échapper aux regards des voisins. Le silence du gardien afghan était acheté avec quelques billets. Et elle se faisait payer deux fois plus cher pour les rendez-vous à domicile.

Elle demanda à Taymour de l'écouter réciter sa prière *sigheh* avant de tourner. Taymour fut grisé par le résultat : le moindre repli lubrifié, la moindre aspérité, la moindre rougeur étaient nets, précis. Même Leyla trouvait que la qualité de l'image était bonne. Il intitula le film *Tehran Nights*, en fit de nombreuses copies qu'il offrit à tous ses copains, et en vendit quelques-unes au trafiquant de DVD. Une semaine plus tard, le film avait envahi tout Téhéran. Les rabatteurs du sud et de la place Vali Asr, devant le Ghods Cinema, le vendaient pour six dollars US, soit deux fois plus que la série classique *Benny Hill*, et plus que *Desperate Housewives* ou *Lost*. Le film était aussi le best-seller clandestin de plusieurs magasins de matériel électrique disséminés dans la ville qui arrondissaient leur chiffre d'affaires en proposant des portables volés et des produits issus du marché noir. La papeterie de luxe située à l'extrême nord de Vali Asr, un beau magasin climatisé au sol de marbre, réputé pour son business parallèle de vente de blockbusters hollywoodiens, avait déjà vendu cinquante exemplaires de *Tehran Nights*. Le DVD était discrètement attrapé dans un tiroir à double fond, non pas dans une arrière-boutique, mais sous une vitrine de verre sous laquelle étaient exposés une série de contrefaçons de stylos Montblanc.

Les copains de Taymour voulaient désormais leur propre porno. Leyla faisait affaire avec eux et exigeait mille dollars US au minimum. Ils avaient le goût de la compétition et c'était à qui faisait mieux que le voisin, si bien qu'elle se fit filmer sur un balcon en hauteur, à l'arrière d'une voiture, dans un parc, en montagne… Les connaisseurs mirent peu de temps à identifier le joli petit cul arrondi, la douce voix de gamine, et les belles lèvres charnues de cette fille qui écartait si gracieusement les cuisses dans *Tehran Nights* et, maintenant, dans *Housewife from Shiraz*. Très peu connaissaient son identité car la caméra ne s'aventurait jamais plus haut que sa bouche, qui était tout sourires, ou entrouverte en un long gémissement, ou, le plus souvent, en train de sucer un pénis en érection.

Kayvan était un de ces *bacheh pooldars*, gosses de riches, de Téhéran. Il portait des Rolex achetées sur Vali Asr. Il vivait dans une maison grandiose dont l'entrée était décorée de colonnes romaines et le jardin agrémenté de paons. L'été, il organisait des soirées piscine. L'hiver, il allait skier à Shemshak, à quarante-cinq minutes au nord de Téhéran, où il buvait de la vodka et des gin-tonics de contrebande, et mangeait du sanglier sauvage dans un café branché. Après la saison d'hiver, il se retirait à Dubaï, la Mecque des vacanciers iraniens, où il louait les services de Russes à la beauté renversante.

Son père était un homme d'affaires qui importait des imprimantes américaines d'une marque célèbre et approuvée par le régime. En dépit des sanctions encourues, la plupart des bureaux du gouvernement achetaient toujours les modèles dernier cri de cette marque. Un accord signé avec un des Gardiens de la révolution (GRI), l'institution la plus puissante du pays qui dépendait directement du Guide suprême, leur permettait de recevoir les imprimantes dans les mêmes délais qu'avant, en passant par un port où transitaient également des cargaisons d'alcool et de drogues.

Kayvan avait pour meilleur ami un certain Behfar, dont le père avait quant à lui fait fortune dans l'industrie alimentaire. Les sanctions internationales étaient une aubaine pour ses affaires. Même si le prix des denrées de base avait explosé, jamais la demande n'avait été aussi forte ; toute la famille priait pour que le marché demeure en l'état pour l'éternité. Le père de Behfar était malin : il s'était assuré des alliés puissants au gouvernement en leur offrant des cadeaux extravagants et en finançant leurs campagnes électorales. Il avait aussi permis la construction d'une mosquée spectaculaire au centre de Vali Asr. Le bruit courait que le Guide suprême lui avait promis que plus jamais il ne paierait le moindre impôt en remerciement des services qu'il avait rendus à la nation.

Kayvan, Behfar et les autres formaient une bande de copains d'une petite vingtaine d'années qui s'ennuyaient, traînaient, tout en bénéficiant d'une jolie petite rente. L'argent que leurs pères injectaient sur leur compte en banque ajoutait à leur arrogance congénitale, une assurance dépourvue de la moindre inhibition. Il leur conférait un sentiment d'immunité absolue et leur permettait de se sortir de toute situation embarrassante et d'acheter le moindre importun un peu trop tatillon. Les femmes étaient comme cette perfusion d'argent paternel : un flot permanent. Crânant au volant de sa Porsche ou de la Bugatti de Behfar dans les rues tortueuses de son territoire préféré, Fereshteh, Kayvan mettait rarement plus de dix minutes à séduire une adolescente faussement timide. Il savait exactement à quoi s'en tenir. Certaines acceptaient simplement de flirter, d'autres couchaient. Presque toutes, lui disait son petit doigt, cherchaient à se marier. Cela dit, Kayvan avait une préférence pour les vraies putes, en particulier pour la variété qu'on trouve au nord de la ville : des filles au physique agréable, qui ne portent que des vêtements et des accessoires de marque et coûtent, tout compris, cinq cents dollars la nuit, voire plus. Il avait couché avec toutes, ou presque, les *escort girls* haut de gamme proposées par une agence dont la clientèle était impressionnante et qui officiait à Gheytarieh. Toutes n'étaient pas des professionnelles, contrairement à celles qu'il levait dans les cafés chic, mais il y avait entre elles et lui un accord tacite suivant lequel elles n'acceptaient d'écarter les cuisses qu'en échange d'une séance shopping dans la boutique Red Valentino du nouveau centre commercial Modem Elahieh. Leur physique de Barbie si parfait rendait le deal équitable.

Après avoir vu un des films de Leyla, Kayvan, subjugué, réussit à retrouver sa trace par l'intermédiaire d'amis d'amis. Il voulait avoir sa part du gâteau et enregistra leur premier film sur son iPad pour nourrir sa collection personnelle. Leyla était la pute la plus sexy qu'il eût jamais rencontrée. Contrairement aux autres, elle était directe, simple. Avec elle, pas de petits jeux ridicules, de fausse pudeur distillée d'une voix mièvre, tout ce que les Téhéranaises adoraient. Kayvan l'exhibait partout où il allait, dans les fêtes du nord de Téhéran, dans les chalets de luxe de montagne. Un jour, au cours d'une rave-party qui se déroulait à Shemshak, elle dansa dans une mer de globes oculaires blancs phosphorescents qui ondulaient autour d'elle : les noceurs portaient des lentilles de contact qui réfléchissaient les rayons UV des lumières disco. Ces super gosses de riches formaient un assemblage composite. Il était difficile de savoir qui était fils de *bazaari*, de *dolati* – fonctionnaire –, et qui venait d'une vieille famille fortunée. On entrait dans le cercle au prix d'un diplôme universitaire européen ou américain et d'un minimum de culture artistique.

Jamais Leyla n'aurait imaginé qu'un jour, elle côtoyerait la crème de la crème de la société téhéranaise. Le besoin de gagner sa vie, et sa beauté, l'avaient catapultée au nord, où elle avait gagné le sommet que beaucoup rêvent d'atteindre : être *escort girl* pour le nec plus ultra des play-boys des quartiers chic. Elle abandonna ses clients classiques, le juge et le religieux compris. Kayvan ne la payait plus en liquide, il préférait lui offrir tout ce qu'elle voulait et se comporter avec elle comme si elle était sa petite amie. Et Leyla n'y trouvait rien à redire.

Jusqu'au jour où *Tehran Nights* échoua entre les mains de la cyberpolice. Le film avait été saisi au cours d'une descente dans une maison privée et il traînait sous une pile de papiers, sur le bureau d'un officier de police, depuis plusieurs semaines. Il ne présentait aucun signe distinctif et l'officier était sur le point de le jeter quand il se dit que c'était peut-être la copie de *The Bling Ring* qu'il croyait avoir prêtée à un collègue. Il mit le DVD dans son ordinateur et vit apparaître les jolis seins en mouvement de Leyla. Contrairement à son type de porno préféré, celui-ci était relativement policé. Il confia le DVD à un sergent qui le remit à la cyberpolice.

La lutte officielle contre le porno était un échec. Les religieux s'en inquiétaient. Le gouvernement aussi. Le sujet avait même été débattu au Parlement. Un nouveau décret avait introduit des mesures de représailles plus sévères, dont l'accusation de « corrupteur de la terre », une offense passible de peine de mort. Pendant ce temps-là, les *sex-tapes* fleurissaient. Zahra Amir Ebrahimi, star de *soap-operas*, en avait ainsi tourné une qui avait fait un tabac, copiée à plus de cent mille exemplaires en DVD au marché noir. Le régime se trouvait face à un dilemme : la popularité de l'actrice était telle qu'il aurait été peu judicieux de la punir trop violemment. Par ailleurs, elle s'était fait un nom en jouant le personnage principal, très pieux, d'un *soap-opera* intitulé *Narges*. Elle incarnait le visage de la vertu et de la pureté à la télévision publique. La *sex-tape* qu'elle avait tournée allait à l'encontre de l'image qu'espérait projeter la Radio-Télévision de la République islamique. Ebrahimi quitta l'Iran et ne revint plus jamais.

Les menaces d'exécution s'avéraient peu dissuasives. Deux personnes avaient pourtant été condamnées à la peine de mort pour avoir monté des sites porno, dont l'une était un développeur canadien né en Iran appelé Saeed Malekpour. Il avait vu sa peine commuée en emprisonnement à vie pour « conception et gestion de sites Web au contenu réservé aux adultes », activité jugée aussi grave que de bafouer la sainteté de l'islam.

La cyberpolice consacrait des heures à visionner des films X en quête de pièces à conviction, mais les coupables étaient difficiles à identifier. Des agents avaient visionné *Tehran Nights* à plusieurs reprises : le film ne se distinguait guère des autres, sinon qu'il était moins vulgaire.

***

Une fille aux cheveux blond platine coupés à la garçonne, moulée dans une combinaison, tournoyait avec une superbe amazone vêtue d'une robe fourreau fendue jusqu'au nombril. Autour d'elles, une bande de jeunes s'envoyaient des comprimés d'ecstasy en dansant aux pieds du DJ qui mixait des tubes de house dans sa cabine. La soirée avait lieu chez une exilée rentrée au pays, qui avait la réputation d'organiser des fêtes hallucinantes. C'était une décoratrice d'intérieur dont la maison était un hymne au style gothique : arches en pointe, murs rouges et noirs, rideaux de velours épais et candélabres en fer forgé de près de deux mètres de haut.

Leyla était en train d'enlever son *manteau* quand la maîtresse de maison se précipita sur Kayvan.

« Je t'interdis de faire entrer une *jendeh* chez moi ! Combien de fois je t'ai déjà dit de ne pas me ramener ces putains de nanas ! » s'exclama-t-elle en traînant Kayvan jusqu'à la cuisine.

Leyla demeura seule dans l'entrée, son foulard sur les épaules. Autant elle était insensible à cette attaque, autant elle fut surprise qu'on la traite de *jendeh*. Elle pensait être intégrée aux cercles huppés du nord de Téhéran. Son hôtesse, elle, ne s'y trompait pas.

Kayvan revint peu après.

« Je suis désolé, mon ange. Je vais commander un taxi pour que tu rentres. »

C'était la première fois qu'il l'abandonnait.

« Tu m'avais dit qu'on allait à une soirée – ensemble ?

— Oui, mais tu as vu sa réaction ? Je n'y peux rien, c'est la règle du jeu. Je t'appelle la semaine prochaine.

— Salaud d'enfoiré. »

Ce soir-là, Leyla décida de quitter l'Iran pour refaire sa vie dans un pays où personne ne la connaissait.

Elle avait toujours pensé que la seule façon de s'en sortir serait d'épouser un homme d'un milieu supérieur au sien, comme sa sœur. Grâce aux films pornos, elle avait acquis une indépendance qu'elle n'aurait jamais pensé atteindre, mais ça ne suffisait pas. Elle voulait un mari. Elle voulait aimer, être aimée, et avoir une famille, comme tout le monde. Faire la fête avec Kayvan, c'était sympa, mais elle s'était trompée sur lui et elle était déconcertée par sa propre naïveté. C'était évident : ils étaient ravis de la sauter, de l'exhiber, mais jamais un fils à papa entouré d'amis de la haute n'épouserait une putain. Même les garçons les plus urbains, qui paraissaient si sophistiqués et si… occidentalisés, tenaient à épouser une fille vierge, du moins une fille du même milieu qu'eux qui savait jouer avec les codes de la vertu.

Parisa en était arrivée à la même conclusion et elle officiait désormais à Dubaï, où la chair iranienne était une des plus prisées du marché (les moins chères étant les Chinoises, puis les Africaines). Parisa gagnait presque mille dollars en une nuit, et elle était loin d'avoir la beauté de Leyla.

Depuis un certain temps, Leyla écoutait avec une extrême attention le Dr Farhang Holakouee, un célèbre rédacteur de courrier du cœur de Los Angeles qui animait une émission de radio quotidienne. Sa popularité avait connu un pic quelques années plus tôt, avant de faiblir, mais Leyla lui était restée fidèle. Les auditeurs qui l'appelaient étaient essentiellement des Iraniens vivant aux États-Unis. Il était ouvert à tous les sujets et les abordait avec bon sens, égrenant ses conseils avec fermeté et sans langue de bois. Toutes les femmes au foyer et les femmes actives de Téhéran téléchargeaient son émission et se procuraient ses DVD au marché noir. Il était anti-régime, laïc, moderne, et il comprenait les traumatismes endurés par les Iraniens. Il abordait les notions de cycles du comportement, de prise de contrôle, de causes et d'effets, de responsabilité vis-à-vis de ses actes. Un jour, un auditeur avait appelé en demandant s'il était vraiment possible de changer sa vie : « Bien sûr que c'est possible, mais il faut d'abord affronter la réalité, et prendre conscience que votre avenir est entre vos mains. »

Leyla savait ce qu'elle allait faire. Elle irait à Dubaï, économiserait et, après, s'envolerait pour les États-Unis. Elle passait des nuits à réfléchir, envahie par ce désir soudain de quitter Téhéran.

***

La police débarqua à six heures du matin alors qu'elle avait la tête dans les étoiles et imaginait ses retrouvailles avec Parisa. Elle monta dans le panier à salade en tremblant de tout son corps. Cette fois-ci, c'était sérieux.

Les officiers de la cyberpolice avaient jubilé lorsqu'ils avaient repéré un boîtier affichant une série de chiffres dans le coin de l'écran. C'était le compteur électrique de Leyla. Quelques heures plus tard, ils étaient à sa porte.

Ils la conduirent directement à Evin. Sans passer par un commissariat, ni devant un tribunal ou un avocat. Elle appela et rappela le juge frénétiquement en chemin. Pas de réponse. Le numéro n'était plus attribué. Elle envoya deux SMS avant qu'ils ne lui confisquent son téléphone, le premier à Kayvan, le second au juge. « J'ai besoin d'aide, au secours, la police vient de m'arrêter. »

Ni l'un ni l'autre ne répondirent. Kayvan avait paniqué et éliminé de sa vie toute trace de Leyla. Le juge, lui, était mort.

La majorité de ses compagnes de cellule étaient des péripatéticiennes ou des femmes coupables de délits moraux, notamment d'adultère. Au début, Leyla avait du mal à s'identifier aux filles qui faisaient le trottoir. Elle avait volontairement radié de sa mémoire les souvenirs de Takht-e Tavous. Beaucoup de filles se droguaient, si bien que de violentes bagarres éclataient fréquemment. Leyla réussit à les conquérir en distillant des anecdotes sur ses richissimes clients amateurs de porno et ses soirées somptuaires. Elle se vendait comme une star de porno glamour prête à filer à Dubaï – ce qu'elles pouvaient toutes devenir. Il lui arrivait même d'en consoler certaines en leur lisant les beaux versets du Coran que le religieux lui avait appris. En échange, les femmes lui racontaient leurs allées et venues en prison et la rassuraient en lui disant qu'elle n'en avait que pour quelques mois.

On avait dit à Leyla qu'elle aurait un avocat commis d'office et qu'elle pourrait appeler sa famille. Sa mère éclata en sanglots au téléphone et répondit qu'elle ne supportait pas l'idée ni la honte d'aller lui rendre visite en prison. Elle lui demanda de la rappeler après sa libération.

Son séjour en prison fut bref.

À l'aube d'une magnifique journée de printemps, Leyla fut pendue.

Morteza

Quartier Imam Zadeh Hassan,
sud-ouest de Téhéran

Il y avait du sang partout, étalé sur leurs visages, ruisselant dans leurs cous, couvrant leurs poitrines d'une pellicule rose visqueuse et accrochant des caillots bruns à leurs cheveux. À chaque coup de fouet, de nouvelles gouttes giclaient et retombaient en pluie pourpre.

Morteza se tenait debout au fond de la pièce avec une chaîne dans les mains.

« Ya Hossein ! » hurlait-il en chœur, invoquant l'imam en observant ses camarades.

Une quarantaine d'hommes se flagellaient le dos à coups de chaînes, dans une synchronie parfaite, à une cadence qui évoquait un rythme techno hypnotique.

« Ya Hossein ! »

Ils se trouvaient dans la *hosseinieh* d'une mosquée de la banlieue sud-ouest de Téhéran, là où Morteza avait grandi. On avait fermé la porte à clé et tiré les rideaux, si bien que la pièce s'apparentait à une boîte noire, humide, à peine éclairée par quelques ampoules jaunâtres suspendues à un entrelacs de fils sales au plafond. La pièce sentait la transpiration, le sang et l'eau de rose. Morteza regardait Abdul se taillader la tête avec un *ghameh*, un immense poignard, faisant jaillir des torrents de sang tandis qu'il fermait les yeux, extatique dans la douleur.

« Ya Hossein ! »

Le chœur était mené par une voix qui dominait les cris, un long gémissement qui tendait vers une note stridente. Morteza observa le chanteur, debout sur une petite estrade, la tête renversée en arrière comme s'il s'adressait directement à Dieu. C'était un homme barbu d'une trentaine d'années, portant des lunettes cerclées de métal et un foulard vert autour de la tête, à la Bruce Springsteen. Morteza ne l'avait encore jamais remarqué.

Un effet spécial permettait au micro de répercuter le son et de produire un écho spectral qui ricochait au rythme de la techno.

« Ya ! Ya… Ya… Ya…

— Hossein ! Hossein… Hossein… Hossein…

— Ya Hossein », répéta Morteza à mi-voix.

C'était la fête d'Achoura, un événement religieux qui se déroule pendant dix jours durant le mois saint de *Muharram*, en mémoire du martyre du petit-fils du Prophète, l'imam Hossein, tué avec soixante-douze des siens lors de la bataille de Kerbala en 680. Mais il s'agissait d'une Achoura pratiquée en secret depuis que le gouvernement avait interdit ces torrents de sang, jugés barbares et fanatiques, lors des cérémonies. Un noyau de purs et durs résistait, ignorant ce décret, convaincus que certains domaines relèvent de la relation individuelle entre l'homme et Dieu. L'autoflagellation, où le sang est un signe d'amour pour Hossein, faisait partie intégrante de leur culture, d'une tradition que les pères des pères de leurs pères pratiquaient déjà, mais elle était devenue clandestine, reléguées aux *hosseiniehs* et aux arrière-salles dans tout le pays. Le caractère illégal de ce rituel ajoutait à sa puissance, tel un sceau resserrant le lien entre hommes et frères d'armes. Morteza s'y adonnait depuis des années, écoutant les mêmes chants dans les mêmes salles.

« Hossein s'en fut à Kerbala… », chanta l'officiant, éclatant en longs sanglots relayés par le micro qui envoyait le son se réfléchir autour de la pièce : *wah wah wah wah…*

Il prit sa respiration et poussa la cadence à un rythme infernal, comme s'il était possédé.

« Tout le monde en chœur, plus fort ! Plus d'énergie ! »

On aurait dit un moniteur de camp de vacances entraînant un groupe tandis que l'écho de ses sanglots continuait à résonner : *wah wah wah wah…*

Les hommes réagissaient au quart de tour, bondissant et se fouettant le dos en répétant ses paroles telle une incantation, dans un état de transe absolu.

« Hossein ! Hossein ! Hossein ! Hossein ! Hossein ! »

Pour la première fois de sa vie, Morteza se tenait en retrait et observait ce spectacle comme un étranger. Ses compagnons lui rappelaient les raves qu'il abhorrait et dont il avait été témoin au nord de Téhéran : ces hommes s'abandonnaient au rythme du tambour dans un brouillard d'adrénaline et de cortisone qui remplaçaient l'ecstasy et l'alcool. Les sanglots du chanteur lui semblaient grotesques, artificiels. Les larmes qu'il parvenait à conjurer chaque année n'étaient destinées ni à Dieu ni à l'imam Hossein, mais à lui-même, Morteza.

Il déposa sa chaîne et prit son manteau.

« Que se passe-t-il ? Qu'est-ce qui te prend ? » lui demandèrent ses voisins en lui barrant la sortie.

Morteza ne répondit rien, forçant à travers la foule avant de remonter dans la lumière de la fin d'après-midi. Dans la rue se déroulait la version publique, officielle et plus raisonnable d'Achoura : des rangées d'hommes vêtus d'une chemise noire se frappaient avec des chaînes plus légères, suivant du regard les femmes qui s'intéressaient davantage au physique des flagellants qu'à la valeur de la flagellation. Une version assainie du rite originel. Il se fraya un chemin au milieu de la foule et se retourna une dernière fois. Secouant la tête, il partit pour de bon, sûr de ce qu'il lui restait à faire.

***

Morteza était considéré comme un raté depuis le jour de sa naissance. La sage-femme l'avait extrait du ventre de sa mère et avait giflé son petit visage fripé, mais tout ce qu'elle avait obtenu de ses lèvres rosées, à peine formées, était un vagissement quasi inaudible. « Vous avez accouché d'un gringalet. Ce garçon n'est pas bâti pour ce monde », avait-elle déclaré en le déposant sur le ventre de sa mère. Morteza avait cherché le sein maternel, mais quand il l'eut en bouche, il n'avait plus assez de force pour le téter.

Dans sa famille, les hommes étaient râblés et costauds. Bébés déjà, ils étaient gros, puis ils se muaient en gaillards dont la robustesse faisait rempart aux maladies. Les traits fins et délicats de Morteza ne s'étaient jamais épaissis, et son ossature fine s'était simplement allongée et déliée. Les femmes de sa famille le chouchoutaient, charmées par sa beauté, ses longs cils ravissants et son visage en forme de cœur. Morteza passa toute son enfance accroché aux jupes et au tchador de sa mère.

La révolution fut une aubaine pour les Kazemi. Ils étaient accablés par une pauvreté qui se transmettait de génération en génération, telle une malédiction. L'avènement de l'imam Khomeini fit basculer leur destin. C'était une famille pratiquante, croyante, et pas seulement parce qu'ils étaient des *seyeds* – le titre honorifique qui permet d'identifier les descendants directs du Prophète. Ils allaient à la mosquée plusieurs fois par semaine et pour rien au monde ils n'auraient raté la prière du vendredi. Un jour, un nouveau voisin avait installé une antenne parabolique sur le toit ; la mère de Morteza, Khadijeh, avait filé sur-le-champ à la mosquée pour le dénoncer au chef des bassidjis du quartier. Quelques heures plus tard, l'antenne était détruite par un policier et deux jeunes bassidjis qui expliquèrent au propriétaire que la prochaine fois, c'était lui qui y passerait.

Les Kazemi habitaient une maison en brique identique aux autres dans un quartier appelé Imam Zadeh Hassan, une banlieue décatie et laide du sud-ouest de Téhéran, où les seuls bâtiments entretenus étaient les mosquées, et les rares véhicules des Pride blanches et des camionnettes rouillées et cabossées chargées de gamins ou de marchandises. Ils étaient cinq – Morteza, ses parents, Khadijeh et Kazem, et les parents de Kazem – et vivaient et dormaient dans deux pièces, dont une chambre qui servait de salon pendant la journée. La maison avait des petites fenêtres en hauteur pourvues de rideaux en dentelle crasseux que l'on ouvrait rarement. Les murs étaient nus, grisâtres ; la peinture s'écaillait. Des coussins de sol perses étaient alignés le long des murs et dans un coin se trouvait un bureau en contreplaqué sur lequel était rassemblé tout ce que la famille possédait : une télévision, un ordinateur, un flacon de parfum, un miroir grossissant, une pince à épiler, du dentifrice et un gros tube de crème Nivea. Sous le bureau étaient entassés les draps et les couvertures. On avait installé dans le vestibule une kitchenette de fortune où Khadijeh cuisinait sur un réchaud à gaz, à côté du réfrigérateur dont la porte de guingois grinçait bruyamment quand on l'ouvrait en pleine nuit.

La plupart des hommes de la famille étaient des *hezbollahis* de la première heure qui s'étaient organisés en bataillons pour combattre les mécréants, les gauchistes et les monarchistes pendant la révolution. Ils avaient été doublement récompensés : par du travail, et parce qu'ils imposaient le respect, plus fiers encore du strict contrôle religieux qu'ils exerçaient sur leur vie et sur leurs femmes. La révolution avait dans le même temps contribué à amoindrir les différences de classe. Pour la première fois dans l'histoire de la famille Kazemi, les femmes étaient scolarisées au-delà de l'école primaire, car on était assuré qu'elles ne seraient pas corrompues par le système éducatif islamique. Certains parents éloignés qui habitaient un village du centre de l'Iran, berceau original des Kazemi, vinrent s'installer à Téhéran à cette époque. La famille se sentait d'autant plus forte qu'elle s'agrandissait. Elle comptait notamment un excellent espion qui officiait pour les révolutionnaires islamiques et n'avait aucun scrupule à dénoncer ses voisins ni à faire inculper les opposants, et se vit rapidement remercier de ses loyaux services par un poste dans un des nouveaux ministères. Le népotisme offrait d'autres avantages et permit à nombre de Kazemi de trouver un travail, qui d'assistant, qui de technicien de surface, voire de directeur administratif. En dépit de ce pouvoir et de ces revenus inattendus, contrairement au clan de Somayeh, les Kazemi n'avaient que des amis qui partageaient leurs opinions religieuses et politiques, fuyant particulièrement les impétrants qui grimpaient l'échelle sociale tout en dégringolant l'échelle morale. Ils se préservaient des inconnus qui se vantaient d'influences étrangères, une tactique qui allait se révéler fondamentale pour leur survie.

La guerre fut aussi bénéfique aux Kazemi. Morteza était encore un nourrisson quand ses deux frères, à l'époque adolescents, Ali et Hadi, furent envoyés sur le front irakien après s'être engagés comme volontaires dans la milice bassidji. Khadijeh soudoya un faussaire pour qu'il falsifie le certificat de naissance d'Ali. En un coup de crayon, ce dernier se vit gratifié de trois années supplémentaires, sautant de l'âge de quinze ans, qui faisait de lui un mineur, à celui de dix-huit, l'âge d'un jeune homme mûr pour le combat. Pour Khadijeh, envoyer son fils au front était une façon de signifier sa gratitude et son amour à saint Khomeini et à Dieu. Les deux frères aînés furent aussitôt envoyés en première ligne où ils passèrent près d'un un an à regarder leurs compatriotes tomber autour d'eux, dont certains pendant les fameuses « vagues humaines » de bassidjis – une tactique suicidaire qui consistait à charger l'artillerie adverse et à se jeter dans les tranchées ennemies en échange de la gloire réservée aux martyrs et de la promesse de découvrir les vierges du paradis.

Ali fut touché par une roquette et survécut, par miracle, juste assez longtemps pour ramasser ses viscères, les replacer dans son ventre et chuchoter la prière des morts avant que son sang ne se fige dans ses veines. Une semaine plus tard, Hadi fut tué, mais on ne retrouva jamais son corps. Le courage des deux frères devint l'objet de légendes qui embellirent avec le temps : ils avaient chargé l'ennemi sans peur et sans reproche, disait-on, évité les bombes et les balles, traîné sur des kilomètres des camarades pour les mettre à l'abri et tué des dizaines d'adversaires avec une simple AK-47, scandant « *Allah Akbar* » et chérissant Khomeini du plus profond de leur cœur. Deux héros de guerre. Forte de cette gloire, la position de la famille dans la hiérarchie islamique fit un bond. Des photos d'Ali et Hadi étaient affichées chez eux et dans toutes les boutiques du quartier.

Le père de Morteza abandonna son boulot de technicien de surface et, avec l'aide d'une fondation qui venait en aide aux familles des martyrs, créa une compagnie de taxis, dont les licences étaient accordées en priorité aux parents d'hommes morts au champ d'honneur et d'anciens combattants blessés.

L'orgueil lié à cet héroïsme, pas plus que le passage du temps ne diminuèrent la douleur de la famille. Or, plus le temps passait, plus il devenait évident que Morteza était l'antithèse de ses deux frères. Petit garçon, il aimait jouer seul, ou avec ses tantes. Son jeu préféré consistait à se déguiser en prince perse et à se peindre les ongles en rouge. Le jour où son père le découvrit ainsi attifé, il le gifla en pleine figure ; il avait cinq ans à peine.

Très jeune, Morteza fut sensible au mépris puis à la répulsion paternels. Quand il avait dix ans, son père le fouettait régulièrement avec sa ceinture. L'enfant l'écoutait sangloter et réprimander sa mère : « J'avais deux fils et à cause de toi, je n'en ai plus un seul ! »

Morteza nourissait le désir ardent de ressembler à ses frères. Khadijeh ne cessait de parler d'eux et espérait que les récits de leur bravoure seraient une source d'émulation pour son petit dernier qui chercherait alors à devenir comme eux, un petit caïd sans peur. Morteza tâchait de les imiter et jouait au football dans l'allée devant chez eux. On avait beau se moquer de lui parce qu'il avait une trouille bleue du ballon, il persévérait. Après l'école, il traînait avec ses camarades. Puis il se mit à porter les vêtements de ses frères, râpés et deux fois trop grands pour lui, s'imaginant que leur essence déteindrait sur lui à travers le coton usé. Ses parents n'en avaient pas conscience, mais Morteza était l'enfant le plus déterminé et le plus tenace jamais né chez les Kazemi.

Une bande de garçons étaient rassemblés dans le vestibule de la mosquée. Morteza se tenait seul à l'arrière. Ses chaussures en cuir, cirées par ses soins avec de l'huile végétale, reluisaient et sa nouvelle chemise blanche était si raide qu'on aurait dit qu'elle était en carton. Khadijeh n'était pas loin et le surveillait en criant ou en faisant des grands gestes pour l'enjoindre à ignorer la queue comme les autres. Hélas, Morteza était bousculé de tous côtés et se retrouva relégué parmi les derniers.

Au cœur de la vie du quartier, la mosquée jouait à la fois le rôle de lieu de rencontre et de centre spirituel. Les fidèles arrivaient avant les prières pour y bavarder et retrouver leurs amis. Les pauvres y étaient nourris et habillés pendant les mois saints et à Norouz, le Nouvel An. C'est aussi la mosquée qui prêtait de l'argent aux familles qui avaient du mal à joindre les deux bouts ou devaient s'acquitter des frais d'un mariage. La mosquée que fréquentait Morteza servait en outre de quartier général aux bassidjis.

Khadijeh avait essayé de le dissuader de rejoindre les Basij-e Mostazafan, littéralement la « Mobilisation des opprimés ». Au fond, cela lui aurait énormément plu, mais elle savait que son fils n'était pas taillé pour cette milice : à douze ans, c'était un garçon doux, fragile, qui avait une démarche alanguie, de longs membres, des fesses maigres, et qui pleurait à la moindre provocation. Morteza avait insisté. Être un bassidji ferait de lui un homme respecté, à l'égal de ses deux grands frères héroïques. Khadijeh avait fini par céder, notamment parce que la famille n'avait plus le sou. Les bassidjis étaient nourris et pris en charge au moins une fois par semaine.

Kazem, le père de Morteza, avait pris l'habitude de s'offrir une bouffée d'opium çà ou là, mais, depuis la mort de ses fils, il fumait de plus en plus. Jusqu'au jour où l'allocation de l'État, l'argent versé par la fondation des parents de martyrs Bonjad-e Shahid et les revenus de la bijouterie de Khadijeh ne suffirent plus à satisfaire son addiction. Il vendit alors sa compagnie de taxis, qui était peu rentable. Désormais il passait la journée avec sa pipe, penché au-dessus du petit brasier, *manghal*, à remuer des charbons ardents avec des pinces en fer forgé. Quand il ne fumait pas, il éructait, soit contre Khadijeh soit contre Morteza.

Après leur inscription, les garçons furent conduits dans une salle abritée par la *hosseinieh*. Le gardien de la mosquée, Gholam, donnait un dernier coup de balai. C'était un petit bonhomme noueux, voûté, qui portait une sorte de vieux pyjama crème, et que personne n'avait jamais vu inactif. Il s'agitait sans cesse, préparait le thé, époussetait, cirait les chaussures, nettoyait les tapis, priait, désinfectait les toilettes, faisait les courses, arrosait les plantes, et, à peine apercevait-il une personne d'un rang supérieur, autrement dit tout le monde, qu'il se prosternait ostensiblement. Il descendait d'une longue lignée de gardiens de mosquées et avait pris à seize ans le relais de son père, quand celui-ci était mort. Aujourd'hui, il vivait dans une loge à côté du vestibule de la mosquée avec sa femme et ses deux jeunes filles.

Il sortit de la salle en faisant signe aux garçons de se taire et le commandant entra d'un pas martial, dardant un regard glacial. L'homme portait le non-uniforme uniforme des chefs de bassidjis : un pantalon kaki muni de grandes poches sur les côtés et, par-dessus, une large chemise. Aucun insigne, aucun badge n'indiquait son rang. Chez les bassidjis, tous les frères sont égaux. Sa barbe grise cachait des lèvres fines et mesquines, et sa crinière semblait trôner sur le haut son crâne comme un tas de compost, perpendiculaire à son gros ventre.

« *Salaam-on Alaykoum*, les garçons ! Vous savez que vous êtes l'armée du futur. Vous représentez la République islamique d'Iran. Vous êtes ici pour servir Dieu et notre Prophète – Dieu ait son âme. Oui, vous allez servir le Guide suprême contre les infidèles, contre l'Occident et le sionisme. Mort à Israël !

— Mort à Israël ! » répétèrent les garçons comme un seul homme, même si nul ne savait ce que signifiait le sionisme, ni pourquoi l'Occident était l'ennemi à abattre.

Les jumeaux Ahmadi brandirent leur poing en l'air en signe d'adhésion. C'étaient les fils d'un ancien leader *hezbollahi* qui leur avait appris, comme un jeu, à brûler le drapeau américain en hurlant : « Mort à l'Amérique ! » alors qu'ils avaient quatre ans à peine. Leur père, Haji Ahmadi, avait été un des premiers à rejoindre les bassidjis en 1980, à l'époque où Khomeini rêvait d'une magnifique milice populaire de vingt millions d'hommes. À l'origine, ces volontaires étaient utilisés en renfort des Gardiens de la révolution que l'on envoyait se battre contre les séparatistes baloutches, kurdes et turcs. Puis la guerre contre l'Irak avait éclaté et ils s'étaient retrouvés en première ligne et avaient servi de chair à canon. Haji Ahmadi était revenu de la guerre avec des éclats d'obus dans les deux jambes, et une passion renouvelée pour la République islamique qu'il canalisait en s'attelant aux missions dans lesquelles les bassidjis excellaient : chasser le vice, nourrir la vertu et étouffer le moindre germe de protestation. Il était pourtant déçu de voir ce que les bassidjis étaient devenus, un centre pour la jeunesse plutôt qu'une force paramilitaire. Il aurait donné sa vie au Guide suprême et attendait le même dévouement de la part de ses fils.

Le commandant s'avança vers les garçons en leur ordonnant de se redresser debout devant leur pupitre. Il inspecta ses nouvelles recrues en se penchant vers ces gamins aux côtes saillantes que frôlait son gros ventre. Un souffle moite se dégageait de ses narines et vint imprégner le visage de Morteza au moment où il passait près de lui. Puis il s'arrêta devant un garçon à l'allure un peu louche, fleurant sans doute un parfum de rébellion dans le regard noir et sauvage qui croisa le sien. Ebrahim – ou Ebbie – avait un joli visage qui faisait oublier ses affreuses guenilles et ses chaussures trouées. Il avait une démarche sensuelle et une intelligence innée que la vie de gamin des rues avait aiguisée et transformée en un esprit vif comme l'éclair. À huit ans, Ebbie était porteur au bazar et jouait au backgammon dans les maisons de thé pour gagner de l'argent. Quand il ne folâtrait pas et ne faisait pas l'école buissonnière, il mentait pour esquiver les coups de son père, qui le battait sans raisons et l'obligeait à dormir dans la rue s'il ne se tenait pas à carreau.

« Redresse-toi ! lui hurla le commandant en le fixant dans le blanc des yeux.

— Oui, m'sieu ! » répondit Ebbie en claquant les deux pieds et saluant le commandant avec un geste maladroit.

Le commandant s'attarda ensuite devant le voisin d'Ebbie, Mehran, un garçon à qui ses parents avaient conseillé de ne pas porter ses nouvelles baskets car elles lui donnaient une allure d'Occidental, *balaashari*, un chouïa gâté, qui ne cadrait pas avec l'esprit bassidji. Hélas, même sans ses baskets, il en avait tous les attributs : le centimètre de trop dans la longueur des cheveux, la chemise à carreaux un peu trop près du corps, la chaîne en or dont on apercevait l'éclat sous le gilet. La mère de Mehran était femme de ménage dans le nord de Téhéran depuis dix ans, et elle ne pouvait s'empêcher de soumettre ses enfants à un style de vie au-dessus de leurs moyens. Elle avait réussi à persuader son fils de s'inscrire aux bassidjis pour les mêmes raisons que celles de la mère d'Ebbie et de la moitié des enfants présents : les avantages matériels. Les bassidjis proposaient des activités extrascolaires que peu de familles auraient pu se permettre. Les garçons avaient libre accès à la piscine et au terrain de football du quartier ; ils avaient droit à des excursions d'une journée entière hors de Téhéran sur différents sites touristiques et, l'été, à des colonies de vacances. Les bassidjis offraient aussi des repas gratuits, des prêts à faibles taux d'intérêt, des conditions avantageuses auprès de certaines associations gouvernementales, et des chances bien supérieures d'intégrer l'université, grâce à un quota de quarante pour cent d'étudiants bassidjis dont les notes n'entraient pas en ligne de compte. Le temps passé chez les bassidjis était soustrait du temps de service militaire obligatoire. Pour les garçons, les bassidjis se situaient à mi-chemin entre les scouts islamiques et les francs-maçons. S'ils témoignaient assez de dévotion et d'ardeur à la tâche, les membres pouvaient même espérer recevoir un salaire. C'est pourquoi peu de familles pauvres passaient à côté de la possibilité d'y envoyer leurs fils.

Ces motivations étaient tues. Tout se savait sur les difficultés des uns et des autres : les addictions à la drogue, les revenus, les dettes, les querelles et les problèmes conjugaux. Les infimes concessions au libéralisme introduites subrepticement dans ce petit monde étaient férocement dissimulées. Personne ne savait par exemple que la mère de Mehran, femme de ménage et domestique chez des Téhéranais du nord, servait de l'alcool aux dîners, ni que ses fils ne faisaient pas leurs prières. Personne ne savait non plus que la famille d'Ebbie considérait la religion comme une perte de temps.

Les familles *sonati*, traditionnelles et pratiquantes, acceptaient le divorce et la résistance au pouvoir de l'État comme de nouvelles réalités liées à la vie urbaine et moderne. Les vraies familles bassidjis ou *hezbollahis*, elles, s'agrippaient coûte que coûte à des valeurs qu'elles jugeaient sacrées et intrinsèquement liées à leur religion. Même la mère de Mehran reconnaissait des limites à sa tolérance. Dans sa communauté, le divorce était perçu comme une honte stigmatisant toute la famille. Une femme qui aspirait au divorce était une femme qui brandissait le drapeau de sa débauche, pensait-on, quelles que soient les infidélités de son mari. La mère de Mehran ne prononçait qu'à mi-voix le mot tabou, *talaagh*, divorce, alors que la moitié de ses employeurs étaient divorcés.

Abdul était le fils d'un chauffeur de bus à la tête de l'unité des chauffeurs de bus bassidjis. Cette unité professionnelle, comme la plupart des autres, était perçue par ceux qui ne soutenaient pas les bassidjis comme un moyen de contrer le poids des syndicats. Abdul avait appris à ne jamais regarder une femme dans les yeux et à ne jamais serrer une main féminine afin de se préserver de tout sentiment de concupiscence. Il connaissait déjà la moitié du Coran par cœur. Pour lui et pour les siens, rejoindre les bassidjis était une question de loyauté et de *khedmat*, sens du devoir, l'occasion de faire serment d'allégeance à l'État et de servir la société. C'était une façon de faire le bien. Majid, le fils d'un mollah local, avait une vision moins figée de l'islam, mais il avait été élevé dans l'idée que la valeur d'un homme dépendait de la rigueur avec laquelle il défendait Dieu et la morale. Les bassidjis étaient donc un mouvement idéal pour accomplir ses devoirs religieux. Pour les jumeaux Ahmadi, c'était aussi une question de réputation et de pouvoir.

Finalement, le mouvement attirait autant de voyous et de fanatiques religieux que de gamins désœuvrés issus de familles pauvres. Avec une matraque à la main et une moto entre les cuisses, leur dévouement à la République islamique faisait de ces préadolescents de parfaits nervis. C'étaient eux qui instillaient la peur dans le cœur de la population.

Une fois le commandant satisfait de voir que les garçons étaient dûment intimidés, il leur assigna un devoir. Il leur fallait apprendre par cœur cinq pages du Coran qu'ils réciteraient au cours de leur prochaine réunion hebdomadaire.

« S'il vous plaît, monsieur, quand est-ce qu'on aura un fusil ? » demandèrent en chœur les jumeaux qui s'exprimaient presque toujours d'une même voix.

Haji Ahmadi, qui se tenait debout dans l'encadrement de la porte, sourit avec fierté.

« Patience, chers enfants. Travaillez dur, exprimez votre vraie nature, et un jour vous arriverez au sommet et vous commanderez, comme moi. »

Le commandant s'en allait à grands pas, quand soudain Ebbie rompit le silence en s'adressant à Morteza dont il savait qu'il apprécierait le trait d'esprit :

« J'ai oublié de féliciter le commandant.

— Pourquoi ?

— Parce qu'il est enceinte de neuf mois et j'te parie qu'il va bientôt accoucher ! »

Toute la salle éclata de rire. Même Abdul, si sérieux, souriait.

« Un peu de respect ! s'écrièrent les jumeaux.

— Relax, vous aurez bientôt des flingues. Pour une fois, vous ne vous comporterez plus comme si vous aviez un balai dans le cul. »

Les jumeaux se levèrent en grommelant.

« C'est votre oncle ou quoi ? Pourquoi vous êtes tellement vexés ?

— Il est interdit de mal parler d'un commandant de bassidjis !

— Et vous, vous avez le droit de me causer avec ces pantalons trop laids, peut-être ? C'est votre grand-mère qui vous les a faits, ou quoi ? » lança Ebbie avant de filer pour que les jumeaux ne lui sautent pas dessus.

Peu après, Morteza rentrait chez lui quand il croisa Ebbie en train de shooter dans un vieux ballon crevé avec des gamins des rues.

« Tu n'as pas peur des jumeaux Ahmadi ? Si ça se trouve, ils vont cafter au commandant et tu vas avoir des ennuis.

— J'adore ça, les ennuis. De toute façon, j'vais te dire, bientôt ces deux morveux me boufferont dans la main. »

Morteza sourit.

« Alors, c'est tes parents qui t'ont inscrit aux bassidjis ? demanda Ebbie.

— Oui, parce que je suis prêt à servir Dieu et mon pays, répondit Morteza, répétant ce qu'il entendait depuis son enfance. Tel est notre devoir. Et s'il faut partir à la guerre, j'irai, je me battrai comme mes deux grands frères.

— Quoi ? Finir les deux pieds devant pour une guerre qu'on n'a même pas gagnée ! Je ne veux pas te vexer, mais tu ferais pas long feu, tu serais même pas cap de porter une canette de Coca sur la ligne de front, alors un fusil, j'te dis pas ! »

Morteza se précipita sur Ebbie en brandissant les poings, mais ce dernier ne bougea pas.

« Mon vieux, désolé. J'rigolais. Je t'aime bien, t'es trop cool. Les imbéciles, c'est les gros durs, genre, les jumeaux. »

Il sortit une poignée de raisins secs poussiéreux du fond de sa poche et les offrit à Morteza en signe de paix.

« Et toi, pourquoi tu t'es inscrit ?

— Parce que ma mère cuisine trop mal », répondit Ebbie, impassible.

Et Morteza éclata de rire.

Une semaine plus tard, les garçons se retrouvèrent devant le bureau du commandant. Le premier convoqué fut Morteza. Il entra et commença à réciter avec une jolie voix mélodieuse :

« Qui s'oppose aux commandements d'Allah…

— Je n'entends rien. Viens ici, fit le commandant avec un geste du bras.

— Qui s'oppose [aux commandements d']Allah / et de Son messager sera / réduit à de la poussière / comme le furent, d'autres avant eux : car nous… »

Le commandant se leva et avança vers Morteza, qui reculait. Il continua jusqu'à ce que le garçon soit cloué au mur et écrasa son gros ventre contre son torse étroit. La voix de Morteza se fit plus forte.

« … avons déjà envoyé des signaux clairs / et les incroyants / [connaîtront] un châtiment humiliant… »

Le commandant lui empoigna les fesses en pressant son pelvis contre lui.

« Le jour où Allah les soulèvera / tous [encore] et leur révélera / leurs actes [que] Allah a reconnus et / qu'ils ont oubliés / car Allah est témoin, de toute chose… »

Le commandant se mit à haleter et Morteza éclata en sanglots, incapable de poursuivre.

« Je sais que le chemin vers Dieu est douloureux, mais pourquoi pleures-tu ? C'est ton lien spirituel avec Dieu qui te met mal à l'aise ?

— Non, monsieur.

— C'est un péché de pleurer en récitant les paroles divines. Tu ferais mieux de trouver une bonne excuse.

— Je suis désolé, vraiment désolé.

— Je te pardonne, mais seulement parce que tu as bien fait ton devoir. Il ne faut pas avoir peur de l'éveil spirituel qui s'opère en nous quand nous sommes seuls face à Dieu. Tu comprends ce que je veux dire ? Ou faut-il que j'en parle à tes parents ?

— Je comprends, mais je vous en supplie, ne dites rien à mes parents. »

Le commandant hocha la tête d'un air entendu, au grand soulagement de Morteza, qui lui fut reconnaissant pour sa clémence.

Ebbie fut le second à être appelé. Il resta plus longtemps que tous ses camarades dans le bureau du commandant, dont il ressortit muet et l'air maussade.

Quelques mois plus tard, Morteza était fou d'amour. Prêt à mourir en échange du plaisir d'être étreint par Ebbie. Ce n'était pas la première fois qu'il tombait amoureux d'un garçon. Ses parents avaient été choqués de découvrir qu'il avait exhibé son pénis en érection devant son cousin, Jaffar, quand il avait sept ans. Mais lui-même ne se rendait pas compte que c'était au contact d'un garçon qu'il avait éprouvé, très jeune, les premiers tiraillements du désir.

Ebbie en avait conscience, mais cela le laissait de marbre. Il adorait être aimé. Il était familier des excentriques et des marginaux qui vivaient dans les rues. Son éducation s'était faite au contact d'ouvriers, de vendeurs du marché noir, de garnements et de prostituées qui lui avaient tout révélé des pratiques, peu importaient les interdits. Son oncle était un travesti à mi-temps qui se baladait en robe et les lèvres peinturlurées de rouge. Certains pensaient qu'il était fou et lui fichaient la paix ; d'autres lui crachaient dessus. Ebbie acceptait donc Morteza comme il était, sans le juger ni lui poser de questions. En échange, Morteza lui vouait une confiance absolue. Ebbie était le seul à savoir que sa passion secrète était de cueillir des fleurs pour les faire sécher et qu'il adorait caresser la soie des tchadors au bazar.

Le changement s'opéra rapidement. Beaucoup plus vite que Morteza ne l'aurait pensé. Pour la première fois de sa vie, il était accepté pour ce qu'il était. Ses oncles lui tapaient dans le dos. Le boulanger du quartier, membre de l'unité des bassidjis boulangers, les servaient avant les autres, lui et ses camarades. Quand il entra au secondaire, il découvrit que les professeurs confiaient la surveillance de la classe aux bassidjis. Et le jour où le recrutement de nouveaux bassidjis eut lieu au collège, on lui demanda d'y participer.

Il découvrait l'orgueil, le pouvoir du respect, parce qu'il faisait partie d'un mouvement important et puissant. Le commandant leur avait dit que les bassidjis comptaient des millions de membres en Iran. En réalité, personne ne connaissait les chiffres exacts, mais il existait des unités dans les écoles, les universités, les mosquées, les usines, les institutions gouvernementales et les entreprises privées. Dans les villes, dans les villages et au sein des tribus aux quatre coins de l'Iran. Partout.

Quant à Morteza, ses opinions n'avaient guère évolué, mais pour la première fois, elles étaient prises en main, modelées. Les conférences auxquelles ses camarades et lui avaient droit n'étaient pas dénuées d'effet. Les garçons écoutaient des érudits islamistes tonner contre les dangers de la décadence morale et les titiller en distillant quelques détails croustillants afin de maintenir leur attention tout en leur confiant assez de responsabilités pour les flatter. Ils étaient ivres de fierté de s'entendre dire qu'ils étaient les garants de la vertu de leurs compatriotes. Un jour, un mollah se déchaîna et leur raconta toutes sortes d'histoires d'inégalités de classe en soulignant la menace que représentaient les mœurs dissolues importées d'Occident pour la République islamique.

Ils suivaient également des cours sur l'héroïsme des combattants de la guerre en Irak destinés à les sensibiliser à la majesté et à la beauté du conflit. Les garçons étaient électrisés, brûlant d'envie de manier des armes futuristes comme celles qu'ils voyaient dans les films et de vivre l'amour inconditionnel des frères d'armes au combat. On leur passait des vidéos de bassidjis qui s'entraînaient dans des camps : sur une bande-son au rythme endiablé, des hommes en treillis crapahutaient à travers des terrains montagneux et tiraient avec des armes automatiques au milieu des bombes. Ils formaient une force invincible, leur rappelait-on sans cesse, et s'ils étaient tués au champ d'honneur, ils seraient vénérés et auréolés de la gloire qui attend les martyrs par-delà la mort. Le plus grand service qu'un bassidji pouvait offrir à la nation était le sacrifice de sa vie au combat. C'était gagnant-gagnant.

Le fait est qu'ils avaient parfois l'impression de vivre en état de guerre. À la mosquée, aux informations, ils entendaient dire que les sionistes dominaient le monde et qu'Israël pouvait envahir l'Iran du jour au lendemain. Les journaux affichaient des manchettes alarmistes sur le mode : « Israël annonce la date de l'attaque de l'Iran. »

Heureusement, le Guide suprême avait l'art de préserver l'espoir. Un jour, à Mashhad, il avait dit dans un discours : « Si Israël fait le moindre geste, nous raserons Tel Aviv ! »

Grâce aux bassidjis, Morteza avait trouvé un but, un sens à sa vie. Ses prières à Dieu et à la nation renforçaient sa détermination à lutter contre les vils sentiments qu'il éprouvait pour ceux de son sexe.

À l'âge de la puberté, les garçons étaient soumis à de longs prêches sur les dangers du désir dispensés par une kyrielle de religieux. Des laïus qui ne faisaient qu'exciter en eux la rage. Rage de ne pouvoir dominer leur désir. Rage contre ceux qui y cédaient. Rage contre les femmes qui incarnaient la tentation.

La rage de Morteza, elle, était surtout dirigée contre lui-même car il se reprochait de provoquer malgré lui la libido du commandant. Il était persuadé que celui-ci savait qu'il était une erreur de la nature et il se sentait responsable de sa peine hebdomadaire, car le commandant continuait à se frotter contre lui jusqu'à ce qu'il pleure. Voilà ce qui arrivait aux garçons comme lui, se disait-il.

Un jour, le comandant invita un ayatollah au turban noir à venir faire un cours de morale, *dars-e akhlaagh*, aux garçons. Son turban était un signe de distinction qui prouvait qu'il descendait du Prophète.

Grâce à un sens de l'autopromotion inné et sans limites, l'ayatollah avait réussi à se hisser au rang de pourvoyeur d'éthique et de règles modernes, tout en gonflant son compte en banque. Il se déplaçait exclusivement dans une Mercedes blanche, et un immense portrait de lui tout sourires s'affichait sur Vali Asr, non loin du siège de la Radio-Télévision de la République islamique, accompagné des tarifs des différents services qu'il proposait. Le commandant avait longuement palabré avec lui pour obtenir un prix intéressant en échange d'une série d'interventions.

La venue de ce personnage constitua un des moments phares de l'année de Morteza. Même Gholam, le gardien de la mosquée, était surexcité à l'idée qu'un homme aussi irréprochable et engagé fasse grâce de sa présence à sa mosquée. Il avait vu son portrait et entendu ses annonces à la radio. Il passa trois jours à briquer le lieu saint et obligea sa femme à acheter un nouveau tchador. Il demanda l'autorisation de placer ses deux filles à la porte afin qu'elles profitent des conseils du saint homme, mais il se fit taper sur les doigts pour avoir ne fût-ce qu'osé y songer. Ses filles étaient jeunes, lui dit-on, mais pas loin de l'âge des premiers saignements, autrement dit l'âge d'être bannies de la mosquée dès lors que des bassidjis s'y trouvaient.

Les interventions de l'ayatollah confortèrent la détermination de Morteza à maîtriser ses pulsions en offrant sa vie à Dieu. Il avait pourtant du mal à supporter les violents réquisitoires de l'homme contre le fléau de l'homosexualité. L'ayatollah choisissait des extraits du Coran et interprétait des passages qui évoquaient le destin de Lot, châtié par Dieu pour sodomie disait-il. Mais il donnait surtout libre cours à ses propres pensées et à sa répugnance personnelle en expliquant aux garçons que les homosexuels étaient pires que les chiens et les porcs, et que c'étaient eux qui avaient importé le sida. Chaque nouvelle intervention confortait Morteza dans l'idée que ses mauvaises pensées constituaient un péché. À la quatrième session, il se jura de ne plus jamais revoir Ebbie. Il n'eut guère de mal à tenir parole. Ebbie avait abandonné les bassidjis. Morteza avait sa petite idée sur la raison de ce départ, même s'ils n'avaient jamais parlé de ce que le commandant leur faisait dans son bureau. Il avait aussi entendu dire qu'Ebbie s'était mis à la *sheesheh* dans le parc avec une bande de va-nu-pieds.

Un an plus tard, Ebbie disparut.

« Il va revenir, il revient toujours, ce petit saligaud », disait son père.

Sauf qu'il ne revint jamais. Et Morteza pleura toutes les larmes de son corps quand il eut vent d'une rumeur : on aurait retrouvé son corps près de Shoosh, là où régulièrement on découvrait les corps meurtris de drogués.

Le commandant prit sa retraite l'année de la disparition d'Ebbie. Il fut remplacé par le commandant Abbas Yazdi, qui portait un keffieh noir et blanc en signe de solidarité avec ses frères de Palestine. La formation des garçons prit un tour nettement plus politique : Abbas Yazdi les abreuvait de récits révolutionnaires et leur donnait des listes d'ouvrages à lire. Morteza s'emballa pour un certain Ali Shariati, un universitaire formé à la Sorbonne qui avait été emprisonné par le shah et était mort avant la révolution. Shariati avait contribué à donner un nouvel élan à la foi islamique en fusionnant très intelligemment philosophie et sociologie occidentales et chiisme afin de créer une doctrine fondée sur les notions clés de lutte des classes, de révolution et de puritanisme islamique.

L'oncle *hezbollahi* de Morteza avait tout de suite remarqué le nom d'Abbas Yazdi, car c'était un ancien combattant fameux et un authentique révolutionnaire qui avait fait carrière dans le corps des Gardiens de la révolution islamique, également connu sous le nom de Sepah-e Pasdaran. Parmi ses pairs, Abbas Yazdi avait la réputation d'être un homme juste et incorruptible. Et il détestait les religieux. Dans les années 1980, à l'aube de la révolution islamique, il était garde du corps d'un important religieux, ultra-conservateur, apôtre de la lapidation et prônant une interprétation littérale du Coran de même qu'une application stricte de la loi islamique. Le religieux était menacé d'assassinat par l'OMPI, et un jour où il était hospitalisé, un informateur l'avait prévenu que l'organisation s'apprêtait à l'assassiner. Le commandant Yazdi avait posté ses hommes autour de l'hôpital pendant que lui-même faisait les cent pas dans les différents pavillons, fusil en main. L'OMPI avait débarqué le troisième jour. Une infirmière venait d'interroger un homme déguisé en médecin et, notant ses réponses hésitantes, elle avait compris qu'il s'agissait d'un imposteur. Elle hurlait à l'aide quand le type s'était précipité dans un escalier de service. Yazdi était apparu juste à temps pour apercevoir l'homme et tirer. Mais l'assassin avait réussi à fuir. Le commandant Yazdi était remonté dans la chambre du religieux, paniquant en voyant que le soldat surveillant l'entrée était absent et la porte entrouverte. Il avait sorti son revolver de son étui et jeté un œil à l'intérieur. Le soldat était allongé sur le religieux, qui le serrait contre sa poitrine. Ce dernier avait soudain relâché son étreinte et le soldat s'était faufilé vers la porte. Le commandant l'avait brutalement plaqué contre le mur.

« Qu'est-ce que tu foutais, bordel ? »

Le planton était cramoisi.

« Monsieur, je vous en prie, aidez-moi. Il dit qu'il a besoin de me serrer contre lui pour mon développement spirituel, pour que son corps me communique l'énergie divine. Je ne sais plus comment m'en sortir ! »

Le commandant Yazdi était hors de lui. Il s'était immédiatement avancé vers le religieux pour lui signifier ce qu'il pensait de sa « spiritualité ». Ce dernier lui avait conseillé de se calmer, ajoutant qu'il était difficile d'appréhender les voies du Seigneur pour un homme comme lui, si étranger à la religion. Le commandant Yazdi était sorti d'un pas martial et avait fait évacuer ses hommes. Peu après, il s'était vu convoqué en conseil de discipline, prêt à être libéré de ses devoirs, et il ne s'était pas gêné pour accabler le religieux.

« Nous sommes au courant, avait répondu l'officier chargé de l'enquête. Il a déjà été surpris en train de caresser des jeunes garçons. Écoutez, nous vous félicitons pour votre courage, qui prouve que vous être un homme droit. Mais que pouvons-nous y faire ? Vous connaissez son carnet d'adresses. C'est un des points sur lesquels nous sommes obligés de fermer les yeux. »

Les accusations contre le commandant Yazdi avaient été oubliées et remplacées par une mention spéciale pour son comportement exceptionnel. Mais lui ne pouvait pas laisser passer une chose pareille, si bien qu'il s'en était remis à son supérieur, général de brigade. Il avait de la chance. Le général n'aimait pas plus les religieux et c'était un des hommes de confiance les plus proches d'un homme politique influent ; hélas, même s'il avait été exclu du Parlement, le religieux était réapparu sur la scène publique peu après. Écœuré, le commandant Yazdi avait décidé de changer de voie, quitte à rétrograder. Il préférait former de jeunes bassidjis dans l'espoir de transmettre ses valeurs à la génération montante.

En 2009, à l'époque où explosèrent les manifestations de contestation des élections, Morteza était devenu inséparable des jumeaux, qui représentaient un idéal de virilité à ses yeux. Mehran avait quitté les bassidjis le jour où il avait vu des camarades arrêter des voitures dans le quartier et intimider les gens qui écoutaient de la musique trop fort. « Je n'ai aucune envie de faire partie de ces enfoirés qui harcèlent les gens », avait-il balancé à Morteza en le fixant droit dans les yeux.

À la *hosseinieh*, les garçons se retrouvaient pour regarder les images des manifestants qui saccagaient la ville. La télévision publique consacrait des heures et des heures de reportages à ces « criminels » qui menaçaient la sécurité de l'État. Jusqu'au jour où ils découvrirent qu'un bassidji, un certain Saaneh Jaleh, avait été martyrisé alors qu'il accomplissait son devoir, et tué par un manifestant. En vérité, mais ils l'ignoraient, Jaleh avait sans nul doute été tué par un sniper du gouvernement. En outre, témoignèrent ses amis, il n'était pas membre des bassidjis, sa carte était un faux créé sur Photoshop par l'agence de presse Fars, liée aux Gardiens de la révolution.

Jaleh était kurde, sunnite, anti-régime et étudiant en art, mais sa mort avait été récupérée par le gouvernement à des fins de propagande.

Peu importait, les garçons étaient furieux et exigeaient des représailles pour la mort d'un des leurs, mais on leur répondit qu'ils étaient trop inexpérimentés pour se risquer à la bagarre. Pendant ce temps-là, les bassidjis plus aguerris en rajoutaient sur les combats auxquels ils avaient participé et brandissaient des images d'échauffourées et d'arrestations massives sur leurs portables.

La deuxième semaine de manifestations, Morteza et les jumeaux décidèrent d'y aller sur les mobylettes offertes par Haji Ahmadi, le père de ces derniers. Les forces de sécurité leur interdirent de pénétrer au cœur de la foule, mais le regard terrorisé des gens qui les voyaient passer faisait frémir d'excitation les jumeaux. Morteza, lui, réagit différemment. Il fut submergé de tristesse, et du coup, furieux contre sa faiblesse. Il se morigénait à voix haute : « Pauvre imbécile, mauviette, qu'est-ce que t'as ? » Un jour qu'il était dans cet état d'esprit, sa mère l'entendit, mais elle ne dit rien. Elle était soulagée de voir que son fils luttait contre son indolence.

Une semaine après le début des manifestations, Morteza avait entendu Mehran et sa famille hurler *Allah Akbar*, « Dieu est grand », en pleine nuit depuis le toit de leur maison. C'était le cri de ralliement des opposants, le même que celui de ceux qui manifestaient contre le shah. Il eut peur pour la famille de Mehran car son unité rôdait dans les rues en prêtant l'oreille à ce cri et débarquait dans les maisons des fautifs. Ce que Morteza ne savait pas, c'est qu'une autre unité de bassidjis avait déjà déboulé dans la famille de Mehran, mais leur chef avait renvoyé les garçons et libéré tout le monde. Il était opposé à la violence à l'encontre des manifestants. Morteza ne savait pas non plus que des bassidjis avaient refusé de lever la main sur les manifestants et déserté.

Les manifestations prirent fin, mais la population vouait aux bassidjis une haine plus féroce que jamais. Un jour, au cours d'un match de football, les supporters les traitèrent de *kos-e-nanat*, « cons de ta mère ». Par ailleurs, le grand ayatollah Montazeri, un des religieux chiites les plus hauts placés et l'un des fondateurs de la révolution islamique, condamna publiquement leur violence. Montazeri avait déjà été écarté du pouvoir et assigné à résidence pour s'être ouvertement opposé aux meurtres en masse de dissidents politiques dans les années 1980.

La cime des arbres de Vali Asr était noyée dans la nuit. Des deux côtés de l'avenue, les troncs poussiéreux disparaissaient sous un ciel noir et pesant. Morteza, Abdul, Majid et les jumeaux faisaient le guet au coin de Vali Asr et de Parkway, à quelques centaines de mètres de Pop Stereo, un magasin qui vendait des sonos à plusieurs milliers de dollars. Peu auparavant, ils étaient passés devant une cabine téléphonique sur laquelle était écrit « Mort au dictateur » et s'étaient arrêtés pour effacer le graffiti.

Ils parlaient vite, de façon saccadée, excités par leur première mission. Chacun avait reçu un colt et une paire de menottes. Ils commencèrent à décharger leur camionnette à quelques mètres d'une nouvelle affiche du gouvernement : « MA FILLE, C'EST À TOI QUE JE M'ADRESSE : AUX YEUX DE DIEU, EN PRÉSERVANT TON HIDJAB, TU PRÉSERVES LE SANG QUE J'AI VERSÉ. »

Par pur plaisir, ils appelèrent par radio l'équipe postée au nord de Vali Asr, juste au-dessus de la place Tajrish. Chaque équipe avait pour mission d'établir un poste de contrôle et d'arrêter toute personne suspecte de comportement immoral ou douteux. Comme par hasard, c'étaient surtout des jolies jeunes femmes.

Les jumeaux firent signe à une voiture de ralentir. À l'intérieur, deux jeunes filles ravissantes rajustaient fébrilement leur foulard.

« Vous avez vu l'heure qu'il est ? Et comment vous êtes attifées ! Vous allez où comme ça ?

— Chez nous », couina l'une des filles.

Les garçons étaient grisés, galvanisés par la terreur qui se lisait dans leur regard.

« Vous venez d'où ? Descendez. »

Abdul et Morteza se mirent à fouiller l'intérieur de la voiture.

« Vous avez bu ?

— Non. Dieu m'est témoin que je n'ai pas bu une goutte.

— Fais-moi sentir ton haleine. »

Les filles, légèrement plus âgées que les garçons, savaient qu'elles risquaient de sérieux ennuis. Il était minuit, elles avaient un *manteau* de soirée ajusté, les ongles vernis, un maquillage épais, et elles avaient bu et pris de l'ecstasy toute la soirée. Elles étaient d'ailleurs en train de se rendre à une autre fête.

« Si tu m'empêches de respirer ton haleine, je t'arrête », lança Majid en sortant ses menottes.

La fille ferma les paupières pour éviter de voir les jumeaux dont les yeux brillaient en la regardant ouvrir la bouche. Ils étaient fascinés par ses lèvres. Jamais ils n'avaient vu une femme, à part leur mère, d'aussi près.

« Tu n'expires pas. »

Ils se rapprochèrent. La fille ouvrit grande la bouche en tâchant de retenir son souffle.

« Je veux entendre ta respiration au moment où tu expires. »

Elle finit par expulser un souffle d'air chaud qui sentait la vodka. Un petit nuage moite enveloppa les jumeaux, dont l'un d'eux avait entrouvert la bouche malgré lui pour humer le parfum qui se dégageait. La fille rouvrit les yeux et se ressaisit. Les jumeaux n'avaient perçu que l'odeur acide d'une haleine rance.

« Vous avez vu ce que j'ai trouvé dans la bagnole ? s'exclama Abdul en brandissant une poignée de CD – Shakira, Lady Gaga et de la pop perse. Je les emmène au poste ? »

Il broya les disques à mains nues. Cela dit, il n'avait pas encore approché les filles de près et voulait en profiter à son tour.

« Je vous en supplie, ne nous emmenez pas au commissariat. Mes parents n'ont pas d'argent, ils ne pourraient jamais faire face à un procès. Tout le monde écoute ce genre de musique aujourd'hui, vous le savez très bien.

— Laissez tomber. On perd notre temps avec ces greluches ! » s'écria Morteza, sur le côté de l'avenue.

Sa remarque fut accueillie par un silence gêné. Morteza était incapable de mobiliser un millième de la rage qui bouillonnait chez ses camarades et il en souffrait. Voyant l'expression paniquée des filles, il s'était automatiquement éloigné sous prétexte de consulter son portable.

Soudain, l'une d'elles éclata en sanglots.

« Fichez-leur la paix », répéta Morteza, conscient de son ton suppliant.

Les jumeaux lui jetèrent un regard noir.

« Allez, remontez dans votre caisse, mais la prochaine fois, ça ne se passera pas comme ça, lança Abdul en repoussant la portière d'un coup de pied.

— Sales putes, elles écarteraient les cuisses devant leurs frangins pour du fric. (Les jumeaux se tournèrent vers Morteza en ajoutant :) C'est quoi ton problème ? Depuis les manifs, tu es bizarre. Il paraît que tu as surpris Mehran en train de fumer un pétard et que tu n'as pas moufté. Tu es dans quel camp ?

— Tu ne nous soutiens plus, mon frère, renchérit Abdul.

— C'est peut-être le moment de lui dire..., fit un des jumeaux.

— Me dire quoi ?

— Il y a des bruits qui courent sur toi...

— Des bruits ? Quel genre ? demanda Morteza en tremblant.

— Qu'on risque notre réputation en traînant avec toi.

— Ne t'inquiète pas, je leur ai dit que c'était n'importe quoi. C'est impossible, intervint Majid.

— De quoi vous parlez ? Dites-moi.

— Il paraît que tu ne serais pas un homme, un vrai...

— ... Que tu serais pédé. »

Tous les regards étaient tournés vers lui. Morteza sentit un frisson glacial lui parcourir l'échine, luttant pour ne pas claquer des dents.

« Qui vous a dit ça ? Je rêve, comment osez-vous me balancer un truc pareil ? » répondit-il d'une voix à peine audible.

Les quatre garçons avaient encore les yeux rivés sur lui.

« Vous me croyez, j'espère ? J'adore Dieu et mon pays, et jamais un type comme moi s'abaisserait à ça, dit-il en s'efforçant de grimacer de dégoût, mais ses muscles étaient paralysés. J'aimerais bien savoir qui répand une rumeur pareille parce que, les mecs, je vais leur dire ce que je pense. (Peu à peu, il reprenait confiance, c'était une question de survie.) Les gars, vous relayez des ragots comme des mégères, alors qu'on est censés bosser, ajouta-t-il en mettant les poings sur ses hanches comme il avait vu les jumeaux le faire. Vous pensez peut-être que les commérages, c'est plus important que le boulot ? »

Il hocha la tête en indiquant une voiture qui ralentissait et fit signe au chauffeur de s'arrêter.

« Allez, on descend ! »

Le chauffeur était un jeune homme d'une vingtaine d'années qui avait une longue queue-de-cheval blonde, un T-shirt moulant, un slim noir et les deux oreilles percées.

« Votre permis de conduire. »

Le jeune homme fouilla nerveusement ses poches avant de le brandir.

« Cette pute a du vernis noir, fit remarquer Abdul.

— Écoute, mon gars, je joue de la guitare électrique… C'est pas plus grave que ça… Je ne bois pas, je ne sors pas, je ne transgresse jamais la loi…

— Vous voyez, à cause de ces rumeurs débiles, vous avez failli le louper, lança Morteza en ignorant la victime, tétanisée. Tiens-le », dit-il à Abdul.

Les jumeaux lui menottèrent les mains dans le dos et Abdul força sa tête à s'incliner. Morteza prit le couteau à cran d'arrêt accroché à sa ceinture et lui tailla les cheveux. La victime se débattait, bégayait, hurlait tandis que des poignées entières de sa chevelure tombaient à ses pieds. Une fois sa mission accomplie, Morteza lui martela le dos avant de lui donner des coups de pied dans le ventre et un coup de coude en plein visage.

« Enfoiré de tapette de merde, tu as de la chance qu'on ne te descende pas, pauvre tante ! »

Voyant les deux yeux au beurre noir, la lèvre enflée et le T-shirt rouge de sang du type, il le relâcha et se retourna vers ses camarades :

« Vous n'avez pas intérêt à recommencer avec vos rumeurs dégueulasses, c'est clair ? »

***

Morteza était à la mosquée et regardait la télévision. Le Guide suprême invitait les Iraniens à ne plus commenter le plus grand scandale financier de l'histoire du pays. Des banquiers avaient utilisé des faux documents pour voler plus de deux milliards de dollars à plusieurs banques, privées et nationalisées. On ne parlait que de ça depuis des semaines.

Morteza et ses camarades suivaient scrupuleusement la prière du vendredi et chaque parole prononcée par le Guide suprême, prêts à réagir au moindre mot d'ordre et guettant l'occasion de dispenser la justice.

Au crépuscule, ce jour-là, ils sautèrent sur leurs motos en direction de Farmanieh, un quartier huppé dont étaient originaires plusieurs bassidjis rencontrés dans un camp d'entraînement d'été et devenus leurs alliés. Majid avait dans la poche une paire de manettes Nunchuck achetées à Gomrok. Il avait essayé de faire une démonstration inspirée d'un mouvement de kung-fu, mais une des manettes avait rebondi contre sa mâchoire et ses copains s'étaient esclaffés.

C'était un jeudi soir, jour de sortie. Moins d'une demi-heure plus tard, ils avaient ce qu'ils cherchaient : de la musique à tue-tête et une horde de fêtards habillés à l'occidentale au pied d'un immeuble. L'unité de Morteza avait reçu l'ordre de ne pas intervenir chez les gens et de laisser la police se charger des descentes, mais les soirées se voyaient de plus en plus tolérées et la police prenait rarement les devants. Ces petits bassidjis estimaient qu'on leur tenait la bride haute alors qu'ils ne demandaient qu'à sévir.

Ils filèrent au commissariat. Ils avaient de la chance car l'officier de garde s'ennuyait et il fut ravi d'avoir l'occasion de leur montrer qui commandait. Il rassembla une petite équipe, dont deux soldats qui faisaient leur service militaire, et autorisa les garçons à se joindre à ses hommes pour aller inspecter la soirée.

Ils arrivèrent au pied de l'immeuble, un banal bâtiment de pierre. L'officier sonna à chaque interphone en fixant la caméra de surveillance de l'entrée.

« Si vous n'ouvrez pas la porte, je vous envoie mes gars qui vont vous la défoncer.

— Je descends tout de suite, répondit une voix paniquée.

— Le mec essaie de gagner du temps. À mon avis il se goure », fit Morteza avec un sourire mauvais.

Ils avaient une sacrée nuit en perspective.

À peine la porte d'entrée s'entrouvrit-elle que l'officier la poussa et se précipita à l'intérieur avec sa troupe.

« Vérifie que les voisins ne cachent personne ! cria-t-il. Qui est le propriétaire de cet appartement ?

— Moi, monsieur, répondit un garçon d'une petite vingtaine d'années derrière eux. Je vous propose qu'on règle ça à l'amiable, dit-il en tapotant son portefeuille.

— Tu penses que tu peux soudoyer un homme de loi ?

— Tout à fait », répondit-il en articulant à peine.

Derrière lui, ses amis ricanaient.

« Vos gueules, les mouettes ! hurla l'officier alors que les ricanements s'amplifiaient.

— Je vous ordonne d'arrêter de glousser sur-le-champ. »

Le groupe éclata de rire de plus belle. Morteza et ses copains étaient désemparés.

« Ces petits cons ont besoin qu'on leur file une branlée ! » hurlèrent les jumeaux.

L'officier gifla le jeune homme et les rires fusèrent, plus fort encore.

« Les types sont camés », fit l'officier en haussant les épaules.

Il avait vu juste. Ils étaient tombés en plein trip d'acide. Il ordonna aux garçons de fouiller l'appartement. Dans la chambre, Abdul trouva des préservatifs qu'il pourrait utiliser comme preuve. Morteza, lui, fila à l'autre bout de l'appartement, ouvrit la porte d'une salle de bains et tomba sur un des soldats en train de vider des bouteilles d'alcool dans les toilettes. À peine aperçut-il Morteza qu'il se figea. Les deux hommes se regardèrent dans le blanc des yeux sans un mot.

« C'est des gamins. Ils ne font rien de mal, ils s'amusent. Ils ne sont pas si riches que ça, et ils sont foutus si on trouve toutes ces bouteilles. »

Morteza referma la porte.

« RAS ! » s'exclama-t-il sans éprouver la moindre culpabilité. Au contraire, il sentait qu'un lien étrange l'unissait à ce jeune soldat et approuvait naturellement son geste.

La petite équipe fit sortir les gamins, menottés deux par deux, vacillant, incapables de coordonner leurs mouvements, et riant d'autant plus.

« Hé, les mecs, un jour, on devrait faire la fête tous ensemble, lança un grand dadais sous ecstasy à un des flics qui ne pouvait s'empêcher de rire.

— On devrait le flageller, oui, répondit Abdul.

— Ouh là, tu ferais mieux de tirer ton coup, toi, ça te décoincera illico ! »

Les fêtards éclatèrent de rire et, au moment où les jumeaux s'apprêtaient à se jeter sur le grand dadais, Abdul sortit une bombe au poivre qu'il lui pulvérisa dans les yeux. L'adolescent s'effondra en se tordant de douleur, entraînant dans sa chute son copain menotté. Les flics échangeaient des regards exaspérés, ils détestaient les bassidjis. L'un des officiers les plus âgés essaya de calmer les camarades de Morteza, car il avait beau prendre plaisir à intimider des gosses de riches, il avait horreur de la violence et lui-même ne disait pas non à un peu d'opium de temps à autre.

Peu après, la bande de fêtards étaient sous les verrous, enfermés dans la salle d'attente jusqu'à ce que l'officier de garde les convoque.

« Je vous préviens, ils vont vous faire passer un test pour mesurer la quantité d'alcool et de dope que vous avez dans le sang. Vous êtes dans de sales draps. Je suis prêt à vous aider – tenez, mangez ça, ça absorbera les deux, et ils n'y verront que du feu. »

L'officier leur donna du papier carbone, et l'un des gamins le remercia en lui tapant la main au moment de l'avaler, faisant la moue à cause du goût amer. Cinq minutes plus tard, le commissaire entra.

« Debout, bande de camés à la bouche bleue », lança-t-il avec sa moustache en guidon de vélo.

Cette fois-ci, c'était toute la police qui était pliée en deux.

Ils passèrent les quatre jours suivants dans un parking souterrain transformé en prison, mais personne ne dit à leurs proches où ils se trouvaient jusqu'à leur libération. Tous étaient convoqués devant le tribunal et leurs parents avaient ordre de remettre les actes notariés de leurs propriétés en échange de leur libération sous caution.

Morteza et sa bande repartaient quand un homme en chaise roulante entra dans le commissariat en hurlant comme un damné, le visage cramoisi.

« Oui, ma femme est une prostituée ! » s'écria-t-il.

Il faisait des moulinets avec son bras gauche, le seul de ses membres encore valide, et serrait le poing si fort que la blancheur de ses os semblait presque lumineuse sous la peau tendue.

« Elle vend son corps contre du fric parce que c'est le seul moyen qu'elle a de payer mes médicaments. Voilà comment la République islamique traite ses anciens combattants ! »

Sa femme, menottée, se tenait à ses côtés, muette, s'essuyant les yeux avec le coin de son foulard.

« Déjà que je suis émasculé, et maintenant vous voulez l'arrêter ! Vous croyez que c'est une façon de vivre qu'on a choisie ?

— Je vous en prie, pas si fort, vous allez vous attirer des ennuis », murmura un des trois policiers qui essayaient de le calmer.

La femme avait été surprise en train de forniquer dans une voiture. Son mari était posté au bout de la rue dans sa chaise roulante, surveillant apparemment les alentours par sécurité.

« Qu'elle crève, la République islamique, qu'ils crèvent tous, vous avez vu ce qu'ils nous ont fait, ces enfoirés ! Je ne peux plus faire l'amour à ma femme et elle est obligée de baiser avec des inconnus pour qu'on ne vive pas comme des bêtes ! »

Les jumeaux ordonnèrent à l'officier de gifler l'homme dont les cris résonnaient jusque dans la rue et avaient engendré un attroupement. Le commissaire, qui avait tout entendu de son bureau, en sortit en soupirant.

« Relâchez-les, dit-il à ses hommes qui acquiescèrent aussitôt, autant par lassitude que parce qu'ils avaient peur du chef.

— C'est une pute ! Elle souille le visage de l'islam et vous la laissez libre ! » s'écrièrent les jumeaux en s'avançant, suivis par Majid et Abdul.

Le commissaire les toisa en hurlant si fort que tout le monde se tut.

« Si vous ne leur montrez pas un minimum de respect, je vous préviens, vous risquez de passer un mauvais quart d'heure. Ce n'est pas parce que vous êtes des bassidjis que vous êtes dispensés de faire preuve d'humanité et d'humilité. Fichez-moi le camp de ce commissariat et ne remettez plus jamais les pieds ici. »

Les garçons obtempérèrent, et lorsque Morteza se retourna une dernière fois avant de franchir la porte, il aperçut la tête de l'ancien combattant droite comme un « i », digne, tandis que sa femme le poussait dans sa chaise roulante. Il vit qu'elle caressait le cou de son mari, un simple geste qui lui confirma que le commissaire avait raison.

À mi-chemin de l'avenue Vali Asr, derrière le Théâtre de la Ville de Téhéran, se trouve le parc Daneshjoo, un petit coin de verdure soigné et couvert d'arbres et de buissons. Vu de loin, le parc ne se distingue en rien des autres ; les amoureux viennent s'y abriter, loin des règles draconiennes de la ville, osant tout ce qui est prohibé ailleurs : les genoux s'effleurent, les doigts s'enlacent, on s'échange des numéros. Mais pour qui l'observe de plus près, le parc Daneshjoo offre un spectacle différent, l'îlot de verdure est devenu le repaire des déviants et des marginaux de la capitale. Entre les bancs et les fontaines, gays, prostitués et michetons de tous âges font affaire. Un habitué des lieux qui a le crâne rasé, cinq cents pilules de Viagra, deux vibromasseurs et plusieurs sex-toys fourrés dans son manteau, appelle le parc le « Petit Pigalle », une référence d'autant plus étonnante qu'il est né après la révolution et n'a jamais posé le pied hors de l'Iran.

Morteza avait entendu ses camarades parler du parc Daneshjoo comme d'un concentré de débauche à éradiquer. Or, il était justement en train de s'y rendre en remontant Vali Asr. Il avait passé des années à réprimer ses désirs et n'y tenait plus.

La ville étouffait sous une chape d'un blanc sale qui obstruait un ciel bleu nuit. C'était la veille d'un long week-end et les gens se pressaient pour faire leurs courses. Des haut-parleurs annonçaient toutes sortes de bonnes affaires et de prix réduits ; Céline Dion et Europop chantaient à tue-tête dans les boutiques de vêtements. Une perruche verte gazouillait dans sa cage devant une échoppe vendant des casquettes de base-ball jaunes sur lesquelles figurait l'inscription « Centre régional de la recherche contre le cancer du Sacré-Cœur ». Le trafic était à l'arrêt, comme si l'avenue s'était muée en vaste parking. Sur le côté, un homme vêtu d'un blouson de cuir déchiré vendait des flacons d'eau de Cologne à des tarifs défiant toute concurrence dans un vieux cabas défraîchi.

Morteza fut frappé par la beauté du Théâtre de la Ville, un gigantesque cylindre mariant harmonieusement l'architecture des années 1960 et le style perse classique : une série d'arches arrondies et de colonnes de béton modernes ouvraient sur des murs aux incrustations raffinées, ponctuées de touches turquoise et verte, et percées de hautes portes de bois et de métal. Il se surprit lui-même car il avait dû passer devant en bus un milliard de fois, or il avait l'impression de le découvrir. Des hommes et des femmes étaient assis sur les bancs en ciment et discutaient, écoutaient de la musique sur leur iPod ou lisaient. Morteza se fraya un passage jusque derrière le théâtre, dans le parc qui s'étageait sur plusieurs niveaux. Il s'assit sur un banc et observa le spectacle qu'il avait sous les yeux. Une fille qui portait un tchador noir, une visière pare-soleil et des baskets Nike Air murmurait à l'oreille de son amant, un homme d'affaires marié de la moyenne bourgeoisie. Devant lui, un balayeur des rues s'était allongé sur l'herbe pour prendre le soleil dans son uniforme orange vif – qui leur valait à ses collègues comme à lui le surnom de *haveech*, « carotte », chez les Téhéranais. Il avait retiré une de ses deux chaussures pour s'en faire un repose-tête.

Au début, Morteza pensa que les garçons s'étaient trompés. Il ne se passait rien. Puis, peu à peu, il les remarqua : un coup d'œil, un léger hochement de tête, une certaine façon de plisser les paupières, à peine perceptible. Après un long moment d'hésitation, il prit son courage à deux mains et soutint le regard d'un inconnu qui le fixait. L'inconnu se leva et Morteza le suivit jusqu'aux toilettes publiques devant lesquelles patientait une longue file de garçons. Ce fut là, dans un petit box crasseux, qu'il se fit enculer pour la première fois en hurlant de douleur. L'inconnu ne lui jeta pas un regard lorsque ce fut terminé, se contentant de disparaître dans le vaste monde.

Une semaine plus tard, Morteza retourna à Daneshjoo. Dans les toilettes, il essaya d'embrasser l'étranger qui avait croisé son regard. L'homme lui flanqua un coup de poing et tourna les talons. La fois suivante, il demanda l'autorisation d'embrasser son partenaire sur la bouche. L'inconnu le traita de pervers et le gifla.

La femme qui se tenait à la porte était vêtue d'un élégant trench-coat beige sanglé à la taille, un faux foulard Hermès, et aucun maquillage.

« *Salaam*, je me présente, Nassim Soltani, je suis venue voir Morteza Kazemi. »

À côté d'elle se tenaient son mari et son petit garçon – un classique, car les gens étaient moins intimidés, plus confiants quand une femme se présentait avec sa famille. Nassim et son époux inclinèrent poliment la tête à l'intention de Khadijeh, puis de sa sœur et de sa nièce qui s'étaient précipitées à la porte en attrapant leur tchador au passage, dévisageant ces visiteurs inattendus.

« Nous aurions besoin que votre fils, Morteza, nous aide à secourir une personne qui a des ennuis. On nous a dit que c'était un jeune homme honnête, qui respectait Dieu et servait son pays avec un cœur pur. Vous devez être fière de lui. »

Habituée à se retrouver face à des femmes comme Khadijeh depuis plus de dix ans, Nassim savait parfaitement comment les aborder. Khadijeh approuva d'un hochement de tête tandis qu'autour d'elle on chuchotait. Elle appela son fils sans se retourner. Morteza, qui avait tout entendu, apparut et sortit sur le palier en prenant soin de fermer la porte derrière lui. Il savait que sa famille essayerait d'écouter leur conversation et fit signe à Nassim et sa famille de le suivre à l'extérieur. De son côté, Nassim savait que sa seule chance de persuader des personnes comme Morteza de parler était de s'éloigner des oreilles indiscrètes de leurs proches. Cinq minutes plus tard, ils s'arrêtèrent à l'orée d'un parc.

« J'ai besoin de votre aide, Morteza. Vous n'avez aucune inquiétude à avoir, mais c'est une affaire délicate, dit-elle en lui donnant sa carte professionnelle et en demandant à son mari et son fils d'aller s'acheter une glace. Je suis avocate, je représente des citoyens victimes de notre système judiciaire et, en général, des gens à qui personne ne s'intéresse. Ça vous va de discuter ici ? »

Morterza regarda autour de lui. Il n'y avait personne à la ronde.

« Vous saviez que le commandant de votre unité de bassidjis avait été poignardé à mort récemment ? »

Morteza eut un mouvement de recul. La seule pensée du commandant le faisait frémir ; il avait tout fait pour éradiquer de son esprit jusqu'à son existence.

Il avait cependant appris la nouvelle un mois plus tôt à la mosquée. Le commandant avait été assassiné par un fou, disait-on officiellement, mais les doutes persistaient et certains n'y croyaient pas. Le mollah de la mosquée pensait qu'il avait été tué par un faux espion irakien qui voulait venger les ennemis que le commandant avait courageusement massacrés. Les amis du commandant, eux, disaient que l'assassinat avait été commandité par un baron de la drogue auprès de qui il avait une dette considérable. Quoi qu'il en fût, le commandant avait eu droit à des funérailles somptueuses à la mosquée. Des centaines de personnes étaient venues lui rendre hommage. On avait distribué de la nourriture aux pauvres. Morteza avait éprouvé un profond soulagement.

« Je ne sais pas si je peux vous aider. J'étais simplement un de ses élèves, répondit-il. Ça faisait des années que je ne l'avais pas vu.

— Oui, mais je crois savoir que vous connaissez son assassin. Ebbie Haghighi.

— Ça fait des lustres qu'Ebbie a disparu ! répondit Morteza, sous le choc. On l'a retrouvé mort.

— Peut-être, sauf qu'il est tout ce qu'il y a de plus vivant. Et qu'il a souffert le martyre à cause du commandant. À la suite de quoi il a sombré dans la drogue. Vous savez ce que le commandant lui infligeait ?

— Non, répondit instinctivement Morteza pour se protéger.

— Il le violait. Chaque semaine. Ebbie a reconnu le meurtre en ajoutant qu'il n'avait aucun remords. Il est content de l'avoir tué. Mais il est sur le point d'être exécuté. Or, il n'est pas la seule victime. Si j'arrive à prouver que ce qu'il a subi est arrivé à d'autres, j'ai de bonnes chances de parvenir à lui sauver la vie. »

Ebbie n'avait jamais pardonné au commandant. Il avait quitté Téhéran pour mettre une distance entre lui et son bourreau, et avait travaillé sur différents chantiers de construction jusqu'au jour où le désir de vengeance était devenu si fort qu'il avait viré à l'obsession. Du jour au lendemain, il était revenu à Téhéran et s'était rendu directement à Gomrok où il avait acheté un couteau de chasse. Le commandant vivait toujours dans le quartier. Il avait sonné à sa porte et à peine le commandant l'avait-il ouverte qu'Ebbie lui avait planté le couteau en plein ventre. Le commandant avait basculé en arrière, mais Ebbie avait continué à le poignarder alors que sa femme se précipitait sur lui en hurlant. Soudain le commandant s'était effondré, raide mort. Ebbie avait essuyé son couteau contre son jean, l'avait rangé tranquillement dans sa veste et s'était rendu au commissariat le plus proche. Les policiers avaient pensé qu'ils avaient affaire à un fou, alors que c'était un homme enfin en paix, acceptant l'idée que bientôt il serait pendu à une grue – faible sacrifice au vu du plaisir de la vengeance. Interrogé sur ses motivations, Ebbie était demeuré silencieux. Il avait fallu que l'affaire arrive entre les mains de Nassim pour que la vérité se fasse jour. Intuitivement, cette dernière se doutait que ce meurtre n'était pas gratuit et elle avait défendu suffisamment de cas d'abus pour savoir qu'il devait y avoir plus d'une victime dans l'affaire.

« Vous n'êtes pas la première personne de votre unité à qui je m'adresse, dit-elle. Je ne peux pas vous donner de noms, mais sachez que jusqu'ici, trois personnes ont accepté de témoigner. Le commandant a abusé de nombreux garçons. Plus j'ai de témoignages, plus la défense sera solide. Le commandant ne vous a peut-être jamais touché, mais si c'est le cas, je vous garantis que votre famille n'en saura rien. »

Morteza accepta un rendez-vous avec Nassim dans son bureau de Vali Asr dès le lendemain après-midi.

Il n'avait jamais entendu une femme s'exprimer avec autant de sincérité, d'ouverture d'esprit et de simplicité. Elle parlait de parties génitales et d'orientation sexuelle comme elle l'aurait fait de la météo. La seule personne aussi directe qu'il avait connue était Ebbie. Morteza fut très vite en confiance et lui raconta ce qui se passait quand il était dans le bureau du commandant. Il acceptait de témoigner.

L'affaire se déroula à huis clos, comme Nassim le lui avait promis. Ebbie fut accusé de meurtre, mais sa peine de mort fut commuée en incarcération à vie à la prison d'Evin.

La semaine où Ebbie avait fait appel, la presse avait reçu un arrêté ministériel annonçant que le mot « viol » était à bannir de tous les médias. Plusieurs journaux annoncèrent qu'un commandant bassidji avait été poignardé, mais personne ne souffla mot des raisons du crime. Le coupable avait échappé à la peine de mort, expliquaient-ils, car on avait des preuves que le commandant les avait *maltraités*, lui et plusieurs autres garçons.

Morteza avait attendu d'avoir une révélation, le jour de le cérémonie secrète d'Achoura, dans cette salle pleine de sang et de sueur. Soudain il avait compris que tout ce en quoi il croyait n'était qu'un vaste mensonge. Il ne pouvait plus être un bassidji, il ne croyait plus en ce que le mouvement incarnait. Pis encore, il n'aimait pas ceux qu'il appelait ses « amis ».

Dès qu'il en avait le loisir, il traînait dans l'*hosseinieh* et restait de plus en plus tard. Quand tout le monde était rentré et qu'il était seul, il allumait l'ordinateur portable commun et faisait des recherches sur l'homosexualité en veillant à effacer l'historique avant d'éteindre. Il avait eu la surprise de découvrir que l'État était partisan d'une intervention chirurgicale pour les gens comme lui et qu'il existait une fatwa pardonnant l'opération.

Il avait arrêté d'avoir des rapports avec des inconnus, mais entretenait toujours de mauvaises pensées. Il avait longtemps été reconnaissant aux bassidjis de l'avoir maintenu sur le droit chemin et encouragé à lutter contre ses penchants naturels. Il pensait alors que le mouvement serait sa planche de salut. Mais aujourd'hui, pour la première fois, il envisageait les choses avec lucidité. Rester parmi les bassidijis signerait son arrêt de mort. Il n'avait qu'une solution : changer de vie.

Après avoir quitté l'Achoura secrète en bousculant les jumeaux et Abdul au passage, il erra un long moment dans la rue, puis appela Nassim. Elle se montra douce, rassurante, et lui promit qu'elle l'aiderait. Il rentra chez lui et annonça à sa mère qu'il avait quitté les bassidjis. Il aurait voulu lui en dire plus, lui dire qu'il avait l'impression d'avoir été trompé pendant des années, mais elle réagit si mal qu'il décida de remettre ces confidences à plus tard.

La lueur du crépuscule venait à peine de colorer le ciel quand il entendit des coups frappés à la porte. Kazem et Khadijeh crurent que c'étaient des cambrioleurs, jusqu'au moment où ils reconnurent les voix qui vociféraient.

« Putain de pédé ! » hurlaient les jumeaux.

Soudain, Kazem se précipita sur son fils en lui cognant la tête.

« Honte à toi ! Honte à toi ! Tu es une honte pour toute la famille. Fous le camp et va te présenter au tribunal ! »

Khadijeh se lamentait en se frappant la tête elle aussi.

« Tout le monde sait pourquoi tu as déserté l'Achoura. On a des preuves que tu es une tapette, on a vu les saloperies que tu regardes sur Internet ! »

De nouveaux coups retentirent à la porte. Morteza se tapit dans un coin du salon. Khadijeh entrouvrit les rideaux et vit des voisins qui regardaient par la fenêtre.

« Tu peux m'expliquer pourquoi ils disent de telles horreurs ? dit-elle à son fils. Pars, et ne reviens plus. Ton père va te tuer, ou alors il aura une crise cardiaque. Je ne pourrai plus jamais regarder les voisins en face. Je t'en supplie, va-t'en », dit-elle en le serrant contre elle tout en l'accompagnant jusqu'à la porte arrière.

***

Ce soir-là, Shireen quitte plus tôt son travail de secrétaire, rue Fatemi, car elle a un dernier rendez-vous avec le médecin qui doit lui refaire le nez. L'opération va encore lui coûter de l'argent, mais cela vaut le coup car le chirurgien est un des meilleurs de la capitale. À peine sortie de son rendez-vous, Shireen file chez elle en achetant au passage des pistaches. Ce soir, elle a un invité de marque.

Elle a beau habiter dans un minuscule appartement et avoir du mal à joindre les deux bouts, elle n'a jamais été aussi heureuse.

Elle prépare son plat de fête préféré : du riz au safran, avec des amandes, des pistaches, des épinesvinettes, et parsème le tout de pétales de rose au dernier moment. Puis elle passe des heures à se pomponner et à choisir son plus joli ensemble, un tailleur crème, avec des sandales couleur *nude*. Sa colocataire l'aide à parfaire son brushing dans l'esprit Farrah Fawcett.

Peu après, Nassim arrive avec deux boîtes de petits gâteaux et les deux femmes s'embrassent, puis Shireen lui présente sa colocataire, qui sait tout de l'avocate au franc-parler.

Shireen a préparé une jolie table avec une bougie au centre. Les femmes s'installent et discutent plusieurs heures. Avant de partir, Nassim confie à Shireen qu'elle est fière d'elle.

« Je voudrais vous offrir quelque chose », répond Shireen. Elle va au fond de la pièce, prend une carte rangée dans une boîte et la tend à Nassim en disant : « Tenez, je n'en ai plus besoin. »

Nassim l'embrasse en éclatant de rire. C'est la carte de membre des bassidjis de Shireen, avec sa photo et son nom de naissance : MORTEZA KAZEMI.

Asghar

Rue Nasser-Khosrow et rue Shoosh,
sud de Téhéran

« À votre santé à tous, bande d'enfoirés ! s'exclama Asghar en brandissant son verre devant toute la salle. Et à tous les enfoirés qu'on a perdus en route ! »

Il but une triple dose d'*aragh sagee* d'un trait, puis reposa brusquement son verre sur la table en bois en passant la langue sur ses dents tandis que le liquide lui brûlait la gorge.

« Ya Hossein !

— Ya Hossein ! » répétèrent les habitués.

Ce jour-là, on célébrait une tradition qu'Asghar honorait depuis plus de quarante ans avec ses fidèles clients : ils buvaient quatre soirs consécutifs pour fêter le début du ramadan. Comme un dernier hourra, un dernier verre avant les trente jours rituels de jeûne et d'abstinence, trente jours au cours desquels la ville fourmillait de gens affamés et irrités, à l'haleine âcre. Asghar considéra autour de lui tous ces nouveaux visages. Il aurait préféré revoir ses vieux copains. Plus personne ne comprenait les rites d'antan.

Une fois les toasts finis, les clients reprirent leurs parties de cartes – poker et black-jack. La maison de jeu était pleine et Asghar était content. Quand soudain, il l'entendit arriver, dominant le brouhaha et ses hommes qui tâchaient de la retenir à l'extérieur. Rien ne pouvait l'arrêter. Pari ouvrit brusquement la porte et entra comme une furie.

« Tu me l'avais promis ! Tu me l'avais promis ! »

Les hommes riaient. Ils étaient accoutumés aux entrées fracassantes de Pari et à ses prises de bec publiques avec Asghar. Personne ne comprenait comment elle réussissait à entrer chaque fois. Les clients plaisantaient en disant que les vigiles devaient mourir de peur en la voyant grimper l'escalier au pas de charge, son tchador noir voletant furieusement autour d'elle.

Asghar se précipita vers elle, le visage cramoisi.

« Chérie, ne t'inquiète pas, on boit juste un coup ! lui dit-il en la prenant par la taille tout en la poussant habilement vers la sortie.

— Je t'interdis de me toucher ! J'ai lu dans les cartes. J'ai vu l'argent. Tu es un menteur. Tu as toujours été un menteur ! s'exclama Pari, en larmes.

— Pari Khanoum, on est en train de faire une partie de snap, c'est tout, ça n'a rien de non islamique.

— Pari Khanoum, je te promets, ce soir je n'ai parié qu'une seule fois, et avec Asghar : un million de tomans si tu arrivais à nous retrouver ! »

Les clients poursuivirent avec leurs blagues habituelles. Personne ne comprenait pourquoi Asghar était si bouleversé chaque fois que sa folle d'épouse lui faisait une scène, ni pourquoi il demeurait si bienveillant à son égard.

« Vite, un médecin, appelez un médecin, on lui a coupé les couilles ! »

Les hommes étaient hilares, jusqu'au moment où Pari décampa, hors d'elle. Asghar faillit se précipiter pour la rattraper, lui demander pardon, la rassurer – bientôt, ils fermeraient la maison, dès qu'il aurait gagné assez pour rembourser leurs dettes. Mais il ne bougea pas. Il était trop gêné pour courir après sa femme devant ces hommes. Sa réputation était en jeu, or c'était ce qui lui permettait d'attirer tant de jeunes, des types qui venaient le voir, lui, Asghar le Hardi, le caïd qui faisait la loi au sud de Téhéran – un vrai gangster, en chair et en os, témoin vivant de l'histoire de la ville. Qui l'eût cru pourtant ? Ses amis le raillaient souvent à cause de sa faiblesse vis-à-vis de sa femme car ils pensaient que c'était une harpie qui devait être remise à sa place. Mais Asghar avait beau lui en vouloir de le ridiculiser et de l'humilier devant les autres, il ne restait jamais fâché très longtemps. Pari était tout pour lui, la seule personne qu'il aimait vraiment. Or, une fois de plus, il venait de la trahir. Tant pis. Il recommença à remplir les verres. Il en parlerait avec elle le lendemain matin.

Après plus de quarante ans de vie commune, Asghar avait lui-même du mal à comprendre la force de son amour pour Pari. Sa femme avait soixante-dix ans, mais quand il la regardait, c'était toujours la jeune fille à la beauté insolente et aux yeux immenses dont il était tombé amoureux qu'il voyait. Personne ne le comprenait. Tous ses copains trouvaient leur épouse laide et ennuyeuse à mourir. Asghar était le seul à rester fidèle à la sienne. Avant qu'ils se marient, il était allé voir ailleurs, mais elle l'avait découvert et elle lui avait envoyé un coursier chargé de lui signifier que c'était un menteur et qu'elle ne voulait plus le revoir. Il avait mis six mois à la reconquérir – les six mois les plus douloureux de sa vie. Une semaine entière, il avait dormi devant sa porte en la suppliant de lui donner une seconde chance. Plus jamais il ne prendrait le risque de la perdre.

Pari et Asghar s'étaient rencontrés au Moulin Rouge, un cabaret chic de la rue Manuchehri devant lequel étaient garées des Mustang, des Chevrolet et des Cadillac. Contrairement aux cabarets de Gomrok dont la majorité des filles venait de France et d'Allemagne, le Moulin Rouge n'embauchait que des chanteuses et des danseuses iraniennes. À l'époque, Pari possédait une fabuleuse collection de bikinis à franges, de justaucorps brodés de perles et de collants résille, et dansait en levant allègrement la jambe pendant que l'orchestre de jazz jouait et qu'Asghar envoyait valser ses verres de vodka. Comme tous les clients, il avait batifolé avec toutes les danseuses, mais Pari, elle, était différente. Elle dégageait quelque chose d'exceptionnellement honnête. Ashgar l'avait dit à ses copains, elle était hors norme, et les garçons respectaient son point de vue. Il était évident qu'il deviendrait quelqu'un – une vedette. Asghar savait parfaitement à quoi s'en tenir avec les danseuses, ça ne le dérangeait pas. Un de ses frères en avait épousé une ; il lui avait simplement demandé de se repentir auprès d'un mollah et d'accepter le *tobeh*, le baptême chiite, pour se purger de ses péchés. Ce fut ainsi que les choses se déroulèrent quand Asghar proposa à Pari de l'épouser. Il l'emmena dans un sanctuaire chiite afin qu'elle se repente de s'être prostituée et s'engage à être loyale vis-à-vis de Dieu et des imams pendant qu'un religieux récitait des prières à mi-voix en aspergeant de l'eau derrière ses oreilles. Pari était désormais purifiée, et jamais Asghar ne lui ferait la moindre remarque sur son passé. Tout le monde commet des erreurs et chacun a droit à une seconde chance.

Pari avait treize ans quand ses parents l'avaient vendue à un homme d'une soixantaine d'années. Ils avaient évalué son corps maigre, à peine formé, pendant dix minutes avant de se mettre d'accord. L'acheteur avait obtenu un prix intéressant car il s'était présenté à un moment où les parents de Pari, héroïnomanes, étaient en manque : ils tremblaient de tout leur corps et parlaient de façon heurtée. La mère de Pari avait jeté les quelques affaires de sa fille dans un sac en plastique bleu – un tchador, un pantalon, deux hauts et quelques sous-vêtements. Pari était en larmes, mais trop fière pour mendier quoi que ce fût. Elle était suffisamment meurtrie d'être vendue ; se faire rabrouer eût été la pire des humiliations. Surtout face à cet homme, son mari, Agha Mammad.

Sa mère la remit à ce dernier et l'embrassa sur le sommet du crâne. C'était la troisième fois de sa vie qu'elle embrassait sa fille. Pas une larme ne fut versée.

« Ne pleure pas, Pari *joon*, nous agissons dans ton intérêt, une fille a besoin d'un mari. »

Les parents de Pari étaient originaires de Nazi Abad, un quartier misérable situé au sud de celui où avait grandi Asghar, où l'on avait oublié jusqu'au sens de l'éducation, de la santé et de l'emploi depuis des générations et des générations. Les hommes de Nazi Abad étaient en général des ouvriers qui trimaient comme des esclaves quand il y avait du travail et mouraient jeunes, pour la plupart d'addiction. À l'origine, ils fumaient de l'opium ; plus tard, ils étaient passés à un dérivé opiacé meilleur marché qui venait d'apparaître dans les villes. Comme beaucoup de leurs voisins, les parents de Pari avaient très vite pris goût à l'héroïne.

À l'époque où la frénésie immobilière s'était étendue au sud de Téhéran, Nazi Abad s'était transformé : l'ancien ghetto de pauvres et de damnés de la terre était devenu une banlieue pleine de boutiques et d'espoir pour la classe ouvrière. Les parents de Pari avaient été dépassés par l'augmentation des loyers et mortifiés par la respectabilité nouvelle du quartier. Ils avaient déménagé à deux kilomètres au nord pour s'installer dans un autre taudis, le dédale d'arrière-rues de Shoosh.

Pari était ravissante. Petite fille, ses pommettes saillantes et ses sourcils arqués lui donnaient un air de jeune femme, si bien que les gens avaient tendance à la croire plus mûre et plus séductrice qu'elle ne l'était en réalité. Il était difficile de rester insensible à ses immenses yeux verts. Elle avait à peine douze ans quand ses parents avaient reçu une pluie de propositions de mariage, alors que tout le monde savait qu'ils étaient accros à l'héroïne. Ses prétendants étaient presque tous des hommes beaucoup plus âgés. Pari tremblait en les voyant. Heureusement, ses parents lui avaient promis de ne pas la marier avant qu'elle ait seize ans.

Le mari de Pari lui déroba sa virginité avec la délicatesse d'un forgeron enfonçant un clou au marteau. Elle ne le vécut pas comme un choc et ne chercha pas à se défendre. Elle avait vu sa mère se faire prendre par des hommes et son père la chevaucher la nuit.

Son nouvel environnement était en tout point semblable à celui qu'elle avait connu jusque-là : une grande pièce vide, des murs couverts de coulées noirâtres, quelques couvertures roulées dans un coin et un réchaud à gaz. Avec quelques accessoires de luxe : une petite télévision rouge posée sur une caisse, un tapis persan et une horloge ronde en plastique marron, posée contre le mur.

Le lendemain de la nuit de noces, un mollah vint régulariser l'union de Pari et de son mari et la sanctifier aux yeux de Dieu. C'était un homme bon ; loin de se laisser éblouir par la beauté de Pari, il fut sensible à la fragilité de cette très jeune fille et l'emmena hors de la pièce en veillant à ce qu'Agha Mammad ne les suive pas. Il voulait savoir si ses parents étaient au courant de cette union et si Agha Mammad l'avait déjà déflorée. « Tu es heureuse, ma fille ? » Pari mentit. Par crainte, et par habitude. Même s'ils avaient tort, elle voulait protéger ses parents. Elle n'était pas en mesure de comprendre que le mollah souhaitait l'aider comme il avait aidé de nombreuses jeunes filles de son quartier, sans porter de jugement sur la situation. Si bien qu'elle fut aussitôt mariée.

Agha Mammad était officiellement maçon, mais il travaillait rarement et passait le plus clair de son temps à fumer de l'opium. Il arrivait d'ailleurs que la drogue provoque chez lui des érections de plusieurs heures, si bien que Pari prit l'habitude de rester tranquillement allongée pendant qu'il faisait son affaire. Il donnait également de l'opium à Pari, et était surpris de voir la formidable quantité qu'elle pouvait fumer sans tomber malade. Ses parents, quand elle était bébé, à l'époque de ses premières dents, l'y avaient habituée en en frottant sur ses gencives sous forme de teinture, et quand elle pleurait, pour la faire taire.

Agha Mammad veillait sur Pari comme jamais ses parents ne l'avaient fait. Le jour où il l'avait ramenée chez lui et l'avait vue pleurer, il lui avait promis qu'ils iraient bientôt rendre visite à ses parents. Il tint sa promesse. Trois mois plus tard, ils y allèrent ; les parents de Pari avaient disparu sans laisser de trace.

Quand Pari eut dix-sept ans, Agha Mammad la vendit à une maquerelle du quartier. Il aurait préféré la garder pour lui, mais il croulait sous les dettes. La maquerelle conseilla à Pari de ne pas offrir de résistance en lui expliquant que le sexe était le prix de sa liberté. La jeune fille ne s'habitua jamais à sa nouvelle condition, mais la vie avec Agha Mammad lui avait appris à s'endurcir, et sa beauté lui valut aussitôt du succès, de sorte qu'elle fut bientôt repérée par un client qui pensait qu'elle pouvait viser plus haut. Le client en question offrit à la maquerelle une coquette somme d'argent et emmena Pari dans un cabaret luxueux tenu par un de ses amis. Celui-ci l'embaucha sur-le-champ et la logea avec d'autres filles qui lui apprirent tout ce qu'il fallait lui apprendre. Elle était danseuse de cabaret depuis deux ans quand elle fit la connaissance d'Asghar.

Asghar était un *jahel*, un terme dérivé du mot arabe qui signifie « ignorant ». Les *jahels* étaient des truands issus de la classe ouvrière du sud de Téhéran qui cultivaient une allure de crapules, mais de crapules respectables, aimables, bien élevés – une sorte de mafia de gentilshommes, moins violente, plus sensible et plus courtoise qu'une mafia ordinaire. Contrairement aux voyous habituels, les *jahels* revendiquaient un code éthique fondé sur la magnanimité et un comportement de grand seigneur. Avec un couteau dans le pantalon et Dieu dans le cœur, ils étaient prompts à défendre l'honneur de leurs épouses, à prouver leur loyauté à l'égard de leurs amis et à protéger les faibles et les opprimés. Les *jahels* les plus accomplis étaient des Robins des Bois qui n'hésitaient pas à voler les riches pour distribuer leur butin aux pauvres. Dans les années 1970, leur culture avait été immortalisée par le cinéma iranien, et les *jahels* étaient devenus des figures héroïques. Les plus connus d'entre eux, comme Asghar, étaient des stars.

Les *jahels* adoptaient un style vestimentaire bien à eux : chemise blanche impeccable, pantalon et veste noirs, feutre noir de guingois et chaussures noires qu'ils transformaient en savates en écrasant le contrefort. Certains avaient un foulard rouge noué autour de la main ou drapé sur l'épaule. Ils avaient même une façon particulière de danser en tournoyant et en agitant un foulard blanc. Asghar et ses frères, eux, avaient travaillé leur démarche pour adopter un pas langoureux, les jambes écartées, se fichant des moqueries de leur père qui leur disait qu'ils marchaient comme s'ils avaient chié dans leur pantalon. Les *jahels* avaient également leur langue propre, un argot qui se parlait d'une voix grave et mélodieuse, sur un ton saccadé, une sorte de titi téhéranais. Plus cette langue était respectueuse et humble, mieux cela valait.

« Chuis la crasse de tes pompes !

— Chuis ton esclave !

— Chuis ton mulet ! »

Tous avaient un surnom – unique appellation que les autres avaient besoin de connaître. Il y avait Mustafa le Dingue, Mehdi le Boucher, Java la Flèche. Et Asghar le Hardi. Un tel surnom le faisait sourire à présent, mais à l'époque, ce genre de sobriquets suffisait pour se faire craindre. La réputation était essentielle, or le nom faisait la réputation. Les *jahels* adoraient les petites prostituées et l'alcool autant qu'ils adoraient leur religion. Asghar s'était fait tatouer un portrait de l'imam Hossein dans le dos et, sur l'épaule, une maxime zoroastre : « Bons mots, bonnes pensées, bonnes actions. »

Quand avaient lieu les fêtes religieuses, les *jahels* se cotisaient et s'organisaient pour nourrir des centaines de pauvres, accomplissant généreusement leur *zakat*, l'aumône due aux leurs. Si l'un d'eux se retrouvait en prison, ce qui arrivait souvent, les autres s'occupaient de sa famille jusqu'à ce qu'il soit libéré.

Si de nombreux *jahels* tâchaient de se plier à cette image idéale de bandit au grand cœur, la vérité était moins sympathique. Ces hommes étaient à la tête d'immenses opérations de racket, de tripots et de maisons de passe, et se battaient régulièrement pour des questions de territoires et de femmes.

Dans l'entourage d'Asghar, personne n'était surpris de constater qu'il avait atteint le sommet. Son ascension avait été fulgurante. Asghar était un personnage charismatique, généreux, chef dans l'âme et menteur hors pair. Il avait beau avoir quitté l'école à treize ans, il avait été le gamin le plus intelligent et le plus téméraire de sa classe. À huit ans déjà, c'était un enfant précoce, futé, débrouillard, qui déjouait les flics et les grands gaillards, zigzaguant entre les maisons de thé et le bazar. Il était assez habile pour conserver un équilibre parfait entre le vulgaire voyou – *laat-o-loot* – et le gentleman aspirant à l'idéal de *javanmardi*, savant mélange de retenue, d'élégance et de sens de l'honneur. Le juste milieu était difficile à maintenir, car le poing et la poignée de main ne font pas toujours bon ménage, mais Asghar y parvenait. Tel était le secret du *jahel* accompli. Tout le monde le savait ; il était destiné à devenir célèbre.

Asghar était né dans une petite bicoque au fond d'une allée en terre du dédale de Nasser Khosrow, au nord du bazar. Il était fils de cordonnier et appartenait à une fratrie de treize enfants. Son père avait beau avoir de faibles revenus et une flopée de bouches à nourrir, la famille avait toujours de quoi manger et les enfants des vêtements propres. C'était une autre époque, expliquait Asghar ; on mangeait à sa faim, les gens se serraient les coudes. Une journée de travail suffisait à nourrir douze personnes, alors qu'aujourd'hui, il fallait en travailler douze pour en nourrir une seule, disait-il, et c'était chacun pour soi.

À peine les garçons de la famille avaient-ils appris à marcher qu'on aurait dit que les rues de Nasser Khosrow leur appartenaient. Asghar et ses frères étaient forts, loyaux et, surtout, ils n'hésitaient pas à recourir au poing ni au couteau. C'était une question d'honneur. Ils avaient débuté comme coursiers pour des chefs de gang, apprenant le métier à distance rapprochée. Très vite, ils comprirent que pour être puissants et avoir toutes les chances de l'emporter dans la lutte pour l'argent, il fallait la jouer collective ; l'union faisait la force. Et ça marchait. Les liens du sang étaient indestructibles. Avec neuf frères, la vieille garde fut vite dépassée.

Ils commencèrent par monter un stand qui vendait des jus de fruits frais sur Nasser Khosrow. Ce fut un succès immédiat. Ils écoulaient des litres et des litres de jus par jour. Avec l'argent gagné, ils louèrent un local pour vendre du jus au sous-sol et monter un tripot à l'étage. Tout était prévu pour que les clients aient droit à un *chela kabab* gratuit au déjeuner. L'argent coulait à flots. Asghar distribuait ce qu'il fallait pour s'acheter la loyauté des uns et le soutien des autres. Nombreux étaient ceux qui se taisaient. En quinze ans d'existence, la maison de jeu ne ferma pas une seule fois. Asghar glissait des enveloppes aux flics du quartier pour qu'ils leur fichent la paix. Certains étaient d'ailleurs des parents, d'autres des voisins. Pendant ce temps-là, ses frères élargissaient le périmètre de leurs affaires en assurant la sécurité de boîtes et en éloignant les autres mafieux en échange d'argent. Leur entreprise était florissante. La notoriété de leur réussite excédait les limites du quartier. Pendant des années, le chef de la police essaya d'organiser des descentes dans leur tripot, mais il y avait toujours quelqu'un pour les avertir à temps. Il finit par abandonner. Tout le monde protégeait Asghar et ses frères ; il n'avait pas envie d'être responsable d'émeutes.

Se bagarrer faisait partie de la vie quotidienne. Mais un vrai *jahel* n'était pas un *chaghoo kesh*, un voyou qui se bat au couteau ; il était tenu de suivre les règles de bonne conduite du *javanmardi*, même si la frontière était floue. On se battait à coups de gnon, à deux, en groupe, au couteau, à coups de queue de billard – Asghar en avait tant vu qu'il n'aurait su dire le nombre de rixes auxquelles il avait participé. Malgré tout, la violence était maîtrisée, à part lorsqu'une ou deux personnes se retrouvaient K-O et passaient quelques semaines allongées avec deux ou trois dents en moins et des côtes cassées. Ou avec une blessure qu'il fallait panser. On se battait, mais on ne se tuait pas. De temps à autre, un accident arrivait, une lame pénétrait un peu trop profond. C'étaient les seules occasions où la police intervenait.

Plus la renommée d'Asghar croissait, plus son cercle s'agrandissait. Célébrités, comédiens, artistes, membres de la bohème chic, tous l'invitaient à leurs fêtes ou dans leurs superbes maisons. Mais Asghar refusait de quitter le sud de Téhéran, et c'étaient eux qui faisaient le pèlerinage pour lui rendre visite et s'esbaudissaient devant le charme rugueux du sud de la ville. On buvait, on baisait, on jouait, on chantait et on dansait.

« Il est cul et chemise avec tout le monde sauf avec le shah ! » Voilà ce qu'on disait de lui. C'était une époque heureuse, où l'on avait du respect pour les durs et les justes. Asghar avait soixante gars sous ses ordres. C'était un des *jahels* les plus révérés et les plus admirés de Téhéran. Avec Pari à ses côtés, il était invincible.

Quand survint la révolution.

Asghar et les *jahels* étaient fidèles à leur religion et pensaient que s'opposer à un ayatollah qui défendait les principes de justice sociale était un tort. Ils descendirent dans les rues et manifestèrent contre le shah. Jamais ils n'auraient imaginé ne plus avoir de place dans le nouvel ordre islamique. Ni que leur interprétation libérale du Coran était loin de correspondre à ce que les islamistes avaient en tête pour leurs compatriotes. La version *jahel* pouvait leur valoir la prison, ou pire encore.

Au début de la révolution, les chiens de garde se lancèrent un jour à la recherche d'Asghar. Il fut sauvé par un de ses frères, qui réussit à convaincre le jeune islamiste qu'il avait face à lui, fusil G3 sur l'épaule, Asghar le Hardi, un héros de film et non pas un homme en chair et en os. Le jeune révolutionnaire crut ce vaurien persuasif, tourna les talons et ne revint jamais. Pari et Asghar avaient tout entendu depuis leur chambre à l'étage supérieur ; Pari tenait les deux mains d'Asghar serrées dans les siennes et elle l'embrassa. C'était la première fois qu'elle le voyait pleurer depuis le jour où elle l'avait abandonné peu après leur rencontre.

Un certain nombe de *jahels* furent exécutés pour comportement immoral et activités criminelles. Le nouveau régime confisqua leurs biens et leur argent. Plusieurs danseuses furent également mises à mort, dont la meilleure amie de Pari. Certaines parvinrent à s'échapper. L'une d'elles, qui était devenue une chanteuse renommée, avait tellement peur qu'elle alla consulter l'ayatollah Khomeini pour lui demander de l'absoudre de ses péchés. L'ayatollah la baptisa personnellement.

Du jour au lendemain, les revenus d'Asghar s'évanouirent. Cinq de ses frères furent envoyés au front, trois y laissèrent la vie. Il vendit tous les biens qui n'avaient pas été saisis et utilisa l'argent pour régler ses factures et subvenir aux besoins des familles de ses frères martyrs. Il était soulagé de ne pas avoir d'enfants à charge. Après plusieurs années de mariage, Pari et lui s'étaient résignés à l'idée que l'un d'eux devait être stérile, mais ils avaient passé le pacte suivant : ni l'un ni l'autre ne devait chercher à savoir qui était responsable. Asghar avait déclaré à Pari qu'il tenait à elle plus qu'à la prunelle de ses yeux. Elle n'en demandait pas davantage.

L'époque où il était le roi du pétrole était révolue, mais Asghar se sentait toujours aussi puissant – tel l'éternel *big boss* faisant la loi. Sauf qu'autour de lui, tout avait changé. Et quelques années après la révolution, il se fit sa première injection d'héroïne.

Il aimait l'opium – tout le monde aimait l'opium –, ce n'était pas plus nocif qu'un coup de gnôle et, de temps en temps, Pari fumait avec lui. Hélas, l'opium et la vodka ne suffisaient plus à apaiser l'angoisse qui s'était emparée de lui.

Il avait toujours résisté à l'héroïne. Il avait vu trop d'amis y succomber, de grands et célèbres *jahels* réduits à l'ombre d'eux-mêmes. Il avait entendu dire que depuis qu'Hossein-e Zahra, star *jahel*, s'y était mis, il vivait dans un trou à rats. Un jour, il l'avait aperçu acheter du pain dans la rue et avait eu les larmes aux yeux en voyant son visage creusé et son corps rabougri – lui qui était autrefois une force de la nature. Quelques semaines plus tard, Hossein-e Zahra était mort d'une overdose. Après la révolution, plusieurs vieux caïds s'étaient reconvertis dans le trafic d'héroïne, mais c'était risqué. Quelques années plus tôt, Shapour le Tueur de Taureaux et Morteza Tête de Nœud avaient été arrêtés en possession de quatre kilos d'héroïne et d'opium, et accusés de contrebande et de banditisme. Tous deux avaient été exécutés.

Asghar savait que la drogue était une plaie dans son quartier. Il avait entendu dire par un fonctionnaire que le pays déplorait dix millions de drogués, dont deux millions de drogués chroniques. Les statistiques soulignaient que l'Iran avait un des taux les plus élevés d'addiction à la drogue du monde.

Il refusa de sortir de son quartier pendant des années. Les rares fois où il s'y risqua, les gens le traitèrent comme un vieux bonhomme. Il aurait pu l'accepter s'il avait eu de l'argent, mais il n'avait plus un sou.

Pari et Asghar furent obligés de déménager à Shoosh, le quartier auquel Pari avait réussi à échapper. Le jour où Ashgar lui avoua qu'il n'avait plus de quoi vivre rue Shariati, elle pleura plusieurs heures en silence. Il savait ce que Shoosh signifiait pour elle, mais il n'avait pas le choix ; il croulait sous les dettes. Un de ses amis possédait une chambre qu'il était prêt à leur prêter pour rien.

La rue Shoosh n'avait guère changé en un siècle. C'était une longue rue triste, bordée de garages, de magasins de pneus et d'enfants en haillons. Pari se souvenait encore des petits vieux assis au coin de la rue et discutant de figures légendaires du quartier comme si elles étaient toujours vivantes : Zeynab l'Aveugle, dont les yeux étaient si étroits qu'on disait qu'elle devait être aveugle, l'une des prostituées meilleur marché des environs. Elle était spéciale. Elle ne couchait qu'avec des hommes âgés et moustachus, et portait une *sheleeteh*, une longue jupe rouge folklorique qu'elle soulevait joyeusement pour vanter sa marchandise quand les affaires flanchaient : « Venez, profitez, je ne suis pas le genre *bazaari* à plumer mes clients en couchant dans le noir ! » Zeynab était la meilleure amie de Mouness aux Longs Cheveux, autre péripatéticienne, connue, elle, pour être une combattante hors pair. Elle était capable de battre dix hommes jeunes avec un unique bâton en main.

Le quartier de Shoosh est toujours un repaire de prostituées, dont la plupart sont accros à l'héroïne. La pauvreté et la désolation y sont plus frappantes encore que lorsque Pari était enfant. Les petites allées sinueuses regorgent de mendiants et d'ordures, et les habitants les plus misérables se réfugient dans des taudis de briques où les cours sont jonchées de seringues et de merde humaine. C'est un concentré de marginaux, de familles afghanes déracinées, délaissées, végétant dans des maisons abandonnées, de prostituées à un dollar qui font le trottoir et vivent de pain et de drogue. De nombreuses associations caritatives ont beau s'y rendre en distribuant des préservatifs, arrivant avec des aiguilles et des psychothérapeuthes, le quartier de Shoosh est aussi revêche qu'il est laid, rétif à l'embellissement en dépit des efforts de ces bons samaritains. La République islamique ne goûtant guère l'intervention de la société civile, beaucoup de ces associations sont maintenues sous pression, menacées de rafles, de prison, voire de démantèlement. C'est ainsi qu'un centre de désintoxication installé dans une rue adjacente à la rue Shoosh a réussi à s'implanter, générant de longues files d'héroïnomanes qui attendent patiemment leurs deux gobelets de méthadone. Peu après l'ouverture du centre, les deux médecins qui le géraient ont été arrêtés et emprisonnés, accusés, entre autres, de « communication avec un gouvernement ennemi » parce qu'ils rentraient d'un colloque aux États-Unis.

Shoosh est aussi le berceau de Vali Asr, et le contraste entre les humbles origines de l'avenue et sa majesté est saisissant. La gare principale de Téhéran, Rah Ahan, donne sur une place traversée par Shoosh, d'où fuse Vali Asr, vers le nord, s'éloignant de ce puits de misère et de ces ruines qui s'étendent à perte de vue. Shoosh est à la fois très proche du cœur de Téhéran et à la marge de la société. Le quartier a beau être situé au bout de Vali Asr, les Téhéranais l'ignorent.

À l'époque où Ashgar et Pari s'étaient installés là-bas, c'était un dédale de ruelles, de maisons délabrées, d'amas de gravats poussiéreux qui s'accumulaient dans d'immenses fossés, des abîmes pourrissant où étaient déversées des montagnes d'ordures et de débris empilées à tous les coins de rues. La zone était un enchevêtrement de petites allées qui s'étendaient telles des rigoles, dont certaines à peine plus larges qu'un accotement double, peuplées de gamins crasseux et mal peignés qui jouaient au milieu des prostituées assommées par l'héroïne et étalées de tout leur long sur la chaussée fissurée.

Il n'y avait pas d'affiches, pas de panneaux publicitaires, les murs étaient couverts de menaces, de messages, de visages au pochoir accompagnés du nom de personnes disparues. Sur le flanc du bâtiment où habitaient Asghar et Pari, quelqu'un avait inscrit à la peinture bleue : « Maudits soient ton père et ta mère si tu déposes la moindre ordure ici », et juste au-dessous, un tas de déchets pestilentiels gagnait chaque jour en hauteur. Sur un mur voisin, un avertissement destiné à quiconque aurait songer à garer sa mobylette était griffonné : « Pneus crevés. »

Le quartier entier sentait la drogue. Les habitants fumaient presque tous de l'opium. La moitié étaient accros à l'héroïne, à la méthamphétamine et au crack. À côté de chez Asghar et Pari, dans un taudis qui tenait à peine debout, squattait une famille de quinze gitans *kolee* qui s'éclairaient au gaz. Au printemps, les enfants, pieds nus, vendaient des jonquilles dans la rue, et tout le reste de l'année des *faal-e Hafez*, ces petits bouts de papier sur lesquels étaient recopiés des vers au ton prophétique du grand poète Hafez. Un jour, Pari leur en avait acheté un, par charité. Les gitans n'avaient pas de papiers d'identité et très peu de droits. Les enfants n'avaient jamais mis les pieds à l'école, et la famille partageait une cour pleine de fils à linge avec trois familles afghanes, immigrantes clandestines. Le gouvernement avait renvoyé l'une d'elles dans son village natal, alors que les enfants étaient nés sur le sol iranien et n'avaient jamais mis un pied en Afghanistan, et il leur avait fallu deux mois pour revenir en traversant des cols montagneux désertiques. Ils avaient perdu une petite fille en chemin.

Pari avait accepté un travail de femme de ménage à l'insu d'Asghar. Il n'aurait pas supporté une telle humiliation. Tous les jours, elle traversait le quartier, les tapis de seringues, les dizaines de garages, d'ateliers et de dépôts de ferraille abrités sous le même toit autour desquels des hommes couverts de cambouis ramassaient les boîtes de vitesses, portières, fils, moteurs, pneus, enjoliveurs et bouts de métal qui traînaient. À Rah Ahan, elle prenait un bus qui l'amenait à l'extrémité nord de Vali Asr et se laissait aller à repenser à son enfance en regardant par la fenêtre. Elle connaissait Vali Asr comme sa poche. Quand elle était danseuse, c'était là, sur l'avenue la plus chic de la ville, qu'elle dépensait son argent. Certains des restaurants étaient toujours là : Nayeb, Pardis, Shatter Abbas ; de même que les bouis-bouis qui servaient des *haleem* et des *aash* ; ou le Yekta, qui proposait le meilleur café glacé de la ville.

Pendant qu'elle travaillait, Asghar fumait de l'héroïne, parfois avec un voisin, le maçon afghan. Les deux hommes s'asseyaient dehors en silence et regardaient jouer les mômes. « Un homme qui se noie est préservé de la pluie » : voilà les seuls mots que prononça jamais l'Afghan.

Asghar avait embauché son neveu pour qu'il vende du jus de fruits au bazar, mais les affaires étaient mauvaises, la situation économique désastreuse, et le prix des denrées avait grimpé. Pari fouillait pour trouver les réserves d'héroïne de son mari, jusqu'au jour où elle jeta sa dose dans les toilettes et il décida de planquer sa dope dans ses sous-vêtements. Il lui promit d'aller voir les Narcotiques anonymes, dont les centres ouvraient partout dans la ville. Mais il ne tint jamais sa promesse. Il fallut qu'il découvre qu'elle était *kolfat*, femme de ménage, pour qu'il la supplie de lui pardonner et lui jure qu'il ferait en sorte que leur vie change. « Cette fois-ci, pour de bon », dit-il.

La seule façon pour lui d'assurer leur avenir était de renouer avec l'activité dans laquelle il excellait et de monter une maison de jeu. Mais les risques et les peines encourues n'étaient plus les mêmes. Jouer pouvait vous valoir six mois de prison et jusqu'à plus de soixante-dix coups de fouet, et tenir une maison de jeu, bien davantage.

Les Iraniens adorent le jeu. Dans tout Téhéran, ils jouent aux cartes en famille en misant de l'argent, et, dans les dédales les plus misérables, des hommes jouent aux dés et organisent des combats de coqs. La République islamique le sait et elle n'interdit pas tous les jeux. Plusieurs ayatollahs ont déclaré que parier sur les chevaux et se servir d'armes à feu n'est pas contraire à la charia. Il existe même un terrain de courses à Norouz Abad, à l'ouest de Téhéran, où les turfistes font officiellement des « prédictions » et un écran électronique diffuse des messages, comme « Faites une prédiction, gagnez un prix ». On peut également faire une « prédiction » sur le site Web officiel de la fédération des turfistes. Les vrais joueurs, eux, se retrouvent dans les maisons de jeu clandestines de Téhéran. Dans le nord de la ville, ces dernières sont évidemment plus soignées et plus sophistiquées : ce sont des casinos privés installés dans des appartements en hauteur, où les clients arrivent en costume-cravate impeccable, où les croupiers sont élégants, les vigiles baraqués, et où l'on engloutit des fortunes.

Asghar trouva un bâtiment abandonné au-dessus de Nasser Khosrow qui lui sembla idéal pour sa nouvelle opération. La rue n'avait pas beaucoup changé depuis sa jeunesse. Il y avait plus de trafic de produits pharmaceutiques, mais l'artère était aussi bruyante que naguère, et les motos pétaradaient toujours dans les deux sens au mépris des feux, des panneaux « Stop » et des sens uniques, telle une colonne infinie de fourmis ouvrières zigzaguant entre les passants, les marchands des quatre-saisons, les commerçants et les vieux jouant au backgammon au pied des devantures.

Asghar remonta la rue vêtu de sa veste de treillis Puffa, avec sa bague de diamants au petit doigt (il avait juré qu'on l'enterrerait avec) et une chaîne en or ornée d'un pendentif affichant son nom autour du cou. Il était bien conservé pour un homme de son âge ; l'héroïne ne l'avait pas encore détruit. Il lui manquait quelques dents, perdues au cours de bagarres, mais il avait une magnifique crinière de cheveux gris. La rue frémissait de vie. Il se sentait chez lui, là, en plein milieu de l'agitation, même s'il n'y faisait plus la loi. Un joli garçon vendeur des quatre-saisons attrapa un vieux monsieur édenté et le souleva dans les airs en criant : « Regardez-moi ça, les filles, c'est moi qui vends la meilleure marchandise de la ville ! » Entre les magasins de matériel électrique et les pharmacies, on apercevait des morceaux du Téhéran de son enfance, éclats d'élégance au milieu du délabrement et de la laideur générale. Un vieil homme avec un bonnet de laine assis sur une borne en béton vendait des paires de ciseaux de toutes les tailles et toutes les formes exposées sur un plateau de table en équilibre sur des rouleaux de scotch industriel. Il n'avait pas bougé de là depuis le jour où, ayant quitté sa ville natale, Hamedan, il était venu faire fortune à Téhéran, cinquante ans plus tôt.

« Salut, chef ! » hurla-t-il à l'adresse d'Asghar, comme au bon vieux temps.

Asghar lui donna un billet de deux mille tomans.

Un autre homme vendait des tournevis tout en mangeant. À côté de lui, une femme d'âge moyen hurlait : « Un con, ça vaut de l'or ! » Asghar ne put s'empêcher de sourire. Son slogan était le même depuis toujours, aussi loin qu'il s'en souvienne, et plus personne n'y prêtait attention.

Il passa devant le palais Shams-ol Emareh, où l'on avait rapporté des esclaves d'Éthiopie et de Zanzibar cent ans plus tôt, disait la légende, où les hommes étaient châtrés et obligés de surveiller le harem, et les femmes formées à devenir espionnes et informatrices. Puis il longea les passages qui menaient aux différents bazars s'immisçant entre les ruelles et descendant en souterrain. Il aperçut des bols de bouillon brûlant par les portes entrouvertes, vit les stands de bonbons, de bottes en caoutchouc, les étals de couteaux… Un homme avec un turban à carreaux noir et blanc et portant des boîtes sur son dos s'arrêta devant une boutique qui proposait des billets de loterie permettant de gagner un voyage tous frais payés pour La Mecque. Il tournait au coin d'une allée quand un jeune garçon héla une femme qui passait : « Salut, beauté, je pourrais sucer un peu de lait sucré de tes jolis seins, s'il te plaît ? » Pour la première fois depuis des années, Asghar se sentait de nouveau vivant.

Grâce à l'argent emprunté au propriétaire d'un magasin de matériel électrique de Nasser Khosrow qui se souvenait de sa splendeur d'antan, Asghar acheta une boutique. Il accrocha aux murs ses photos en noir et blanc de lutteurs, des héros disparus qui le traitaient comme un dieu. Il installa des vieilles tables et chaises, et commença par proposer du thé et de l'*aragh*. Il lui fallut plusieurs mois pour fidéliser ses clients, mais, petit à petit, l'argent rentra.

Le jour où elle découvrit sa nouvelle affaire, Pari fut hors d'elle. Elle avait tout supporté, y compris l'héroïne, mais le jeu, c'était *haram*, un péché. Elle n'était plus la même depuis qu'elle s'était fait baptiser. Elle priait et lisait le Coran quotidiennement, et, quelques jours après la révolution, elle s'était décidée à porter le tchador. Asghar était à la fois touché et fier de sa dévotion, et il lui avait offert un voyage à Kerbala, où elle avait fait un rêve si extraordinaire que, pendant plusieurs jours, elle avait cru qu'il était bien réel. Elle se tenait devant la tombe de l'imam Hossein quand soudain, Dieu s'était adressé à elle. Il lui avait promis qu'il lui pardonnait ses péchés, ajoutant que si Asghar ne mettait pas fin à ses activités immorales, ils ne pourraient pas être réunis au paradis. Pari était rentrée de Kerbala persuadée d'être investie d'une mission : sauver son mari de l'enfer.

Elle le supplia, l'implora de fermer la maison de jeu. Asghar résistait en lui jurant qu'il était croyant, mais il pensait que Dieu jugeait plus important que tout qu'il ait un moyen de gagner sa vie. Le jour où Pari trouva l'adresse du tripot (en faisant pression sur un de ses amis), elle prit l'habitude d'y débouler au moins une fois par semaine en hurlant contre Asghar devant les clients – qui s'y accoutumèrent. S'il essayait de la raisonner, elle lui répondait qu'elle ne voulait pas vivre sans lui dans l'au-delà. Il était tout ce qu'elle avait ici-bas, et tout ce qu'elle voulait dans l'au-delà.

***

Ce soir-là, à peine Pari repartie, les clients redoublèrent de plaisanteries sur Asghar la Mauviette et Asghar le Hardi – quand sa femme était dans les parages, ça devenait Asghar le Lâche. Asghar laissa filer en souriant, mais il se sentait coupable d'avoir abandonné sa femme. Entre les verres et les toasts, il essaya de l'appeler sur leur ligne fixe, mais elle ne répondait pas. Tant pis, il lui parlerait le lendemain matin : d'ici quatre mois, il aurait assez d'argent pour fermer son tripot et quitter Shoosh. Cette fois-ci, ce serait la bonne.

Comme c'était la veille du début du ramadam, il but plus de coutume et s'enivra tellement qu'il put à peine rentrer à pied chez lui. Tâchant d'être aussi discret que possible, il se glissa sous les couvertures, soulagé de voir que Pari dormait à poings fermés. Il l'embrassa pour lui souhaiter une bonne nuit. Il était trop gris pour remarquer que son corps était raide et glacé. Elle était morte d'une crise cardiaque en se couchant.

Le lendemain matin, il se réveilla et se frotta les yeux, en proie à une forte gueule de bois. Il se retourna vers Pari pour la cajoler, quand soudain il comprit. Il éclata en sanglots et se blottit dans son cou.

Il organisa de somptueuses funérailles et dépensa presque toutes ses économies. Pari avait disparu, qu'avait-il besoin d'argent ?

Sa vie changea du tout au tout. Il se fixa pour mission de remplir toutes les promesses auxquelles il s'était engagé auprès de Pari. Moins pour soulager son sentiment de culpabilité que pour être sûr de la retrouver dans l'au-delà. Il ferma sa maison de jeu et rompit avec son ancienne vie. Il ne jouait plus. Il ne buvait plus. Il commença même à prier. Il voulait à tout prix prouver à Pari qu'il était un homme bon, un homme honnête, celui qu'elle avait toujours voulu qu'il soit. Il n'avait qu'un vice, son injection quotidienne d'héroïne dont le flot dans ses veines lui réchauffait l'âme. Telle était la grandeur de Pari. Il avait beau mal faire, elle comprenait.

Farideh

Rue Fereshteh, nord de Téhéran

Farideh avait beau faire, elle n'arrivait pas à se déhancher avec souplesse tout en ondulant du ventre. Elle avait l'impression de jouer avec un hula hoop invisible. Autour d'elle, les femmes riaient de leur maladresse.

Les cours de danse du ventre étaient encore plus courus que les cours de yoga Bikram. Le studio offrait une vue magnifique sur les montagnes, mais on avait tiré les épais rideaux de dentelle pour cacher ces dames aux regards indiscrets du dehors. Le propriétaire du club était prudent et respectait scrupuleusement la loi.

Elles étaient en plein déhanchement quand quatre femmes en tchador se présentèrent de la part de la police des mœurs. Elles pénétrèrent dans le vestibule et demandèrent avec le plus grand calme au responsable de fermer le centre. Puis elles montèrent dans le studio de danse et l'une d'elles arrêta la musique pop arabe. Aucune ne poussa le moindre cri. Elles donnèrent simplement quelques ordres : on arrête de danser, on se rhabille, tout le monde sort. Le professeur, une danseuse blonde qui portait une brassière et un short, était tétanisé.

« Je ne comprends pas ce qu'on a fait de mal, dit-elle en s'adressant à l'une des *tchadoris* qui jetait les CD dans un sac.

— Vos cours de danse sont obscènes, provocateurs, immoraux et contraires à l'islam », répondit la *tchadori* d'une voix monocorde.

La plupart des femmes avaient filé en attrapant leur *manteau* et leur foulard à la volée de peur d'être arrêtées.

Farideh était hors d'elle. L'unique moment de plaisir de sa semaine avait été saccagé par ces quatre cerbères. Elle refusait de se dépêcher.

« Comment osez-vous ! Vous devriez avoir honte ! Vous pouvez me dire depuis quand la danse est interdite ? C'est vous qui avez l'esprit mal tourné. Même s'il y avait des hommes, je doute qu'ils s'intéresseraient à nous alors qu'il y a dehors des cohortes de jeune filles en liberté que vous êtes incapables de maîtriser.

— Elle a raison, regardez, aucun homme ! *Mard neest !* » renchérit une séduisante consultante française en tâchant de raisonner les *tchadoris* dans son persan hésitant.

Les *tchadoris* ne prêtèrent aucune attention à l'étrangère. En revanche, elles avaient parfaitement perçu le dédain de Farideh et enrageaient de voir que la révolution islamique n'avait pas réussi à venir à bout du complexe de supériorité de ces « grandes bourgeoises ». Même Farideh en avait conscience, toujours surprise par sa propre condescendance vis-à-vis des *regimeys*. Mais c'était plus fort qu'elle, elle ne pouvait s'empêcher de les toiser. La rage de voir ce que son pays était devenu s'exprimait sous forme de haine de classe.

« Vous…, lança une nouvelle *tchadori* en s'adressant à Farideh. Faites attention à ce que vous dites ou je vous fais arrêter. Dommage que les vieilles bourges comme vous aient encore une libido, on sait ce qui se passe quand votre engeance n'attire plus l'attention. Votre façon de danser équivaut à promouvoir le lesbianisme. C'est un comportement répugnant. »

Farideh devait paraître sous le choc, car au moment où elle sortit, toutes les femmes firent cercle autour d'elle.

« On t'a entendue hurler. Qu'est-ce que tu leur as dit ?

— Elles ont peur qu'on devienne lesbiennes. »

Plusieurs d'entre elles éclatèrent de rire devant l'absurdité du propos. Farideh restait coite. Pourquoi se laissait-elle déstabiliser par un incident aussi trivial ? se demandait-elle. Non pas qu'elle ait peur de ne plus pouvoir danser, mais ces cours étaient une des rares activités qui lui donnaient envie de sortir de chez elle.

Elle ne voulait plus aller en ville. Les années passant, elle s'était laissé gagner par la nostalgie du Téhéran qu'elle aimait : les minijupes, les boîtes, les salles de billard, les bars à jus de fruits et à vodkas, les charrettes tirées par des ânes et les belles voitures ; le triomphe des couleurs et de la musique dans les rues ; l'excitation et la rumeur d'une époque en pleine éclosion ; les milkshakes, les cigarettes, le vin, les chansons… Elle se souvenait d'un de ses petits amis qui était revenu d'un voyage à Londres en déclarant que les Anglais étaient trop *coincés*. Que Londres était *dépassé*. La police des douanes britannique, lui avait-il raconté, n'avait jamais vu une pastèque et l'avait obligé à couper la sienne pour vérifier qu'elle ne cachait rien. La nourriture en Angleterre était ignoble, on ne trouvait même pas d'ail ! En plus, il avait été menacé d'arrestation pour atteinte à la pudeur parce qu'il s'était mis torse nu un jour où l'on mourait de chaud. Ah, le fameux *Swinging London*, un mythe !

Farideh avait beaucoup d'amis qui se contentaient de vivre dans leur bulle au nord de Téhéran, ignorant le reste de la ville. Elle ne pouvait pas s'offrir ce luxe. Depuis la mort de son mari, Kaveh, elle avait pris le relais de son combat pour récupérer des terres familiales que la révolution leur avait confisquées. Kaveh venait d'une vieille famille qui avait de la fortune – beaucoup de fortune –, dont la majeure partie était un patrimoine immobilier qui avait été largement saisi par l'État.

Depuis près de vingt ans, Farideh passait des journées entières dans les bureaux du gouvernement, les ministères et les tribunaux à mendier, flatter et sourire à toutes sortes de fonctionnaires et de juges qui s'adressaient à elle comme si elle avait été transparente. « Où est votre mari ? » lui demandait-on souvent. Elle avait beau répondre qu'il était mort et poursuivre ses démarches, on ne la prenait pas au sérieux, c'était une femme.

Les procédures étaient d'une lenteur proche de la torture ; la machine administrative de la République islamique était minée par la corruption, les employés à peine formés, les luttes de pouvoir internes et une impéritie générale. Elle avait mis cinq ans à prouver que l'acte notarié d'un immeuble appartenant à son propre père avait été contrefait par un fonctionnaire affirmant qu'il en était le propriétaire. Puis, après avoir dépensé plus de cinquante mille dollars en enveloppes, il lui avait fallu deux ans pour se défendre contre les appels de ce (riche) fonctionnaire, qui graissait largement la patte des juges. Par ailleurs, elle avait passé six ans à réclamer un terrain au nord de Téhéran où sa belle-famille avait une résidence secondaire, parcelle déclarée propriété de l'État après la révolution. Elle avait reçu cinq verdicts de cinq tribunaux distincts, tous en sa faveur. Or, les verdicts étaient encore contestés, laissant augurer d'un nouveau procès, d'un nouvel appel, de nouvelles années de pinailleries…

Il lui arrivait de se demander si elle n'aurait pas mieux fait de quitter son pays. La révolution avait eu lieu au moment même où sa vie prenait son envol. Elle venait d'obtenir son diplôme d'histoire de l'art et un poste de conservateur dans un petit musée. Kaveh avait eu sa première promotion au ministère du Pétrole et, le week-end, ils guinchaient dans des soirées décadentes. Dès le début de la révolution, la plupart de leurs amis s'étaient exilés avec des comptes en banque bien fournis dont ils avaient placé l'argent en Suisse. Les hommes politiques et les courtisans du shah avaient pillé le Trésor national et les ministères jusqu'au dernier shekel, emportés par un tourbillon d'avarice, de peur et de violence qui avait mené le pays à la faillite. Des fournées d'aristocrates et de monarchistes avaient fui à bord d'avions privés ou en première classe pour se réfugier dans des villas de la Côte d'Azur française ou des pied-à-terre à Paris, Londres ou New York. Beaucoup avaient choisi le ciel bleu à paillettes de Los Angeles, dont les maisons décorées de marbre italien, de lustres en cristal et de meubles dorés leur rappelaient la douceur de leur Iran natal. Ils avaient monopolisé des pâtés de maisons entiers de Brentwood et de Westwood, jusqu'à ce que leur quartier soit surnommé Tehrangeles.

D'autres avaient refusé de se laisser intimider et de fuir leur terre adorée, malgré les menaces de mort. C'est ainsi que le général Rahimi avait été tué par un escadron sur le toit d'une école le 14 février 1979, peu avant minuit. Il était commandant de l'armée et chef de la police de Téhéran à l'époque du shah, et ami de la famille de Farideh, qui se souvenait d'avoir suivi son interrogatoire à la télévision. Les islamistes l'avaient battu, torturé, mais jamais il n'avait prononcé un mot contre le shah. La légende disait qu'avant de mourir, il avait déclaré : « *Javid Shah* », « Longue vie au shah ». Le shah, quant à lui, avait déjà fui ; la seule lutte qu'il menait alors était celle contre le cancer qui allait bientôt l'emporter. Farideh souffrait profondément quand elle songeait à cette époque et à tous les amis qu'elle avait perdus.

Elle avait décidé de rester. Kaveh avait essayé de la persuader du contraire, mais elle ne supportait pas l'idée d'abandonner ses parents qui auraient été incapables de recommencer une nouvelle vie ailleurs. Ce n'était pas la seule raison. Ni elle ni son mari n'avaient été aussi avisés que leurs amis. Ils n'avaient pas de comptes offshore. Pas de résidences à l'étranger. Pas de passeports étrangers. Farideh redoutait que leur maison soit saisie s'ils partaient. Et elle se félicita quand elle vit le nouvel État vendre à l'encan des milliers de propriétés privées. Elle avait de quoi vivre agréablement, c'était mieux que l'exil. Puis la guerre avait suivi. Nouvelle charretée d'amis fuyant, de parents envoyant leurs fils dans des pensionnats étrangers pour leur épargner le front. Ceux qui étaient restés, comme elle, s'étaient retirés à la campagne lors des bombardements de Téhéran. C'était une période noire, mais ils bravaient le danger en sortant, buvant, dansant et s'aimant plus que jamais. Dans son souvenir, ces instants volés à la terreur formaient paradoxalement une parenthèse enchantée.

Farideh était aussi restée par loyauté, et parce qu'elle adorait son pays, maudit, misérable, sublime. C'était son peuple, qu'il soit fanatique ou non. Farideh était une patriote que les récits de la vie de Cyrus le Grand pouvaient émouvoir aux larmes ; elle était comme beaucoup d'Iraniens, touchée non seulement par son image de roi digne et bienfaisant, mais aussi par l'idée que l'Empire perse attisait l'envie du monde entier. Elle souffrait pour ses compatriotes, même si beaucoup semblaient plus heureux depuis le départ du shah. Elle reconnaissait que l'ampleur du mécontentement les avait surpris, et elle se sentait coupable de n'avoir rien vu venir. C'était facile de traiter tout le monde de *dahati*, de « ploucs analphabètes », mais, en son for intérieur, elle était bouleversée de voir l'abîme qui la séparait de tant des siens, un abîme que, de son vivant, rien ne viendrait combler.

Il y avait des jours où elle était sûre d'avoir pris la bonne décision. Certains de ses amis avaient beaucoup plus souffert qu'elle. M. Karimi, par exemple, un éminent ingénieur chimiste, réduit à être chauffeur de taxi à Londres, ou M. Ahmadian et sa femme – il avait été haut fonctionnaire sous le régime du shah et terminé ses jours dans un banal quatre pièces à Willesden, après avoir tout perdu, son argent et ses terres. C'étaient pourtant eux, les gens honnêtes. Qui n'avaient pas pillé le pays, qui étaient partis sans rien, naïfs, fidèles à leur respect de la loi, contraints de faire la queue et d'implorer qu'on les accepte contre un bout de papier confirmant leur statut de réfugiés, d'immigrants, d'exilés.

Le soir de la descente dans le studio de danse, Farideh devait aller à un mariage, mais elle n'en avait plus envie. Ces grandes fêtes tapageuses l'ennuyaient.

La soirée avait lieu à côté de chez elle. Le fils d'un P-DG d'une multinationale sous contrat avec le gouvernement épousait une mannequin anglaise. Le père du jeune marié avait actionné tous les bons pistons et amadoué toutes les bonnes personnes. La police du quartier avait reçu des enveloppes. La fête allait être spectaculaire. Ils avaient embauché des DJ tendance, un orchestre et une équipe professionnelle pour filmer l'événement. La soirée coûterait un million de dollars, disait-on.

Des centaines d'invités parés de leurs plus beaux atours étaient filtrés par un service de sécurité et avaient obligation de remettre leur téléphone portable avant d'entrer dans la luxueuse demeure. La soirée était un concentré de tous les archétypes du nord de Téhéran : riches fainéants, noceurs invétérés, parasites. La mère du marié était une *tchadori*, si bien que la fête avait été organisée de façon qu'elle n'en voie qu'une partie. C'était ça, le nouveau Téhéran, un mélange d'ancien et de moderne, le tout placé sous le signe de l'argent. Certaines vieilles familles se tenaient à l'écart de ce type de soirée car elles se méfiaient de ces déploiements de mauvais goût.

L'événement était considérable. Or, à vingt et une heures, tout s'arrêta. Les réjouissances venaient à peine de commencer quand les forces de la sécurité débarquèrent. Les invités, terrifiés, détalèrent comme des lapins. Une ronde de bassidjis à moto avaient encerclé la maison à la recherche de potentielles victimes. Plusieurs fournées d'invités furent embarquées dans des paniers à salade, et le père du marié fut menotté et arrêté. Chacun y allait de son explication : une personnalité haut placée cherchait à se venger ; une entreprise rivale de celle du père du marié voulait lui piquer son contrat et avait choisi la manière forte ; ce dernier était un pion dans le jeu politique.

Farideh apprit la nouvelle le lendemain. Elle resta enfermée chez elle pendant douze jours. Elle faisait de la peinture, jardinait, voyait des amis qui habitaient à côté. Mais elle se sentait aussi seule chez elle que dans les rues. Pourtant, elle savait qu'il lui fallait affronter ses peurs, sortir, vivre. Un jour, elle décida de rompre son enfermement et accepta de retrouver son amie Lilly qui suivait un cours de dessin d'après nature donné par une jeune artiste talentueuse, Golnar.

Farideh et les autres femmes étaient en train de boire du thé et de fumer quand Golnar arriva. Seule, sans modèle. Quelque chose clochait.

« Ils ont fait une descente en plein milieu du cours d'une amie. Je ne sais pas comment ils l'ont découvert. C'est Dena qui posait, dit-elle en pleurant. Ils ont arrêté tout le monde. Ils les ont accusés d'activités pornos, mais comme ils ont vu qu'il n'y avait rien, aucun film, ils en ont conclu que c'était une partouze. Je n'osais pas vous le dire au téléphone. »

Golnar poursuivit en expliquant que le cours avait lieu au quatorzième étage d'un immeuble isolé, à l'abri des regards, dans un appartement inondé de lumière grâce à d'immenses fenêtres. Personne n'avait remarqué qu'un voisin les surveillait avec ses jumelles. Il se fichait de voir que tout le monde était habillé de la tête aux pieds, mis à part le modèle. Évidemment, les dessins étaient une circonstance aggravante. Ils étaient considérés comme un moyen de diffusion d'images pornos – un délit passible de peine de mort.

« Où est Dena ? demanda Lilly.

— Chez sa mère, mais sa famille essaye de la faire sortir du pays.

— Ça va leur coûter combien ?

— À peu près dix mille dollars pour traverser la frontière turque. Ses parents lui en ont donné quatre mille, c'est tout ce qu'ils ont.

— Dis-lui que je lui offre le reste, dit Lilly.

— J'en prends la moitié, Lilly », ajouta Farideh. Farideh avait déjà aidé des journalistes et des militants en payant leurs frais d'avocat. Ce type de geste contribuait à ce qu'elle se sente moins inutile. Elle connaissait des dizaines de femmes issues de milieux privilégiés qui se montraient indifférentes à tout du moment qu'elles étaient en sécurité, libres, et que rien ne menaçait la tranquillité de leur vie. D'autres qui n'agissaient pas parce qu'elles étaient paralysées par la peur.

Elle avait tout essayé pour lutter contre son isolement. Le yoga lui avait fait du bien. Les exercices de respiration l'apaisaient et lui donnaient un sentiment de plénitude, ne fût-ce que pour quelques minutes. Elle avait même suivi une retraite de méditation Vipassana hors de Téhéran où l'on faisait vœu de silence et où il y avait beaucoup d'anciens drogués qui ne savaient plus vers qui se tourner. Au bout de dix jours d'exercices d'acceptation de soi et du monde, elle était ressortie ravie, séduite par les nombreux concepts, dont la « pleine conscience », qui lui permettaient de tenir à distance ses idées noires. Mais l'effet bénéfique avait été de courte durée. D'un séjour à Goa, elle était rentrée plus vide qu'en partant, déprimée de voir les progrès d'un pays comme l'Inde alors que le sien régressait. Et déprimée à l'idée de devoir se rendre à l'autre bout du monde pour chercher ce qu'elle aurait dû trouver chez elle. Enfin, le temps qu'elle décide de s'inscrire à une série de cours de développement personnel au Landmark Forum, nouvelle tocade clandestine de Téhéran, elle apprit qu'il venait de mettre la clé sous la porte.

Elle avait même été voir du côté du christianisme, plus par curiosité qu'animée par le désir d'aller à la rencontre de Dieu. Une amie récemment convertie l'avait entraînée, et, un jour, elles avaient assisté à une messe du soir. Elle avaient fait trois fois le tour d'un pâté de maisons et vérifié par-dessus leur épaule avant de tourner dans une petite allée, puis prononcé un mot de passe pour entrer : *omeed*, espoir. Au fond d'un grand jardin se trouvait, derrière une maison, une chambre qui servait de chapelle. La musique était tonitruante : les gens chantaient, applaudissaient et poussaient des cris au son d'un piano désaccordé et de tambourins. Des croix étaient accrochées sur tous les murs et des jeunes sautillaient comme des kangourous. La plupart des gens présents s'étaient récemment convertis, et ils risquaient la mort alors qu'ils priaient le même Dieu, mais un nouveau prophète. Farideh était accablée ; elle n'aurait su dire pourquoi exactement, mais la vue de tant de bonheur, d'amour et de confiance l'attristait. Elle n'avait vu personne ayant l'air aussi heureux depuis des lustres. Plus tard, elle apprit que cette église clandestine était financée par une association chrétienne affiliée à une université d'Amérique du Nord qui faisait du prosélytisme dans les pays musulmans. Cette découverte la mit en colère et elle se replia sur la foi qui était sa prison.

Elle n'avait jamais abandonné sa religion. Elle croyait en Dieu. Elle aimait le goût du drame et la profonde humanité des sacrifices chiites, la volonté de lutter pour défendre ses idées. Elle n'était pas systématiquement opposée aux mollahs, au contraire, elle adorait ceux qui dispensaient des paroles de sagesse et se montraient discrets. Elle poursuivait sa quête spirituelle en suivant des sessions d'*estekhareh* avec un mollah qui n'habitait pas loin. C'était un homme bon, qui trouvait toujours un sens aux choses, ce qui n'aurait pu être fortuit. Elle était surprise de voir qu'elle était plus superstitieuse qu'elle ne le pensait.

Un jour où elle déjeunait avec le chef d'une communauté zoroastrienne, un homme charismatique, à la fois charmant et intelligent, qui séduisait toutes les femmes qu'il croisait, Farideh lui confia sa petite incursion évangélique. Il lui répondit qu'il refusait tous les mois des dizaines de gamins qui voulaient se convertir au zoroastrisme. Les jeunes l'imploraient en disant que c'était leur religion originelle, qu'il représentait la gloire de l'Iran avant que les Arabes n'envahissent le pays, brûlent leurs livres et ne les abandonnent à Allah.

« Pourquoi les refusez-vous ?

— Parce que je ne veux pas avoir de morts sur la conscience, et parce que tout ça, c'est du pareil au même, non ? Ces gamins ont une vision idéalisée du zoroastrisme. Ils s'imaginent que ça va résoudre leurs problèmes, ce qui est évidemment faux. »

Un an plus tard, le chef zoroastrien fut assassiné dans un appartement à Paris, la gorge tranchée par l'amant de son ex-femme, dont certains disaient que c'était un espion à la solde du gouvernement iranien. Les autorités le surveillaient depuis des années. Il avait déjà été enlevé à Londres alors qu'il allait donner une conférence à la School of Oriental and African Studies. Les services de renseignements iraniens l'avaient séquestré dans leur voiture pendant trois heures en le menaçant, disait-il. Ils auraient dû se douter que ce n'était pas le genre d'homme à se laisser intimider. Il était rentré à Téhéran plus vaillant et plus déterminé que jamais à aider la communauté zoroastrienne.

Un mois après l'arrêt de ses cours de dessin, Farideh était de nouveau incapable de sortir de chez elle. Certaines de ses amies l'accusaient de faiblesse : comment pouvait-elle se laisser dominer par *eux*, alors qu'elle avait simplement été victime d'une de ces vagues de répression aveugle ? Mais un jour, Lilly réussit à la persuader de l'accompagner à un dîner chez des amis.

Farideh fréquentait plusieurs cercles. Les quelques familles de la haute qui avaient de l'argent depuis toujours avaient tendance à vivre entre elles. Toutes descendaient des Kadjars, une dynastie turque qui avait dominé la Perse de la fin du XVIIIe siècle au début des années 1920. Quiconque était un Kadjar le faisait savoir car c'était un signe de prestige et de rang. Tout le monde se fichait de savoir que les souverains kadjars étaient des tyrans, des joueurs et des collectionneurs de femmes qui s'accrochaient au pouvoir et dilapidaient les richesses du pays pendant que leurs sujets étaient décimés par les famines. Le sang bleu, c'était le sang bleu. Après les Kadjars venaient les propriétaires terriens, le milieu de Farideh, des familles ravies d'être du bon côté du système féodal jusqu'au début des années 1960, à l'époque de la redistribution des terres, même si leur fortune n'avait guère été entamée. Il y avait aussi les familles de commerçants qui parcouraient le Caucase et les routes de la soie depuis des générations pour vendre leurs produits aux familles royales et aux élites, et dépensaient ce qu'il fallait en éducation pour être enfin assimilées à celles-ci. Les universitaires et les intellectuels étaient peu nombreux car l'Iran avait souffert d'une des plus impressionnantes fuites de cerveaux au monde. L'argent n'était pas l'unique marqueur social. Les aristos qui tiraient le diable par la queue étaient assez nombreux pour en témoigner. La génération de Farideh considérait la nouvelle vague d'industriels comme grossière, quel que fût l'argent qu'ils gagnaient. Trop *nouveau riche**. Les artistes, les réalisateurs, les comédiens, les étrangers et les diplomates papillonnaient d'un cercle à l'autre en jouant de leur esprit d'avant-garde, bohème, libre (et cultivé). La plupart habitaient dans quelques quartiers choisis du nord, repliés dans les collines au pied des montagnes : Niavaran, Farmanieh, Fereshteh. Certains parmi les plus jeunes et les plus branchés avaient déménagé pour se rapprocher du cœur de la capitale, de la plèbe, là où Téhéran n'a rien perdu de sa vigueur ni de son élan.

Farideh vivait à Fereshteh, première rue à droite en partant de Vali Asr après Parkway, dans la partie nord de Vali Asr. Au quart de la rue Fereshteh, en face de la rue Bosnie-Herzégovine, se trouvait une galerie commerciale de luxe baptisée Sam Center, qui abritait des boutiques telles que Chopard ou TAG Heuer.

Elle avait une grande villa agrémentée de cours intérieures et extérieures, une des rares maisons anciennes du quartier encore debout, coincée de part et d'autre entre de hauts immeubles. La décoration était d'un raffinement exquis car Farideh avait un excellent œil et savait marier l'ancien et le moderne. Sur le sol de pierre étaient disposés de gigantesques urnes turquoise, des pots de terre anciens, de sublimes tapis persans et des carreaux traditionnels, et il y avait dans le jardin une piscine bordée de noyers et de figuiers. Sur les murs, elle avait accroché des peintures des artistes les plus en vue du moment. C'était là qu'elle vivait depuis son mariage, trente ans plus tôt. Et là que Kaveh était mort, dans leur lit, d'un cancer qui lui avait valu trois ans de souffrance. Elle l'avait épousé par amour, pour sa bonté. C'était son meilleur ami, l'homme de sa vie, loyal, vrai.

Le dîner où elle devait se rendre avec Lilly était organisé par un producteur de théâtre qui vivait à Niavaran, au nord-est de Fereshteh. Dans ces quartiers, les dîners et les soirées étaient un moyen de résister, de se défendre, de donner un peu de corps à ces existences soigneusement organisées, la seule façon d'avoir une vie sociale, de rire, danser comme les autres. Les maisons avaient beau être vastes, la communauté n'en était pas moins étriquée.

Lilly et Farideh arrivèrent au moment où l'on servait des canapés et du vin dans le jardin pour profiter des derniers rayons du soleil couchant. Un parfum de rosée embaumait l'air frais et annonçait la nouvelle saison. Des rossignols chantaient comme s'ils faisaient des vocalises. Farideh sentit une odeur de joint qui circulait de main en main.

Le dîner réunissait des gens différents. Il y avait plusieurs femmes célibataires d'une trentaine d'années, dont une architecte et une poétesse ; les autres travaillaient dans la publicité. Un peintre de renom international bavardait avec un réalisateur respecté. Un médecin d'une quarantaine d'années, célibataire, était entouré d'une jolie nuée de femmes. Gastroentérologue à l'origine, il s'était spécialisé dans la restauration clandestine d'hymens pour rendre à ses patientes un sentiment de dignité et des perspectives de mariage grâce à quelques centimètres de fil et à une aiguille. Les rares amis au courant l'avaient surnommé Dr Cousu-Main. À toutes, il permettait de retrouver leur virginité : les filles de *bazaaris* et d'industriels, les filles de familles pratiquantes et de familles *sonatis*, les riches et les pauvres, voire les filles de familles ouvrières. Faire restaurer son hymen coûtait entre deux cent mille tomans (environ cinquante euros) et sept millions (à peu près deux mille euros), suivant le quartier et le médecin opérant, mais le Dr Cousu-Main demandait moins à ses clientes les plus pauvres car il était animé par un profond sens de la justice et estimait qu'il n'y avait aucune raison de juger ces femmes sous prétexte qu'elles étaient issues d'une famille modeste. Lui-même appartenait à un milieu qui avait des principes différents. Des principes occidentaux. Mais la majorité des gosses de riches voulaient épouser une fille vierge, il était bien placé pour le savoir. Ses amis et lui préféraient les femmes expérimentées qui ne se contentaient pas de s'allonger et de se livrer dans l'espoir de se voir passer la bague au doigt. Le Dr Cousu-Main était en train d'amuser la galerie en racontant qu'il avait vu dans le bazar des kits de virginité, comprenant une capsule de liquide rouge à insérer dans le vagin qui éclatait sous la pression. En fait, il mentait : il n'avait rien vu de tel, mais il en avait entendu parler par une de ses patientes qui trouvait que le faux sang avait une nuance trop brillante pour être convaincant.

La conversation autour de la table oscillait entre les derniers scandales, l'art, la politique et le travail, le sujet de discussion changeant avec la régularité d'un métronome. Un homme d'affaires européen avait quitté son épouse et ses quatre enfants pour une femme que tous connaissaient, une fille de la haute, d'une quarantaine d'années, encombrée par une série d'échecs sentimentaux. Elle avait beau faire injection de Botox sur injection de Botox, rien ne pouvait venir à bout de son air hautain, de cette moue de dégoût que sa mère lui avait appris à afficher dès l'adolescence en pensant que c'était une façon d'imposer son rang, de signifier que tout autour d'elle lui était inférieur. Elle enseignait le français à des gamins argentés et à des enfants de diplomates, et parlait le perse avec une légère pointe *parisienne** fort affectée. Elle avait couché avec nombre d'hommes mariés, de préférence pourvus d'un passeport étranger, synonyme de *cachet**. Elle venait donc de toucher le gros lot.

Il y avait quelques nouvelles têtes, des exilés à mi-temps qui revenaient de Milan ou de New York pour acheter des œuvres d'art, rencontrer des gens, parler leur langue maternelle et savourer la vraie cuisine iranienne. Les Iraniens revenant au pays étaient plus nombreux depuis quelques années. La plupart étaient des enfants de la diaspora qui parlaient avec un accent étranger charmant et commettaient de petites erreurs qui les rendaient d'autant plus attachants. Ils revenaient pour se trouver, pour se marier, pour faire la fête, pour jouer leur rôle de requins, ce qu'ils étaient, dans un bassin étroit, car tout le monde rêvait d'être touché par l'Ouest, son chic teinté d'exotisme, son urbanité raffinée. Une fois qu'ils avaient atteint les échelons supérieurs de la société, un étage qu'ils atteignaient rarement dans le pays qui les avait accueillis, rares étaient ceux qui repartaient. Ils préféraient s'installer sur place en apprenant à se protéger de la République islamique, comme Farideh et ses amis.

« Alors, quelles sont les dernières nouvelles de New York ?

— Rien d'intéressant ! Il n'y en a plus que pour les arts visuels. *Tellement* ennuyeux ! *Tellement* pas excitant. Ce n'est plus là-bas que ça se passe, répondit une femme étonnante, qui donnait dans la décoration intérieure, comme la plupart des femmes présentes, dépensant l'argent de ses amies en meubles aux prix exorbitants et en peintures surévaluées. Il y a une uniformisation générale. Tous des bourgeois ! reprit-elle. Je les méprise tellement, ces bourgeois. Plutôt un prolo anglais qu'un petit-bourgeois de je ne sais où !

— Et un prolo iranien ? ne put s'empêcher de répliquer Farideh. Pas un sympathique gangster au grand cœur, non, un vrai Téhéranais du Sud, avec une femme *tchadori* et le portrait du Guide suprême au mur ? »

Était-ce la jalousie, se demanda-t-elle, qui l'incitait à se montrer si critique, une jalousie envers ces gens qui vous imposaient leurs lettres de noblesse cosmopolites ? Ou la colère devant ce snobisme idiot, de cette réification des pauvres, comme s'ils avaient été des spécimens entomologiques ?

« Tout à fait – plutôt ça que cette effroyable classe moyenne. »

Tout le monde riait. Sauf Farideh.

« Vous n'avez jamais réfléchi à ce qu'*eux* pensent de *nous*, que nous sommes des traînées dépourvues de morale ? »

Les invités riaient de plus belle, sans comprendre le sarcasme de Farideh qui affichait un sourire forcé pour ne pas être percée à jour. Depuis quelque temps, elle ne pouvait s'empêcher de jouer le rôle de rabat-joie dans ce genre de soirées. Elle-même ne savait pas pourquoi elle tenait tellement à défendre une classe qu'elle ne comprenait pas, une classe qu'il lui arrivait de haïr, une couche entière de la société qu'elle aurait pu broyer en raillant son côté arriéré.

Elle partit tôt et se retrouva bloquée dans les embouteillages du jeudi soir sur Vali Asr, une interminable file de voitures à touche-touche qui avançaient comme des tortues au milieu du vrombissement sourd des moteurs, des coups de klaxons et de la musique bruyante. Il y avait la queue devant une échoppe qui vendait des *aash* et des *haleem* : derrière la vitrine, les cuistots en blouse blanche servaient des louches de cette épaisse soupe de haricots et de nouilles et de ce porridge de blé mijotant dans de larges bassines en acier. Une femme qui portait un tchador et des bottes à talons aiguilles au bout argenté mangeait son *aash* assise sur une chaise en plastique bleue sur la chaussée. Entre les lampadaires étaient suspendues des guirlandes électriques de toutes les couleurs, et les sycomores étaient éclairés par des projecteurs en forme de fleurs posés au sol, diffusant une lumière rouge, bleu et vert.

Une fois chez elle, Farideh se servit un petit whisky. Son fils, Alidad, était en train de picorer des restes dans la cuisine après avoir passé l'après-midi à jouer au polo et avant de ressortir.

« Maman, tu es au courant pour Delara ? »

Delara, la nièce d'une des amies de Farideh, était au centre de toutes les conversations depuis plusieurs mois. La jeune fille avait accusé trois fils à papa de l'avoir violée après avoir fortement corsé son verre. Farideh la croyait, alors que beaucoup pensaient qu'elle cherchait à dissimuler une nuit un peu trop mouvementée. La réputation de Delara la précédait ; elle était connue pour danser sur les tables en soutien-gorge en buvant de la vodka ou du jus de cerise, pour rarement refuser une aventure d'une nuit, et pour apprécier les lignes de coke ou balancer des comprimés d'ecstasy dans la bouche de tout le monde.

« Elle vient de se suicider. »

Farideh plaqua la main sur son cou. Son fils se précipita sur elle et la prit dans ses bras en l'embrassant sur le front.

« Ce soir. Elle s'est défenestrée de son appartement. Et tu sais quoi ? Ces salauds vont probablement s'en tirer avec un non-lieu. »

Après que Delara s'était rendue à l'hôpital, puis au commissariat, les trois garçons avaient été arrêtés. Mais l'un d'eux avait déjà réussi à fuir à Dubaï. Les deux autres étaient emprisonnés à Evin. Leurs pères avaient de l'argent et des relations dans le gouvernement. Tout le monde pensait qu'ils seraient acquittés.

Alidad proposa à sa mère de passer la soirée avec elle, mais elle insista pour qu'il sorte s'amuser.

À peine avait-il fermé la porte derrière lui qu'elle éclata en sanglots.

Alidad était descendu à de multiples reprises dans la rue pour fêter l'élection de Rohani à la présidence. Il avait expliqué à sa mère que la situation aller changer, évoluer doucement, mais qu'il fallait être patient. Combien de fois n'avait-elle pas déjà entendu ce genre de discours ! De son point de vue et compte tenu de son âge, les choses ne changeraient jamais assez vite pour qu'elle ait le temps d'en profiter.

Elle courut brusquement jusqu'à sa chambre et commença à faire ses valises. Oui, il était encore temps, temps de vivre normalement, de vivre toutes les années qu'elle avait devant elle en étant libre, en sécurité. Elle irait à Londres. Marjaneh, une de ses amies les plus proches, essayait de la persuader de la rejoindre en Angleterre depuis la révolution. C'était le moment ou jamais. Non pas qu'elle puisse partir tout de suite – il fallait qu'elle obtienne un visa –, mais l'idée d'avoir une valise prête, bouclée, qui l'attendait, la réconfortait.

La rue Fereshteh attirait un nombre impressionnant de gosses de riches. Des rangées de voitures de sport achetées au prix fort, avec les taxes d'importation – BMW, Mercedes, Porsche, Ferrari, Lexus, et une Maserati – se succédaient le long des trottoirs devant les cafés et les restaurants, si bien qu'on aurait dit un show-room de voitures de luxe. C'était là qu'Alidad sortait quand il était plus jeune. Un jour, il avait été arrêté par un bassidji qui avait fouillé sa voiture et trouvé une caisse de bières Efes dans le coffre. Alidad n'avait pas eu le temps de bredouiller un : « Il faut que je vous explique… » que le type avait déjà refermé le coffre en le claquant. « Vas-y, on s'en fout. Mais évite de te balader dans une bagnole pareille. » C'était tout ce que le bassidji lui avait dit.

Alidad ralentit en passant devant des grappes de filles somptueuses. Une Ferrari noire conduite par un garçon d'à peine vingt ans passa en trombe, zigzaguant dangereusement entre les voitures. Un derviche se tenait là, sur le côté de la chaussée, avec une longue tunique vert vif et une chevelure blanche flottant sous un turban bleu saphir. Il balançait de la main droite un encensoir métallique dans lequel brûlaient des graines d'*esfand*, un mélange d'herbes qui dégageaient des volutes de fumée blanche destinées à éloigner le mauvais œil et effacer le chagrin. Sa main gauche était tendue en signe de supplication. Rue Fereshteh, même les mendiants étaient haut de gamme.

Le temps d'arriver chez son amie Ana, il était une heure du matin et la soirée battait son plein. Hot Chip passait à plein tube et tout le monde dansait. Ana était une célibataire d'une bonne vingtaine d'années, qui vivait seule dans un petit appartement décoré de meubles de bric et de broc dans l'esprit rétro-chic. Elle devait être une des seules Iraniennes à avoir gardé son nez d'origine, un beau nez fort, aquilin, dont elle avait fait un atout, une preuve de personnalité et de force de caractère. En Occident, personne n'aurait prêté attention à ce nez, mais en Iran, il lui avait valu des années de remarques de la part d'amis et de parents, voire d'étrangers bien intentionnés, qui tâchaient de la persuader de le retoucher pour le rendre plus désirable, plus *marriage friendly* – autrement dit un nez étroit, prépubère, mignon. Elle avait toujours refusé. Ana n'était pas exactement conformiste. Elle avait beau avoir grandi sous la République islamique, elle n'avait jamais abandonné son rêve de devenir danseuse. Elle prenait des cours dans un studio du centre-ville où les mouvements à caractère trop sexuel, suivant les principes de cette même République, devaient être minimisés. C'était d'ailleurs à peine de la danse, plutôt un enchaînement de gestes harmonieux. Sa troupe était néanmoins partie en tournée à travers l'Europe et elle avait collaboré avec des chorégraphes célèbres à Madrid, Berlin et Paris. À présent, elle dessinait des bijoux.

Ce soir-là, Ana était fardée comme une pin-up des années 1940, elle avait les cheveux coiffés en coque et du rouge à lèvres rouge vif sur sa bouche pulpeuse. À côté d'elle, une fille qui portait des richelieux, un pantalon à carreaux pastel et un nœud papillon fumait un joint de *skunk* avec une fille au look rock, crâne rasé et combinaison noire. On pouvait difficilement trouver plus tendance, le genre de filles qui portaient des *manteaus* vintage volontairement trop larges. Elles avaient autour d'elles une bande d'adorateurs gays, car Ana avait organisé la soirée en l'honneur du *coming out* de Jamshid auprès de ses parents. Jamshid avait été arrêté au cours des manifestations de 2009, et emmené à Evin où il avait passé trois semaines à être interrogé les yeux bandés tous les jours. Ses bourreaux l'avaient obligé à leur donner les mots de passe de sa boîte mail et de son compte Facebook ; il était pétrifié, persuadé que c'en était fini pour lui. Sa boîte mail regorgeait de messages d'anciens copains et de photos explicites de lui envoyées à des ex. Aucun de ses geôliers n'y avait fait allusion. Jusqu'au jour où ils l'avaient relâché en lui murmurant à l'oreille : « On sait tout sur toi et sur tes préférences. On n'en a rien à cirer. C'est ton putain de problème. On voulait juste être sûrs que tu n'agissais pas contre le régime. »

Une bande de garçons cancanaient dans la chambre en faisant tourner une bouteille de Mr Chavez Blended Special Whisky – Extra Special, brassé en Irak. Le nouvel amoureux de Jamshid, qui avait dix-huit ans, venait d'être exempté de service militaire en se faisant passer pour un transsexuel, ce que le régime considérait comme une maladie.

« Il aurait aussi bien pu leur dire qu'il est gay, ils pensent qu'on est des malades mentaux. De toute façon, qu'est-ce qu'ils peuvent faire ? C'est pas illégal d'être gay, ce qui l'est, c'est de baiser gay.

— Tant mieux, parce que sinon, la moitié de cette putain de capitale serait arrêtée.

— Au moins toute la partie sud, oui.

— Putain, faut que je me fasse un mec du sud de Téhéran ! Je les adore, ces petits vendeurs musclés et bruts de décoffrage.

— Oui, t'as carrément intérêt à aller voir au sud. Si les classes moyennes sont homosexuelles, les prolos, eux, sont tous G.A.Y. Gay, gay, gay.

— C'est comme ça dans tous les pays musulmans, il suffit de rafler la mise. Ces pauvres salopards sont privés de chattes, voilà pourquoi on a la primeur ! »

Les rendez-vous entre garçons s'organisaient essentiellement sur Internet, qui, à Téhéran, est le cœur de la scène gay, en particulier un site de rencontres célèbre appelé Manjam. Les hommes sont prêts à prendre tous les risques : filmer des parties fines avec une webcam, draguer dans le parc Daneshjoo, écumer le sud de la ville et s'envoyer en l'air dans les voitures, au fond des allées ou dans les bains publics. La loi sur la sodomie entre personnes de même sexe, qui vient d'être amendée, reflète l'attitude tordue du gouvernement vis-à-vis de l'homosexualité : si le rapport est consenti et que l'homme jouant le rôle actif est un musulman célibataire, il a droit à cent coups de fouet, tandis que celui qui est passif est condamné à la peine de mort (sauf si c'est un *kafir*, un mécréant, qui couche avec un musulman, auquel cas tous deux seront exécutés). Il vaut donc mieux enculer qu'être enculé.

Dans la cuisine, un garçon chaussé de baskets montantes récitait de la poésie de Rūmī sur un rythme rap devant un groupe de filles qui revendiquaient leur appartenance à un mouvement militant clandestin baptisé « Lezbollah ». Il y avait parmi elles une des lesbiennes les plus célèbres de Téhéran, une grande fille baraquée qui avait un succès fou auprès des femmes mariées. Elle avait récemment épousé à San Francisco une beauté blonde qui avait quitté son mari – un des meilleurs partis de Téhéran – pour elle. Deux autres filles, sans doute affiliées au Lezbollah elles aussi, s'embrassaient goulûment dans l'entrée. En Iran, le châtiment pour ceux qui pratiquent le lesbianisme, *mosahegeh*, est de cent coups, mais si de tels actes sont constatés plus de quatre fois, la condamnation à la peine de mort est possible – même si aucune des filles de la soirée ni leurs amies n'avaient jamais été arrêtées.

Alidad papillonnait d'un groupe à l'autre en enchaînant les verres de tequila et en absorbant tout ce qu'il fallait pour être *stoned*. Telle était la bande d'amis avec laquelle il avait grandi, éclectique, inattendue, composée de jeunes gens privilégiés mais bienveillants, tolérants, ouverts d'esprit. Beaucoup auraient pu s'offrir l'exil mais préféraient rester à Téhéran. Ils savaient que faire la nouba était une condition *sine qua non* pour supporter la dictature et ils ne s'en privaient pas.

Farideh demanda à un de ses amis, diplomate européen, de l'aider à obtenir un visa. Un mois plus tard, elle était dans un avion en direction de Londres. Elle avait prévu de passer trois mois chez Marjaneh en attendant de trouver un petit appartement à acheter, puis elle partagerait son temps entre Londres et Téhéran aussi longtemps que la loi le lui permettrait.

Alidad pensait que sa mère se faisait des illusions sur la qualité de vie à l'Ouest. Il avait rendu visite à des amis à Londres, L.A., New York, Paris, Rome – les villes habituelles – et chaque fois, il avait eu hâte de rentrer chez lui. Il en profitait un temps, s'amusait, sautait quelques filles au parfum d'exotisme, mais sa vie était à Téhéran. Il aimait tout de l'Iran, les bons comme les mauvais côtés.

Farideh passa une première semaine divine à Londres. Marjaneh l'emmena faire le tour des galeries, des musées et des restaurants, tout ce qui lui manquait à Téhéran. À tel point qu'elle se sentait coupable d'avoir obligé son mari et son fils à supporter la vie en Iran en les privant de *ça* : la liberté, la vraie, et tout ce qui allait avec. Puis les semaines passèrent et elle commença à éprouver un curieux sentiment d'étrangeté. La vie à Londres était plus compartimentée, plus impersonnelle. Les dîners et les réunions entre amis étaient froids, dépourvus de ferveur. Les liens entre Marjaneh et ceux qu'elle côtoyait étaient plus lâches : les gens avaient leurs priorités – leur famille et leur travail. On veillait à ne pas trop dépenser. Les taxis étaient hors de prix.

Les gens étaient agressifs, hurlaient, s'insultaient dans la rue, même autour de chez Marjaneh, ce qui n'arrivait jamais au nord de Téhéran. Arriva le jour où Farideh se mit à la recherche d'un appartement ; son apport en rials et tomans ne lui permettrait pas d'obtenir grand-chose. Même en vendant tout ce qu'elle avait et en investissant toutes ses économies, que pourrait-elle s'offrir ? Un studio minable dans le quartier de Marjaneh. Ou alors il lui faudrait vivre dans l'enfer de la banlieue, dans un lotissement, avec une chaudière de mauvaise qualité et un vague carré de verdure en guise de jardin. Sans compter le climat, toujours le même, une succession de journées froides, grises et pluvieuses.

Deux mois plus tard à peine, Farideh fut surprise de constater qu'elle n'avait qu'une envie, rentrer chez elle. À Téhéran.

« On a eu la première pluie de la saison la semaine dernière. Un bonheur. Toute la pollution a été balayée. Vous êtes partie longtemps ?

— Quelques mois. Quoi de neuf ?

— Oh, la chienlit de toujours, si je puis dire, chère madame. »

Farideh rit.

« Je parie que vous auriez préféré rester là-bas.

— Au contraire. Téhéran me manquait. Bizarre, non ?

— Je comprends, parfois je me dis que je ferais mieux d'emmener toute ma famille loin de ce capharnaüm, mais je ne sais pas si je pourrais vivre ailleurs. (Le chauffeur de taxi la regarda dans le rétroviseur :) Ici au moins, on est entre nous.

— Oui, vous et moi, par exemple, répondit Farideh en souriant. Qui l'eût cru ? »

Le chauffeur rit à son tour.

Le taxi tourna dans Vali Asr. Deux hommes étaient en train de dépiauter une carcasse de mouton devant la vitrine d'un concessionnaire Mercedes. Farideh baissa la vitre et passa la tête à l'extérieur. Jamais elle n'aurait imaginé éprouver un tel soulagement, enveloppée par les montagnes de Téhéran, protégée par son ciel bleu vif et réchauffée par son soleil, abritée sous ses arbres, caressée par sa brise, subjugée par la beauté brun-roux ou ocre des feuilles qui semblaient saigner. Ils passèrent devant des étals débordant des fruits de l'automne jaunes et orangés – citrons, coings, kakis… Toute cette confusion, ce chaos, cette clameur, le parfum d'agneau grillant sur les charbons ardents effleurant ses narines, les mûriers et le jasmin, la poussière, le crachotement des camionnettes, l'homme qui vendait des chiots sur le bas-côté, les essaims de mobylettes louvoyant entre les jolies filles habillées pour défier le monde entier, les stands de jus de fruits, les boutiques tapageuses, les vieux bazars et les passages souterrains, les carreaux bleus fêlés sur les façades de vieilles demeures décrépites, les jardins secrets.

Farideh ferma les paupières et savoura le bonheur d'être de retour.

ÉPILOGUE

Vali Asr

Les premières neiges de l'hiver tombent sur la queue qui s'étend devant la boulangerie qui vend des *barbari* au nord de Vali Asr – aujourd'hui le prix d'une poignée de ces galettes équivaut à celui d'une dose de méthamphétamine. L'avenue est maculée de taches rubis dues aux éclats de grenades et de betteraves. Deux adolescents arborant une banane et un jean déchiré cherchent à écouler des CD de rap et des chewing-gums en se faufilant entre les voitures. Sur le trottoir, une femme élégamment vêtue, portant des lunettes, vend des écharpes en cachemire ; à côté d'elle, un vieil homme est assis en tailleur devant une balance à plateaux cabossée. Une fillette de huit ans installée sur un morceau de carton et appuyée contre une cabine téléphonique s'est autorisé une pause, oubliant de vendre ses mouchoirs en papier pour finir ses devoirs, écrivant consciencieusement dans son cahier.

Autour de la gare Rah Ahan, là où Vali Asr bifurque et commence à grimper vers les montagnes, une sombre assemblée endeuillée attend dans le froid devant une mosquée. La foule est de plus en plus importante ; une partie de Vali Asr a été bloquée et interdite aux voitures. Une ambulance attend sur le côté, dégageant une épaisse fumée noire qui dissémine des particules. La *hosseinieh* de la mosquée a été ouverte pour pouvoir accueillir tout le monde. On aperçoit sur une table des coupes de dattes et de halva, de l'agneau aux herbes et au riz. Après la lecture d'extraits du Coran et l'éloge funèbre, la foule se disperse tandis que le corps de la défunte est recouvert d'un drap, déposé sur un brancard puis dans l'ambulance qui doit le transporter au cimetière de Behesht eh Zahra où il sera lavé, enveloppé dans un *kafan* blanc et enfoui dans la terre.

« Sa mort, c'est la fin de la ville telle qu'on l'a connue. Il ne lui survivra pas longtemps », lâche un homme qui porte des mitaines au moment où la portière du fourgon claque.

C'est un vieux Téhéranais qui vend des chaussettes en polyester au coin de Vali Asr et de Rah Ahan. Il est venu rendre un dernier hommage à la femme d'Asghar le Hardi, le *jahel* le plus dur à cuire et le plus grand seigneur qu'il ait jamais vu à Téhéran.

Deux vieilles femmes en tchador s'en vont ; l'une d'elles était danseuse avec Pari et boite à cause d'un problème de hanche. Soudain, toutes deux s'arrêtent devant une souche de sycomore.

« Ils l'ont dit aux infos. Il paraît que les arbres étaient malades et qu'il fallait les couper », commente sa compagne.

La vieille danseuse secoue la tête.

Le gouvernement a tardé à réagir après l'abattage controversé des sycomores de Vali Asr, et il a beau jeu d'expliquer que les arbres étaient malades et représentaient un danger pour les piétons. Les femmes n'y croient pas. Elles ont entendu dire qu'en réalité, les arbres gênaient les caméras de la police et que la mesure faisait partie d'un plan d'aménagement plus vaste.

C'est pourtant vrai. Les sycomores sont malades. Ils meurent à petit feu – essentiellement de soif – à cause d'un projet mal conçu de comblement des *jubs* qui empêche l'eau de ces rigoles d'abreuver leurs racines. Certains pensent que la pollution aggrave la situation, si bien que les arbres du sud de la ville étouffent, comme les habitants. Quoi qu'il en soit, tout le monde est d'accord sur un point : les sycomores ont été abattus en pleine nuit parce que les autorités savaient que les gens seraient furieux.

Les deux femmes remontent Vali Asr tandis que les torrents d'eau jaillissant dans les *jubs* couvrent le bruit des moteurs et des klaxons. Les arbres sont à l'agonie, tels des squelettes gris protégés par un film de givre, les feuilles arrachées par la main glacée de l'hiver. Bientôt ils seront couverts de neige et l'eau des *jubs* sera dure comme le cristal. Puis viendra le dégel, apporté par les premières brises, une jeune vie animant les pousses vertes et les racines prêtes à l'éclosion. De nouveaux bâtiments seront construits et démolis, les gens manifesteront et guincheront, des voitures auront des accidents, des citoyens seront exécutés, des amants abandonnés, des policiers corrompus, des dissidents emprisonnés et libérés, des présidents élus et déchus. Vali Asr demeurera telle qu'en elle-même, imperméable aux guerres, aux dictateurs et aux révolutions. Avec ou sans ses sycomores.

NOTE DE L'AUTEUR

C'était en 1978, le jour qui allait être baptisé « Vendredi noir » : ma mère, mon frère et moi, nous atterrissions à l'aéroport Mehrabad de Téhéran pour rejoindre mon père et commencer une nouvelle vie. La loi martiale venait d'être promulguée et les militaires avaient ouvert le feu sur les manifestations anti-shah, tuant et blessant des dizaines de personnes. Jamais les autorités n'avaient réprimé les opposants aussi violemment. C'était le début de la révolution, le début de la fin de l'Iran tel que nous l'avions connu. Une journée de mauvais augure pour revenir dans le pays où j'étais née.

J'ai des souvenirs très précis de cette époque : les gens dansaient et sautaient de joie dans les rues pour fêter la chute du shah ; dans toute la ville régnait une joie contagieuse ; des hommes et des enfants brandissaient des fusils volés dans l'usine d'armement nationale, fleurs au canon. Les gens se sentaient en sécurité. Les Téhéranais étaient unis comme jamais. C'était une période d'espoir.

J'étais petite, mais très vite j'ai senti que l'atmosphère changeait : les rues se vidaient, les grandes personnes chuchotaient entre elles. Du balcon, nous observions le ciel de nuit strié de rouge par les balles traçantes. Je me souviens de soirées où nous demeurions assis chez nous en silence, dans l'obscurité, pendant que des groupes armés rôdaient au pied de l'immeuble et tiraient.

Neuf mois plus tard, nous étions de nouveau dans l'avion et nous retournions à Londres. Mon père nous a suivis quatre mois plus tard parce qu'il attendait que sa démission de la marine nationale soit acceptée. Il fuyait son pays la mort dans l'âme, désespéré d'avoir à rompre les liens avec sa terre natale adorée.

Mes parents s'étaient rencontrés dix ans plus tôt dans une soirée à Earls Court. À l'époque, mon père suivait un entraînement dans la marine britannique. Ce fut le coup de foudre. Ma mère était née à Téhéran et elle avait grandi à Londres, comme moi. Son père s'était exilé en 1960 en emmenant sa famille. Mon grand-père maternel était militaire et, à l'époque où Mossadegh était Premier ministre, il fut, entre autres, directeur de la radio de l'armée. Le ministère de la Guerre lui donna l'ordre de faire de la propagande en faveur de Mohammad Reza Shah, alors en exil en Italie. Il refusa. Il estimait que l'armée était là pour servir le peuple et n'avait pas à intervenir en politique. Peu après, Mohammad Reza Shah revint en Iran à la suite du coup d'État soutenu par la CIA et par la Grande-Bretagne qui renversa Mossadegh. Le shah avait eu vent de la réticence de mon grand-père et lui refusa à plusieurs reprises une promotion. Esprit universel, brillant, réputé pour son honnêteté, mon grand-père avait fait carrière dans l'armée grâce à ses compétences plutôt qu'en distribuant des pots-de-vin, en recourant aux pistons et en vouant une loyauté aveugle au régime, comme c'était si souvent le cas. Le jour où il finit par être promu général, c'était trop tard. Il ne supportait plus la flatterie ni la corruption – on disait alors que personne n'osait mentir à l'ancien roi, Reza Shah, et que personne n'osait dire la vérité à son fils et successeur, Mohammad Reza Shah. Mon grand-père tenait en outre à ce que ses enfants reçoivent une éducation anglaise. Il quitta donc l'Iran et se jura de ne jamais y remettre les pieds.

Son cousin, Hassan Ali Mansour, fit tout ce qu'il put pour le persuader de revenir, mais il se montra inflexible. Mansour fut nommé Premier ministre en 1964 ; c'est lui qui, lors de la révolution blanche, fit appliquer la loi dite « loi de capitulation », largement controversée et détestée. Celle-ci assurait l'immunité à tous les officiers et ressortissants américains sur le sol iranien. Mansour a avoué par la suite à mon grand-père qu'il avait été obligé de capituler face aux exigences américaines. Il avait accepté les termes des Américains en échange d'un prêt de deux cent millions de dollars, dont le pays avait un besoin urgent. Aux yeux de la majorité des Iraniens, Mansour avait vendu son pays et les intérêts de son peuple à un pouvoir impérialiste qu'ils accusaient d'ingérence. Aujourd'hui, la « loi de capitulation » peut être interprétée comme un des événements fondateurs de l'histoire contemporaine de l'Iran. Sur le moment, elle fut condamnée par un petit ayatollah inconnu répondant au nom de Khomeini, qui remettait aussi en cause le shah et les États-Unis. Khomeini fut aussitôt envoyé en exil, exploitant cette loi pour fédérer les opposants au shah. Deux mois après son départ, Mansour fut assassiné. Son meurtrier était un jeune homme de dix-sept ans soutenu par deux complices membres du groupe islamiste Fadayeen-e. Tous trois furent exécutés.

Vingt-six ans après avoir quitté Téhéran, j'y suis retournée. Je connaissais peu l'histoire de ma famille, j'avais besoin de redécouvrir mes racines, et Téhéran me semblait le lieu idéal pour démarrer ma carrière de journaliste.

Durant l'été 2004, j'étais correspondante du *Times* à Téhéran quand l'idée de ce livre m'a traversé l'esprit pour la première fois. Je venais d'être privée de ma carte de presse par l'Ershad, le ministère de la Culture et de l'Orientation islamique, ce qui arrivait régulièrement à tous les journalistes. On ne nous donnait jamais d'explications précises, mais ce jour-là, un fonctionnaire plus amical que les autres me dit de but en blanc : « Mademoiselle Navai, vous avez couvert une affaire de droits de l'homme importante et vous avez écrit que certaines personnes se moquaient des mollahs. Vous savez qu'ils n'aiment pas qu'on soulève la question des droits de l'homme. Quant aux plaisanteries à leur propos… » Le fonctionnaire se mit à rire. Il me conseilla de me tenir à carreau et de laisser passer quelques mois qui me « serviraient de leçon ». J'étais soulagée car je serais dispensée des interrogatoires secrets de la part des services de renseignements que je commençais à redouter, dont le ministère prétendait qu'ils n'étaient pas menés par les siens.

Je savais ce que je voulais faire entre-temps. J'avais écrit un article sur une école destinée aux enfants des rues de Shoosh, créée par une association caritative. J'étais émue par ces petits garçons et petites filles et j'avais envie de les aider.

À ce moment-là, quelqu'un m'a proposé de donner des cours d'anglais dans le dédale de ruelles de Nasser Khosrow, au cœur du sud de Téhéran. Les élèves étaient de jeunes Afghans sans papiers, des gitans et des enfants illégitimes de prostituées. Aucun n'avait le droit d'être scolarisé. J'avais un faible pour mes petits Afghans, les enfants les plus travailleurs que j'ai jamais rencontrés. Ils trouvaient le temps de suivre leurs cours et de faire leurs devoirs entre leurs petits boulots sur des chantiers, dans des usines ou dans des magasins. Ils ont adoré le jour où je suis arrivée avec mon ami Angus à l'école. Je leur avais demandé de préparer une liste de questions à poser à l'*Ingilisi*, l'Anglais. Toutes portaient sur sa vie amoureuse. Angus y répondit avec plaisir. Ce fut un triomphe.

C'est également à cette époque que j'ai fait la connaissance d'une prostituée dans une clinique de désintoxication de Shoosh. Son visage, autrefois sans doute ravissant, était grêlé par la drogue et la maladie, mais ses grands yeux verts lui servaient encore à attirer les clients. Comme j'étais à la fois téhéranaise et étrangère, elle pouvait me parler en toute liberté, sans se sentir jugée. Nos conversations n'ont jamais été surveillées ni censurées. Elle m'a emmenée dans la zone où elle travaillait, au milieu des macs et des dealers, au fin fond de coupe-gorges et de parcs tapissés de seringues. Je l'ai vue plusieurs fois trop défoncée pour pouvoir parler. Elle était héroïnomane et venait d'apprendre sa séropositivité.

Je faisais le grand écart entre deux mondes. Le soir, je rentrais au nord de Téhéran et je racontais à mes amis, des Téhéranais nés et ayant grandi sur place, la vie telle qu'elle se déroulait au sud, à quelques kilomètres de chez eux. Ils m'écoutaient, sidérés, comme si j'évoquais un pays situé à l'autre bout du monde. Pourtant un lien tangible, unique, nous reliait tous : la longue avenue Vali Asr.

Plus je passais du temps avec ceux qui ont inspiré les personnages de ce livre, plus je me rendais compte du nombre de points communs que nous partagions. Nous souffrions des mêmes frustrations et de la même impression de contraintes imposées par la République islamique. Au-delà des différences de classe, de fortune et de profession, chacun était obligé de cacher certaines facettes de sa personnalité.

En 2005, quand Ahmadinejad a été élu, un nouveau ministre a été nommé à la tête d'Ershad, Mohammad-Hossein Saffar-Harandi, dont l'oncle était l'un des meurtriers du cousin de mon grand-oncle, Hassan Ali Mansour.

Je n'ai jamais cessé d'aller dans la partie sud de Téhéran, même privée de carte de presse. Les années passant, de plus en plus de gens se confiaient à moi et je découvrais des recoins plus sombres encore de la ville. Les récits que j'entendais offraient une image très différente de celle que présentaient les médias, trop impliqués dans le jeu politique pour se montrer objectifs. J'espère avoir proposé un portrait plus honnête, plus intime et plus vrai d'une ville que j'aime de tout mon cœur. Une ville que j'ai pourtant appelée la ville des mensonges.

QUELQUES DATES CLÉS DE L'HISTOIRE RÉCENTE DE L'IRAN

1921 Début de la construction de Vali Asr ;
Coup d'État militaire de Reza Pahlavi ;
Ahmad Shah, dernier monarque de la dynastie Kadjar, fuit le pays.

1925 Reza Pahlavi se couronne et se baptise Reza Shah, faisant succéder à la dynastie Kadjar celle des Pahlavi.

1935 La Perse prend le nom d'Iran.

1941 L'invasion anglo-soviétique oblige Reza Shah à abdiquer. Ce dernier a refusé de se séparer de ses conseillers allemands alors qu'il avait revendiqué la neutralité de l'Iran dans la Seconde Guerre mondiale ;
Le fils de Reza Shah, Mohammad Reza Shah, succède à son père.

1946 Retrait d'Iran des troupes britanniques et américaines ;
Les États-Unis aident Mohammad Reza Shah à chasser les troupes soviétiques.

1951 Élection de Mohammad Mossadegh au poste de Premier ministre ;
Le Parlement vote la nationalisation de l'industrie pétrolière, jusqu'ici largement contrôlée par l'Anglo-Iranian Oil Company ;

Les Britanniques interdisent l'exportation de pétrole iranien afin d'affaiblir le pays.

1953 Fuite de Mohammad Reza Shah ;
Un coup d'État orchestré par la CIA et les renseignements britanniques chasse Mossadegh ;
Retour de Mohammad Reza Shah.

1963 Le shah inaugure une campagne de modernisation du pays, dont une réforme de la terre, dite « révolution blanche ».

1964 Khomeini est exilé après avoir ouvertement critiqué le shah et les États-Unis au moment de la loi dite « de capitulation », appliquée par le Premier ministre, Hassan Ali Mansour.

1965 Assassinat du Premier ministre, Hassan Ali Mansour.

1978 Manifestation contre la loi martiale imposée par le shah ;
Des dizaines de personnes sont tuées et blessées alors que les troupes ouvrent le feu sur une manifestation place Jaleh. La journée sera baptisée « Vendredi noir ».

1979 *Janvier*. Révolution islamique ;
Le shah et sa famille sont contraints de s'exiler.
Février. Khomeini rentre en Iran après quatorze ans d'exil ;
Plusieurs centaines de partisans du shah sont exécutés.
Novembre. Des militants islamiques prennent cinquante-deux Américains en otage dans l'ambassade américaine à Téhéran, exigeant le retour du shah afin qu'il soit jugé sur place.

1980 L'Irak envahit l'Iran, déclenchant la guerre entre les deux pays ;
Le shah meurt de cancer en exil en Égypte.

1981 Soulèvement de moudjahidines ;
Les otages américains sont libérés après quatre cent quarante-quatre jours de détention ;
Ali Khamenei est élu Président.

1988 Fin de la guerre Iran-Irak ;
Exécutions massives de prisonniers politiques.

1989 Mort de l'ayatollah Khomeini ;
L'ancien Président Ali Khamenei est nommé Guide suprême ;
Akbar Hachemi Rafsandjani est élu Président.

1997 Mohammad Khatami est élu Président.

2001 Mohammad Khatami est réélu Président.

2005 Mahmoud Ahmadinejad est élu Président

2009 Mahmoud Ahmadinejad est réélu Président ;
Manifestations importantes contre le résultat des élections.

2013 Hassan Rohani est élu Président.

GLOSSAIRE

Achoura : anniversaire du martyre de l'imam Hossein.

Aragh sagee : vodka faite maison, en général à partir de raisins. Le nom est un jeu de mots puisque *aragh* signifie « vodka », mais aussi « transpiration », et *sag* signifie « chien ». L'expression signifie donc littéralement « vodka de sueur de chien ».

Ayatollah : signifie « le signe de Dieu » ; c'est la plus haute distinction du clergé chiite. Pour devenir ayatollah, il faut bénéficier d'une certaine audience et être considéré comme un expert par ses pairs dans plusieurs domaines : théologie, éthique, philosophie et droit. Il n'existe pas d'ayatollah dans l'islam sunnite. La distinction immédiatement inférieure est celle de « *hojjatoleslam* ».

Azan : appel à la prière.

Bah-bah : miam-miam.

Bassidj : force paramilitaire composée de volontaires.

Bassidji : membre de cette force.

Chaharshanbeh souri : fête du Feu célébrée le dernier mardi soir de l'année. Le nom veut dire « veille du mercredi rouge ». On allume des feux de joie dans l'espoir que le feu et la lumière apportent santé et bonheur.

Chapi : gauchiste.

Dampaee : chaussures d'intérieur, en général des claquettes en plastique.

Esfand : mélange d'herbes que l'on brûle pour éloigner le « mauvais œil ».

Estekhareh : divination islamique.

Ettela'at : renseignements, référence au ministère des Renseignements.

Hadji : nom qualifiant une personne qui a accompli le pèlerinage à La Mecque, *Hadj*. Peut être employé en signe de respect.

Hezbollah : parti de Dieu, mouvement fondé pendant la révolution afin de soutenir Khomeini et ses forces. Le terme *hezbollahi* fait référence aux personnes considérées comme très pieuses, ou fondamentalistes. Un *hezbollahi* est un farouche défenseur du régime ; il peut être amené à recourir à la violence pour défendre l'État islamique.

Hidjab ou *hejab* : foulard, ou autre morceau d'étoffe couvrant la tête et le corps en signe de pudeur.

Hosseinieh : grande salle utilisée pour les rassemblements et les cérémonies religieuses.

Cours d'*irfan* : cours de mystique.

IRIB : Islam Republic of Iran Broadcasting – Radio-Télévision de la République islamique d'Iran.

Javanmardi : code de conduite fondé sur la magnanimité, l'altruisme et la courtoisie.

Jendeh : putain.

Joon/jan : cher/chère, également employé comme marque de politesse après le prénom d'une personne.

Kadjar : dynastie ayant régné en Iran de 1796 à 1925.

Manteau : grand paletot que les femmes portent par-dessus leurs vêtements pour cacher leurs formes.

Muharram : mois de deuil en l'honneur de l'imam Hossein, et premier mois du calendrier islamique.

Nazr : tradition chiite, la prière *nazr* est un vœu adressé à Dieu en échange d'un geste en faveur des pauvres et des nécessiteux. La prière est en général adressée à Dieu par l'intermédiaire d'un imam.

OMPI : Organisation des moudjahidines du peuple (également appelée le MKE, Mojahedin-e-Khalq). Principal mouvement d'opposition iranien dont le but est de renverser la République islamique. Créé en 1963 par des étudiants de gauche, avec des racines à la fois marxistes et islamiques, l'OMPI a joué un rôle clé dans la révolution islamique mais il a été brutalement réprimé par l'ayatollah Khomeini. Son siège se trouve à Paris, sous la bannière du Conseil national de la résistance iranienne.

Regimey : supporter ou membre du régime islamique.

Roo-farshee : littéralement « sur le tapis », autrement dit chaussure d'intérieur.

Sazman : organisation. Référence à l'OMPI.

Tchador : au sens littéral, cela désigne une tente. En fait, il s'agit d'un vaste manteau noir ouvert qui couvre la tête et l'ensemble du corps. Les historiens pensent qu'il a été introduit peu avant le XVIIIe siècle. Il a été interdit par Reza Shah Pahlavi en 1936, de même que toute forme de hidjab, afin de moderniser le pays. La police n'hésitait pas à retirer le voile des femmes dans la rue. Une politique qui indigna le clergé et de nombreux Iraniens considérant que sortir sans tchador ni hidjab était proche d'un attentat à la pudeur. L'interdiction n'a duré que cinq ans, jusqu'en 1941, année où Mohammad Reza Shah a succédé à son père et de nouveau permis son port. Le hidjab est devenu obligatoire peu après la révolution de 1979.

Tchadori : femme qui porte le tchador. Également utilisé pour un jugement de valeur, pour désigner une personne religieuse et/ou de la classe ouvrière.

SOURCES

J'ai essayé, quand c'était possible, d'utiliser les mots et la langue des personnes que j'ai rencontrées ; de nombreuses conversations et scènes qui m'ont été rapportées ont été écrites *verbatim*. Quand j'ai traduit des pensées, je les ai couchées par écrit telles qu'elles m'ont été expliquées par les personnes que j'ai interviewées. La description des personnages est évidemment de ma plume.

Préface

Les chiffres sur la population de Téhéran proviennent du site www.ut.ac.ir/en/contents/About-tehran/About.Tehran.html

Prologue

Sur l'histoire de Vali Asr : Dariush Shabaazi, *Bargh-hayee az Tareekh-e Tehran* (« Notes sur l'histoire de Téhéran ») (Saless, 2011).

Sur la destruction des arbres sur Vali Asr : World Cultural Heritage Voices, « *Suspicious Removal of Trees on a Major Road of Tehran* », 24 juillet 2013.

DARIUSH

L'histoire de Dariush est fondée sur des entretiens que j'ai eus avec un ancien membre de l'OMPI qui a publiquement raconté la mission qui lui avait été confiée de tuer le chef de la police de Téhéran. J'ai aussi exploité des renseignements que m'ont fournis deux anciens membres vivant à Téhéran et liés à cette histoire. Ces entretiens m'ont permis d'évoquer l'arrivée en Iran de Dariush, son histoire familiale, le personnage qui lui donne un fusil. J'ai changé des détails dans le récit du meurtre. Les descriptions des réunions de l'OMPI aux États-Unis viennent de rencontres avec des membres résidant aux États-Unis.

Certains membres de l'OMPI et militants accusent aujourd'hui l'homme qui est au centre de cette histoire d'être un espion à la solde du régime, alors qu'il a quitté l'Iran en 2009, après les manifestations, et s'est vu accorder l'exil politique dans un autre pays.

L'OMPI affirme que, depuis 2001, le groupe n'envoie plus personne en mission en Iran, mais fait son choix parmi le réseau présent à travers le pays. Entre 2008 et 2013, cinq Iraniens censés être des scientifiques spécialistes du nucléaire ont été exécutés dans les rues de Téhéran par des assassins en moto. Le gouvernement iranien décrète que ces meurtres étaient le fait de l'OMPI, bénéficiant du soutien d'Israël.

Le camp d'Achraf a été attaqué par les troupes irakiennes en 2011, ce qui a provoqué la mort d'au moins trente-six personnes. Depuis, il a été fermé et trois mille membres de l'OMPI ont été relogés dans le camp de la Liberté au nord-est de Bagdad, où ils ont subi plusieurs attaques de roquettes. Un leader de la milice chiite, l'Armée du Mukhtar, a reconnu la responsabilité des siens.

L'OMPI figurait sur la liste américaine des organisations terroristes jusqu'en septembre 2012. Sur l'OMPI, lire Ervand Abrahamian, *The Iranian Mojahedin* (Yale University Press, 1989), p. 1 ; sur les mariages au camp d'Achraf, Masoud Banisadr, *Masoud: Memoirs of an Iranian Rebel* (Saqi, 2004), p. 311. Le bombardement d'Haft-e Tir est expliqué dans l'ouvrage de Moojan Momen, *An Introduction to Shi'i Islam: The History and Doctrines of Twelver Shi'ism* (Yale University Press, 1987), p. 295.

Somayeh

L'histoire de Somayeh est fondée sur celle d'une jeune femme qui souhaite rester anonyme. Les conversations entre Somayeh et ses amies reproduisent celles que j'ai entendues entre des filles du même âge et du même type de familles, conservatrices, ou qui m'ont été rapportées par Somayeh. Les conversations politiques entre hommes sont inspirées de discussions que j'ai entendues dans son quartier et à proximité du bureau d'un notaire *mahzar* peu après l'élection de Rohani. J'ai également interviewé des femmes d'une cinquantaine d'années, issues de familles conservatrices, pour peindre le portrait de la mère de Somayeh, Fatemeh, et ses amies.

Somayeh vit aujourd'hui avec ses parents et sa fille. Elle m'a expliqué qu'il lui arrive d'éprouver du désir, mais qu'elle lutte contre, en jeûnant et en récitant ses prières. Elle a des prétendants, mais ses voisins et sa famille s'accordent à dire qu'aucun d'entre eux n'est prêt à l'accepter avec sa fille. Somayeh fait sa prière *nazr* pour demander un bon mari qui aimera aussi son enfant. Elle croit que Dieu et l'imam Zaman vont exaucer son vœu et pense qu'elle sera l'objet d'un nouveau miracle.

Sur le nombre d'antennes paraboliques en Iran : site Web d'Asr Iran, citant Javad Arianmanesh, 24 novembre 2008.

Un mollah condamne la 3G : ISNA (Iranian Students' News Agency), 10 février 2013. Sur l'histoire de la société depuis la révolution, voir Ervand Abrahamian, *A History of Modern Iran* (Cambridge University Press, 2012), p. 180. Le religieux qui évoque les vierges du paradis à la télévision a été inspiré par une intervention de l'IRIB (Islamic Republic of Iran Broadcasting) 3, émission intitulée *Samteh Khodah («* Vers Dieu »). La réponse du Guide suprême à la question sur la masturbation vient de son site, question n° 786 : farsi.khamenei.ir/. Comédiens de doublage arrêtés : ISNA, 18 décembre 2012. Nombre de mariages finissant en divorce : *Etemaad*, 29 avril 2013, p. 13.

Amir

L'histoire d'Amir est fondée sur celle d'un jeune homme qui souhaite rester anonyme. Le véritable Amir n'est pas un blogueur ; j'ai changé sa profession à sa demande. J'ai interviewé plusieurs blogueurs et étudiants militants pour écrire cette histoire. Pour le personnage du juge, j'ai rencontré un juge qui travaillait aux tribunaux révolutionnaires à l'époque où Amir est appréhendé. Tout ce qui concerne les pots-de-vin, la corruption et l'incident de la lapidation à Evin a bel et bien eu lieu.

Pour la vie des parents d'Amir, j'ai interrogé plusieurs Iraniens de leur génération qui militaient à la même époque. Les descriptions de leurs soirées se nourrissent de cela, et des souvenirs d'Amir.

L'histoire du jeune homme faisant son service militaire et pleurant devant les exécutions fait écho à celle d'un homme qui a vécu la même chose à Evin après les manifestations de 2009. Il m'a dit que tous les gardiens qui y ont assisté étaient en larmes.

Le fils du juge a aussi contacté Amir pour lui demander de pardonner à son père. Il lui a dit que ce dernier avait cherché à voir chaque enfant des personnes qu'il avait condamnées à la peine capitale pour implorer leur pardon. Amir est le seul qui a toujours refusé – refusant aussi ses cadeaux et son argent. Il est aussi le seul dont les deux parents ont été exécutés.

Quand il était en prison, le blogueur Sattar Beheshti a publiquement déclaré avoir été torturé ; les détails de ses révélations ont été publiés sur le site Web d'opposition kaleme.com. Un article du *New York Times* intitulé « *Jailed Blogger Not Tortured Before Death, Iran Says* », de Thomas Erdbrink, paru le 12 novembre 2012, cite l'« influent législateur iranien » Alaeddin Borujerdi qui nie que Beheshti ait été torturé à mort.

Sur l'emprisonnement et l'exécution des opposants, voir Ervand Abrahamian, *A History of Modern Iran, op. cit.*, p. 181 ; pour les chiffres ayant trait aux exécutions sous le règne du shah entre 1971 et 1977, voir Ervand Abrahamian, *Iran Between Two Revolutions* (Princeton University Press, 1982), p. 480. Sur les slogans de Khomeini : Ervand Abrahamian, *A History of Modern Iran, op. cit.*, p. 148.

Sur la fatwa de l'ayatollah Hakim contre l'inscription au parti communiste : Baqer Moin, *Khomeini, Life of the Ayatollah* (IB Tauris, 1999), p. 144 ; sur le fils de l'ayatollah qui diffuse une vidéo pop : *Bahar News*, 13 janvier 2013.

Sur l'exclusion des baha'is, voir l'ISNA, citant Javad Larijani le 14 mai 2011, et Human Rights Watch, « *Barring the Bahais* », de Faraz Sanei, 11 mai 2010.

Le nombre d'exécutions ordonnées par les tribunaux révolutionnaires entre la révolution et juin 1981 vient de l'ouvrage d'Ervand Abrahamian, *History of Modern Iran, op. cit.*, p. 181 (le chiffre exact du nombre de personnes exécutées est de quatre cent quatre-vingt-dix-sept).

Sur l'ordre secret de Khomeini d'exécuter tous les prisonniers encore opposés au régime islamique : Kaveh Shahrooz, « The Iran Tribunal », www.irantribunal.com/index.php/news/articles/30-twenty-yearsof-silence-the-1988-massacre-and-quest-for-accountability. Le récit des procès vient de Muhammad Sahimi, « *The Bloody Red Summer of 1988* », 25 août 2009, PBS Frontline/Tehran Bureau www.pbs.org/wgbh/pages/frontline/tehranbureau/2009/08/the-bloody-red-summer-of-1988.html.

Bijan

Le personnage de Bijan et sa vie de famille sont inspirés par une seule et même personne. Les détails sur les opérations criminelles sont issus de témoignages de personnes que m'a présentées Bijan. Pour des raisons évidentes, tous les lieux ont été modifiés. Presque toutes les conversations de ce chapitre sont retranscrites telles que je les ai entendues dans la bouche de Bijan et de sa bande d'amis et de gangsters, sauf celles avec le chef de la police – qui n'a jamais été présent. Le chiffre d'un million de dollars pour la rançon vient d'un ami d'ami qui a été kidnappé ; c'est la somme qui a été versée par sa famille pour sa libération.

Sur les Iraniens au Japon, on peut lire Roger Goodman, Ceri Peach, Ayumi Takenaka, Paul White, *Global Japan: The Experience of Japan's New Immigrant and Overseas Communities* (Routledge, 2009), p. 12, 161. Sur la drogue, le rapport de l'UNODC (United Nations Office on Drugs and Crime), *Transnational Organised Crime in East Asia and the Pacific, A Threat Assessment*, avril 2013, p. 68, explique qu'en 2010, la République islamique d'Iran était le quatrième pays importateur de pseudoéphédrine (www.unodc.org/documents/south-eastasiaandpacific//Publications/2013/TOCTA_EAP_web.pdf) ; et le cinquième consommateur de méthamphétamine, suivant le site Tabnak, citant Saeed Safaeeyan, 1er octobre 2013 ; voir aussi le champion de lutte dont le test de méthamphétamine s'est avéré positif, *Donya-e Eqtesad*, article citant le nom d'Alireza Gharibi, 23 juin 2006. Les chiffres pour les laboratoires de méthamphétamine à Téhéran viennent de Hamshahri Online citant Morteza Tamadon, gouverneur de Téhéran, 1er août 2013 (pour 2012 et le premier trimestre de 2013) ; sur la popularité de la *sheesheh*, agence de presse Fars, 5 mars 2013, et Khabar Online, 5 février 2012 ; le gouvernement déclare arrêter trente dealers et drogués toutes les heures, agence de presse Mehr, 1er avril 2013, et *Bahar* (journal), 13 janvier 2013.

La chanson « Ekhtelaf » vient de l'album *Jangale Asfalt (Asphalt Jungle)* du rappeur Hichkas.

Traitement de faveur des étudiants bassidjis : agence de presse Mehr, 18 mai 2010, et Hamshahri Online, 9 juillet 2008, article de Mina Shahni, citant Reza Sahrai, directeur de Higher Education, Fondation des martyrs.

Leyla

Le personnage et l'histoire de la vie de Leyla sont inspirés par une seule et même personne. Kayvan, lui, est un personnage composite, qui emprunte à plusieurs personnes réelles. La vraie Leyla est toujours en vie, heureusement. L'histoire de sa mort, cependant, est fondée sur une affaire réelle, celle d'une femme exécutée pour avoir joué dans un film porno. En 2001, à Evin, une femme a été lapidée parce qu'elle était accusée de corruption morale. D'après la presse, la police l'avait retrouvée en repérant le numéro de série de son compteur électrique qui apparaissait dans le film. La BBC cite le journal *Entekhab* à propos de cette lapidation : news.bbc.co.uk/1/hi/world/middle_east/1343058.stm. J'ai fait mourir Leyla par pendaison puisque personne, officiellement, n'est mort de lapidation à Téhéran depuis 2001 : voir le site Tabnak, 12 novembre 2012.

Le Centre de documentation des droits de l'homme en Iran estime qu'il existe aujourd'hui entre deux cents et trois cents femmes condamnées à la peine de mort en Iran. Les avocats travaillant sur place disent qu'il est impossible de savoir combien ont été condamnées pour corruption morale.

Sur la prostitution et sur l'âge moyen, voir le site Shafaf, 23 décembre 2009, article de Leda Ayaaz ;

sur les camps de « réforme », voir l'agence Mehr, 10 juillet 2012, citant Morteza Tamadon, gouverneur de la province de Téhéran. Sermon d'Akbar Hashei Rafsanjani : lire Robert Tait, *Guardian*, 4 juin 2007, www.guardian.co.uk/world/2007/jun/04/iran.robert-tait.

Les informations sur la cyberpolice proviennent du site de la cyberpolice, www.cyberpolice.ir. Sanction sur les pages Facebook et Internet : ISNA, citant Kamal Hadianfar, 3 octobre 2013.

Les reportages sur le chef de la police surpris dans un bordel viennent du site de la BBC : « *Iran anti-vice chief "in brothel"* », 16 avril 2008, news.bbc.co.uk/2/hi/7350165.stm. Proposition pour des bordels sous licence : Jim Muir, BBC, 28 juillet 2002, news.bbc.co.uk/2/hi/middle_east/2156975.stm.

Sur les femmes accusées de la détérioration de la société, des tremblements de terre et de l'état de l'économie : ISNA, citant le chef des prières du vendredi de Téhéran, 17 avril 2010. Décret parlementaire sur le porno : Sepah News Service ; 3 septembre 2013.

Morteza

L'histoire de Morteza plonge ses racines dans celle de la collègue d'un ami. Cela dit, comme elle avait peur de livrer trop de détails sur sa vie, je me suis aussi inspirée de la vie de trois bassidjis et de deux Téhéranaises transgenres, qui viennent de familles conservatrices bassidjis, que j'ai interviewées. Issue d'un foyer traditionnel, elle a décidé de changer de sexe après une fatwa de Khomeini qui l'autorisait. En 1984, un hermaphrodite appelé Fereydoun a demandé conseil à Khomeini, lui expliquant son état mental et affectif en disant qu'il était une femme née dans un corps d'homme. Fereydoun a sollicité l'autorisation de changer de sexe ; Khomeini a accepté. Un certain nombre de *mojtaheds*, dignitaires du clergé de haut rang, ont émis des fatwas allant dans le même sens, dont le Guide suprême, Ali Khameini. Depuis, des centaines d'opérations de changement de sexe ont lieu tous les ans en Iran, mais il y aurait de nombreux ratés. Beaucoup de patients se sont notamment plaints de ne plus pouvoir faire l'amour après l'intervention car leurs organes génitaux avaient été abîmés ou mal reconstruits (www2.ohchr.org/English/bodies/cescr/docs/ngos/JointHeartlandAlliance_IRQO_IHRC_Iran_CESCR50.pdf). Les services de santé iraniens disent avoir consacré un budget de 350 000 000 tomans à ce type d'opérations (ISNA, 21 novembre 2012), pourtant l'intervention est onéreuse et coûte un minimum de trois mille dollars – soit le double du revenu annuel d'une famille comme celle de Morteza. Il existe plusieurs cas de personnes obligées par leur famille à subir l'opération, être transgenre étant mieux accepté qu'être gay. Pourtant, beaucoup de transsexuels évoquent des injures et des persécutions quotidiennes.

« Shireen » s'est fait opérer en Thaïlande. Elle a coupé les ponts avec sa famille car celle-ci n'a jamais pu comprendre sa situation ni son identité.

« Israël annonce la date de l'attaque de l'Iran » : journal *Khabar*, khabareghtesadi.com, 9 mai 2012 ; Imam Jomeh, Jiroft, 24 juillet 2013 ; réponse du Guide suprême : IRIB 1, discours de Mashhad, 21 mars 2013.

Les références aux conférences de l'ayatollah viennent du site Rasa reprenant les paroles de l'ayatollah Abdollah Javadi-Amoli, 26 mai 2012.

Au sujet de la fusillade de Saaneh Jaleh : il a été tué au cours d'une manifestation, le 14 février 2011. Pendant les protestations de 2009, il y eut des cas semblables de victimes revendiquées par le régime qui clamait qu'elles avaient été tuées par les manifestants et non par les forces de l'ordre. De la même manière qu'il y eut des accusations contre le gouvernement qui trafiquait des preuves à des fins de propagande.

Asghar

L'histoire d'Asghar a été bâtie à partir d'entretiens avec des amis et des parents d'un couple de célèbres *jahels*. À part le sien, tous les noms sont vrais. La vie de Pari est proche de celle d'une personne que je connais et de celle d'une *showgirl* mariée à un *jahel*.

Shapour le Tueur de Taureaux et Morteza Tête de Nœud : site Tabnak, 27 juillet 2008. Nombre de drogués : agence Mehr citant Rasoul Khezri, député de la commission de la santé, 11 septembre 2013, et agence Fahrs citant Mohammad Esmail Motlagh, directeur général de la santé au ministère de la Santé, 14 septembre 2014.

Sur les ayatollahs déclarant que parier sur les chevaux et utiliser une arme à feu n'est pas contraire à la charia : journal *Hamshari*, 30 octobre 2012. Récits de Zeynab l'Aveugle : Jafar Shahri, *Tehran-e Ghadeem* (« Le Vieux Téhéran ») (Moin, 2004), volume 1, p. 28-9, 97.

FARIDEH

Le personnage de Farideh est un mélange de plusieurs femmes que je connais. De même que son fils, Alidad. J'ai été personnellement témoin de la vie sociale que je décris dans ce chapitre, ou on me l'a racontée. Tous les autres incidents, dont le viol et le suicide de Delara (dont le nom a été modifié), les arrestations d'artistes et de modèles m'ont été racontés par des témoins, amis ou relations des personnes impliquées.

Les précisions sur l'exécution du général Rahimi viennent de Michael Axworthy, *Revolutionary Iran, A History of the Islamic Republic* (Allen Lane, 2013) p. 14.

REMERCIEMENTS

À tous les Téhéranais qui ont partagé avec moi leur histoire et leurs secrets, j'espère avoir rendu justice. Ce fut un privilège d'être admise dans votre monde. Ce livre est le vôtre autant que le mien.

À tous ceux qui m'ont aidée dans Téhéran : vous vous êtes mis en quatre pour me faire rencontrer les vôtres et me révéler les recoins secrets de votre ville. C'est vous les plus courageux, prêts à risquer votre liberté afin de révéler la vérité de Téhéran. Je pense à particulier à M. Smiley et Mme Kickass, ce fut un honneur. Un grand merci à Ali, Amir, Amirali, Arash, Arash, Asghar, B., Behnam, Hadi, Hiva, Majid, Minou, Mohammad, Mona, M. G., M. H., M. M., M. S., M. T., Nahid, Saadi, Saeed, Saeed, Sara, Shadi, Sina, Sohayl, Vahid et Zahra.

À monsieur K., merci pour votre aide, même si vous étiez fatigué et souffrant !

Hors d'Iran, merci à tous ceux qui m'ont donné du temps, des idées et des informations : Arash, Dr Ghassem Khatib-Chahidi, Jane Khatib-Chahidi, Gissou Nia et l'équipe du Iran Human Rights Documentation Center, Farrokh Negahdar, Arsham Parsi du Iranian Railroad for Queer Refugees et son contact, N., Hossein Rassam, Maryam Sinaiee et Reza Zia-Ebrahimi. Un grand merci à Aliasghar Ramezanpoor pour son aide et pour son énergie.

J'ai eu la chance d'avoir d'excellents lecteurs. Merci, Roxanna Shapour, pour ton œil de lynx, ta fidélité et ton soutien. Merci, Negin Shiraghaei, pour tes suggestions de qualité. Et un remerciement tout particulier à mon alter ego, Amir Paivar, pour sa présence.

À mon fabuleux chercheur, valeureux et si déterminé, Nikoo : *damet garni jeegar talaa.*

À toute l'équipe de Téhéran, merci pour votre soutien, vos récits et votre humour. Vous avez été fantastiques : Amirali N., Amir M., Arash, Aresu, Behnam, Bobs, Dr M., Kaveh, Mana, N., Nassim, S., T.

À mes merveilleux amis et à ma famille qui m'ont encouragée, m'ont écoutée et m'ont conseillée, merci : Steve Allen, Babak, James Brabazon, Jamsheed, Kate Brooks, Elisabetta Cavanna, Aaron Chetwynd, Anna Chetwynd, Libby Dempster, Heather Dune Macadam, Miranda Eeles, Zoe Eisenstein, Tom Griffiths, Michael Ireland, Roya Ireland, Kambiz Karimi, Zahra Khatib-Chahidi, Peyvand Khorsandi, Kathi Kosmider, Hannah Lambert, Claire McFall, Angus McDowall, Deborah McTaggart, Kristina Moot, Ramin Navai, Rick O'Sullivan, Tom Parker, Sasha Pick, Graeme Robertson, Lavinia Range, Mehrdaad, Siobhan Sinnerton, Paola Victoria et Simon Worrall. Merci à Gabriel Range pour son inestimable aide et soutien sur le livre.

Merci à ma tante, Shahla Ireland, et à mes oncles, Hadi Samsani et Kazem Samsani, pour leurs souvenirs et les récits sur notre famille.

Merci au brillant illustrateur, Robin Range, pour sa jolie carte de Téhéran.

Merci à tous ceux que je ne peux plus remercier en personne, mais qui ont facilité mes séjours en Iran : Richard Beeston, éditeur enthousiaste ; Kasra Vafadari, pour m'avoir montré tant de choses.

Merci à l'équipe de la Royal Society of Literature Jerwood Awards, et en particulier à Paula Johnson. Cette récompense a élargi mon horizon.

Un gigantesque merci à mon éditrice géniale, Bea Hemming – ce fut un honneur de travailler avec toi, et une joie.

À l'agent littéraire idéal, Sophie Lambert, chez Conville & Walsh. Ton soutien fut sans faille et généreux. Merci mille fois.

Enfin, aux personnes les plus gentilles et les plus compréhensives que je connaisse, merci à ma mère, Laya, et à mon père, Kourosh. Ma mère, magnifique, c'est grâce à ton sens de la justice (et à ta malice !) que je fais ce que je fais. À mon père – le père parmi les pères ! – : vivre avec toi à Téhéran a compté parmi les plus beaux moments de ma vie.

Site de l'auteur :
www.ramitanavai.com

MIXTE
Papier issu de sources responsables
FSC® C003309

10/18, une marque d'Univers Poche,
est un éditeur qui s'engage pour
la préservation de son environnement
et qui utilise du papier fabriqué à partir
de bois provenant de forêts gérées
de manière responsable.

Imprimé en France par CPI

N° d'impression : 2033272
Dépôt légal : février 2017
Suite du premier tirage : novembre 2017
X06806/04